三权分置下农地流转激励与保障机制研究
——以农地流转公积金为突破口

文龙娇 / 著

中国社会出版社

国家一级出版社·全国百佳图书出版单位

图书在版编目（CIP）数据

三权分置下农地流转激励与保障机制研究：以农地
流转公积金为突破口 / 文龙娇著 . -- 北京：中国社会
出版社，2017.12

ISBN 978-7-5087-5879-4

Ⅰ.①三… Ⅱ.①文… Ⅲ.①农业用地—土地流转—
研究—中国 Ⅳ.①F321.1

中国版本图书馆 CIP 数据核字（2018）第 001357 号

书　　　名：	三权分置下农地流转激励与保障机制研究——以农地流转公积金为突破口
著　　　者：	文龙娇

出 版 人：	浦善新		
终 审 人：	李　浩		
责任编辑：	陈贵红	责任校对：	甄　真

出版发行：中国社会出版社　　　　　邮政编码：100032

通联方法：北京市西城区二龙路甲 33 号

电　　话：编辑部：（010）58124828

　　　　　邮购部：（010）58124848

　　　　　销售部：（010）58124845

　　　　　传　真：（010）58124856

网　　址：www. shcbs. com. cm

　　　　　shcbs. mca. gov. cn

经　　销：各地新华书店

中国社会出版社天猫旗舰店

印刷装订：三河市华东印刷有限公司

开　　本：170mm×240mm　1/16

印　　张：15

字　　数：253 千字

版　　次：2018 年 5 月第 1 版

印　　次：2018 年 5 月第 1 次印刷

定　　价：58.00 元

中国社会出版社微信公众号

前　言

　　如何在确保农村社会稳定的前提下,实现我国农业由超小规模向适度规模经营转型与城乡一体化发展,是当前"三农"问题的理论与实践探索中亟待解决的重大问题。其实质是如何兼顾农地市场化流转中转入与转出(退出)方农户利益的问题,建立农地市场流转的激励与保障机制是破解上述问题的关键。本研究以制度创新、社会保障、政策性金融等理论为支撑,提出农地流转公积金制度设想,以"退有保障、进有支持"为基本思路,采用财政政策与金融政策相结合的手段,通过国家、集体和农户共同缴存农地流转公积金形式,构建农地市场流转激励与保障机制,其目的是促进我国农业适度规模化与城乡一体化持续良性发展。

　　本书首先在充分界定农地市场化流转、农地流转公积金等概念,并对国内外公积金制度形成脉络系统梳理的基础上,揭示公积金制度自身优势特点对于解决我国农地市场化流转中政策激励与保障不足问题的适用性。其次,为明确所要解决的现实问题,本书从宏观、微观两个层面剖析了我国农地市场化流转的激励与保障政策现状及问题,并从农户农地流转意愿视角探讨农地流转公积金制度设想的可行性。再次,在上述理论与实证分析基础上,提出农地流转公积金制度构建的总体思路与方案构想,并围绕农地流转公积金制度构建的三个核心部分内容,即资金归集、资金使用及管理运作模式,展开具体内容设计与研究。最后,针对农地流转公积金制度运行中可能面临的风险进行防范机制设计,以及从农地产权制度变迁视角探讨农地流转公积金制度的实现形式,提出建立该制度的配套保障措施。为使研究结论更具有说服力,本书采用了规范分析与实证分析相结合的研究方法,其中对农地流转公积金制度构建的理论基础、总体方案设想与农地流转公积金政策性贷款定价模型构建的阐述采用规范分析的方法,对宏观层面农地市场化流转激励与保障政策现状、问题分析和农地流转公积金缴存主体能力分析采用统计分析的方法,对微观层面重庆市江津区农地市场化流转的激励与保障政策实践探索采用案例分析的方法,对农地流转公积金制度设想条件下农户参与农地流转意愿的影响因素分析运用了广义定序逻辑斯蒂(Gologit)模型,对农户参与农地流转公积金缴存意愿的影响因素和缴存比例测算分析采用了Cox比例风险模型。通过上述研究,本书得出以下主要结论:

(1)分析我国农地市场化流转激励与保障政策现状,发现农业适度规模经营的财政与金融政策激励机制尚未形成,转出(退出)地农户的多元化社会保障机制尚未建立。对重庆市江津区农地市场化流转的政策探索案例分析,得到的主要启示是:财政与金融政策相结合的双轮驱动模式、规范的农地流转制度与以户籍制度改革为重点灵活退地保障政策等,是促进该地区农地市场化流转与农业适度规模经营的关键因素。结合已有公积金制度特点分析发现,其政策性金融服务、多元化保障与科学化管理运作等优势特点,对解决我国农地市场化流转中的转出地农民权利保障缺失与农业适度规模经营激励不足的问题具有一定适应性。

(2)对9个省(区、市)496户农户调查数据结果表明,农地流转公积金制度设想中针对农地转入方和转出方的激励与保障内容符合多数农户的利益诉求。户主年轻、有农地经营借贷需求、参加了农业保险与农民专业合作社、家庭农业收入占比较高或处于经济发展水平较高地区的农户,农地流转公积金制度设想条件下具有较高农地转入意愿程度的可能性更大;户主文化程度为初中及以上、户主从业领域为兼业和非农业、没有过农地流转行为、没有参加农民专业合作社、家庭农业收入占比和家庭劳动力占比较低、认为社会保障水平较高、所在村到附近城镇的距离较近的农户,农地流转公积金制度设想条件下具有较高农地转出意愿程度的可能性更大。

(3)在农地流转公积金制度三方共同缴存的筹资机制中,国家财政已具备进行农民农地流转公积金财政转移支付的能力,农村集体土地股份合作制改革与其他农村集体经济组织发展,为农地流转公积金集体缴存奠定了基础。运用 Cox 比例风险模型对样本地区农户农地流转公积金缴存意愿分析发现,多数农户具有参与该项公积金缴存的意愿与实际支付能力;农户农地流转公积金缴存意愿主要受到户主受教育程度、家庭年人均纯收入水平、农地流转风险认知、对农地流转公积金制度设想的评价等因素的影响。同时,测算了样本农户意愿缴存占三方共同缴存和占家庭年人均纯收入的平均比例分别为 25%、10%,并估算了农户农地流转公积金年平均意愿缴存水平为956.34 元。

(4)基于借贷合约交易模型分析表明,影响农地流转公积金贷款定价的因素主要包括借款人特征、贷款机构特征、农地特征及政策特征四个维度。通过对基金管理、信托管理、政策性银行及农村合作性金融等四种可能的农地流转公积金制度管理运作模式利弊比较分析后发现,采取农村合作性金融机构下设农地流转公积金管理中心的运作管理模式更为适宜。

本研究的创新之处,体现为以下三点:第一,探索性地提出了农地流转公积金制度设想,结合我国农村具体实际对该制度的总体方案进行了全新设计,并通过农地市场化流转激励与保障机制构建,促进农业经营方式转型。第二,从农户农地流转意愿视角探讨了农地流转公积金制度设想的可行性,采用 Gologit 模型分析农地流转公积金制度设想条件下农户农地的意愿及其影响因素,从而找出完善这一制度设想的着力点。第三,构建虚拟的农地流转公积金制度的市场环境,从横向、纵向两个维度指标对农户农地流转公积金缴存意愿水平进行实证分析及缴存比例测算,为开拓农地货币化福利保障方式与完善农地流转公积金制度三方缴存比例设计提供了现实依据。

目 录
CONTENTS

第一章

导 论

1.1 研究背景

1.1.1 农地"三权分置"改革政策内涵与时代意义

在"家庭承包为基础、统分结合的双层经营体制"背景下,中国形成了"人均一亩三分、户均不过十亩"的小农经营体制(贺雪峰,2015)。历史和实践证明,在一定时期内,家庭联产承包责任制与中国农村生产力发展水平相适应,并且调动了农民的生产积极性,缓解了我国人多地少的矛盾,为我国工业化资本、劳动力要素的原始积累等方面作出了巨大贡献。然而,这一制度无法一劳永逸地解决我国农业发展进程中的所有问题(季虹,2001)。伴随着社会主义市场经济体制改革的深入,农村社会分工的不断深化与市场化程度的不断提高,家庭联产承包责任制的弊端在实践运行中逐渐显现,表现为:农地细碎化日趋严重,农民组织化程度降低,农业经营规模过小、农户兼业化现象普遍、农业发展水平落后、农户家庭经营增收乏力、农业生产方式过密化,以及农产品国际竞争力低下,等等。在经济全球化的时代大背景下,这些弊端将阻碍农业经济高效、高质量发展,最终使我国农业无法与国际市场接轨。

"三权分置"改革是对中国结构变革环境下人地关系和经营主体变化的回应(刘守英,2014),"三权分置"下土地产权关系问题是农村土地制度改革最基础、最核心的问题,亟待在理论、政策和法律层面展开研究。已有研究表明:"三权分置"理论蕴含着极其复杂的权利关系及利益诉求(肖卫东和梁春梅,2016;李宁等,2017),"三权关系"是否厘清,直接关系农业适度规模经营的"效率"与农民生计兜底的"公平"目标实现(王亚华,2017)。自 2013 年 12 月中央农村工作会议首次提出"三权分置"基本方向以来,近几年中央"一号文件"持续关注"三权分置"下土地权利主体相互关系与具体实现形式问题,2016 年明确提出"落实集体所有权、稳定农户承包权、放活土地经营权"的改革思路。妥善处理好"三权分置"权利及其主体行为关系问题,已成为推进新一轮土地制度改革和土地法律修订的重要前提。

1.1.2 农地市场化流转与适度规模经营的发展趋势

农村土地问题不仅关系到国家繁荣稳定与长治久安,还关系到广大农民核心利益,即基本生存、发展的保障来源。因此,农地制度改革与创新的关键是要妥善解决好土地问题。在家庭联产承包责任制和土地流转计划机制弊端日益凸显,市场经济不断深入,尤其是我国加入 WTO 以后经济全球化使我国农业面临更加激烈的国际竞争,以农地市场化流转为前提、以适度规模化经营为实现形式的我国农业现代化转型升级之路势在必行。市场经济体制的建立即意味着市场机制将成为资源配置的基本力量,农地作为农业生产的基本要素,按照市场运行规律进行流转配置,也是农村社会主义市场经济发展的必然趋势。2013 年的中央"一号文件"和党的十八届三中全会《决定》都指出:要鼓励和支持农地承包经营权向新型农业经营主体流转,促进多种形式的农业适度规模经营发展。这一创新农业生产经营体制政策不仅为农地市场化流转指明了适度规模化的发展方向,还明确了实现农业适度规模经营的主要形式。然而,上述政策得以实现的主要前提条件,一是农民失地即失业后的社会保障问题得以长远解决;二是对有志于发展成为农地适度规模经营主体的农户,需要有能够扶持其向专业大户、家庭农场或农民合作社发展的资金支持平台与保障机制。而现实情况并不乐观,农地市场化流转、适度规模化经营的前提性问题尚未得到妥善解决。

1.1.3 农地市场化流转中的农户激励与保障政策问题

现阶段,中国农业正处在加速转型的关键期,传统小规模、自给自足农业能否顺利实现向现代高效、集约化农业的历史性跨越,从根本上取决于土地流转和适度规模经营的进程是否能够平稳有序地推进(郭晓鸣,2014)。2015 年,中央"一号文件"进一步明确提出,在深化农村产权制度改革和加快土地流转的宏观政策目标之下,农地经营权市场化流转和适度规模经营必将迎来全面加速发展的新时期。但在这一进程中有两方面问题值得高度关注:一是如何通过有效的激励手段引导和扶持转入农地农户发展适度规模经营;二是如何妥善安置农地流转后产生的大量剩余劳动力,即失地农户的生存、就业、医疗和养老等问题。

1.1.3.1 农地转入方:发展农地适度规模经营的政策激励不足

实现多种形式农业适度规模经营的一个重要前提是农地使用权能够在公开市场上自由流转。然而,从历史与国际经验来看,完全自由状态下的农地市场流转并不必然导致集中化结果(秦晖,2003;刘克春,2008)。推进农业适度规模经营发展,除了政治、观念、技术等因素外,具有导向性的财政、金融等经济手段激励与引导是其中的关键因素(黄延廷,2010)。然而,就目前我国农业适度规模经营的财政与金融政策现状来看,其激励效果和作用尚不明显。

财政补贴方面,已有研究表明农业政策补贴对农业生产效率和农民生产积极性方面并没有显著影响,相对而言而更具有增加农民收入的转移支付意义(黄季焜等,2011;张淑杰和孙天华,2012;李韬,2014)。为此,有学者提出进行土地流转补贴(肖大伟,2010)和按实际播种面积进行二次补贴(冯锋等,2009)等政策建议。然而,根据土地流转行为发生情况对交易双方进行统一标准的补贴方式并没有反映出流转双方在发展方向和需求上的差异,其政策设计的针对性和科学性还待商榷;市场条件下特定区域面积农地流转交易行为并非一次性的,面对频繁的土地流转情况二次补贴方式还是否可行尚存疑问。随着农地使用权流转速度的不断加快,原来按照承包农户进行农业政策性补贴平均发放的方式,已经难以对转入农地发展适度规模经营的新型农业经营主体形成有效的政策激励效果,并且这种补贴方式下导致的补贴错位、有失公平等问题,还会影响部分农户发展粮食适度规模经营的积极性(冯海发,2015)。因此,何种农业政策补贴方式更有效促进农业适度规模经营发展仍值得深入探讨。

金融政策方面,纵观改革开放以来的近40年,农户储蓄相对于城镇居民一直处于一个较低的水平。2013年末,农户储蓄存款余额尽管已达到了101268.7亿元,但其占全国城乡居民储蓄存款余额的比重仍不到1/5。究其原因,中国长期实行的工农产品价格"剪刀差"战略,在促进重工业发展的同时,农业生产的剩余被大量剥夺,这使得农户用于农业生产经营的自有资金积累严重不足。自改革开放以来,尽管国家财政对农业的转移支付与政策保护水平有了明显提高,然而,农业部门的资金向非农部门大量转移的"剪刀差"惯性依然存在(刁怀宏,2007)。而农村大量剩余资金的流出,直接导致农业投入后劲不足,并长期处于低水平状态。

Ronald I. Mckinnon(1973)提出的"金融抑制"现象可以对当前农业适度规模发展资本约束问题加以解释,我国城乡二元结构与工农业"割裂"局面,使农业生产长期处于低效益状态,进而沦为了弱质产业被正规金融市场排斥在外。而农业产业的自身弱质性、农地经营细碎分散化等客观原因,增加了金融机构的农业信贷服务成本和借贷风险,由此形成金融机构对农业生产经营者"惜贷""慎贷"现象。尽管农地承包经营权抵押贷款试点工作在部分地区已经展开,但仍存在法律限制(林乐芬和王军,2011;高圣平,2014)、过度依赖政府推动而缺乏可持续性、金融机构出于风险考虑参与试点积极性不高(黄惠春等,2014)等问题,使农户农地适度规模经营资金需求仍难以得到有效满足。且长期处于低水平、弱保障状态的我国农村地区居民以农地作为其生计和就业最牢靠的实物保障品,阻碍了农地作为商品属性的经营权市场化流转和作为资产属性的抵押融资功能发挥(张龙耀等,2015)。因此,为促进农地市场化流转与适度规模经营发展,相配套的农业补贴和政策性金融服务内容与模式,还有待进一步完善与创新。

1.1.3.2 农地转出(退出)方:生存保障问题尚未妥善解决

在农地使用权租赁市场中,农地转出方农户是主要的供给者,妥善解决他们的后续保障问题,将是农地真正实现市场化流转的一个重要前提。相比农地被征用的情况,农户在公开农地市场上流转出农地,也同样会面临失地又失业的风险,若无法消除其对农地流转后的生存保障顾虑,农地供给市场也将难以形成。从农村社会保障体系发展来看,自1978年以来,我国农村社会保障体系已在广大农村地区逐步建立并不断完善,但总体上多数农村地区仍然存在社会保障水平低下、覆盖面狭窄、保障内容与形式单一,财政支持力度相对较小,基金管理水平低下、使用混乱,法律层面的制度设计不完善等问题(祝萍和周沛,2014),远落后于我国城镇社会保障和农地市场化流转发展形势的需要。

在中国城乡"二元"结构背景下,农地也成为了一种极具中国特色的农村居民社会保障功能实现的载体,主要承载了农民的生存、就业、养老、救济以及失业等保障功能(黄祖辉和王鹏,2009)。在农地市场化流转发展中,转出地农户正面临着农村社会保障制度水平低下、城镇非农就业不稳定以及农民工在城镇缺乏基本保障等诸多压力。为了获得农地稳定的保障,在农村劳动力非农化流转过程中出现了"人动地不动""半市民化"的现象,使农村人地矛盾固化(罗必良等,2012),部分农地被闲置甚至撂荒,农地资源得不到有效利用,也难以实现集中连片流转和适度规模经营,最终影响农业现代化、城镇化进程。

基于此,本书将立足于"中央一号"文件关于促进农业现代化发展精神要求与我国人多地少的基本国情,借鉴我国住房公积金制度在解决我国城镇住房保障问题的理论与实践经验,以及国际农地市场化流转政策干预模式经验做法,以农地市场化流转激励与保障机制构建为基础,进行农地流转公积金制度创新设计,以期为解决我国农地市场化流转中的农业适度规模经营政策激励与农民转出(退出)农地的生存保障问题提供有益政策参考。

1.2 研究目的、意义

1.2.1 研究目的

总体上,本研究主要试图通过农地流转公积金制度构建,以期解决当前我国人多地少状况下农地市场化中的农户政策激励与生存保障问题,为促进农业现代化发展和农民生存、发展权利保障提供政策参考。具体而言,包括如下方面:

(1)在理论上,找出公积金制度对解决农地市场化流转的激励与保障政策不足问题的作用机理,在此基础上从制度性质、功能定位、资金归集与使用等方面对农地流转公积金制度的总体思路与方案构想进行设计。

(2)在实践上,从农户意愿视角探讨农地流转公积金制度设想的现实可行性,对该制度设想下农户农地流转意愿的因素、农户参与农地流转公积金的缴存意愿的因素进行实证分析,及对农户缴存意愿水平进行测算研究。

(3)在微观上,通过对重庆市江津区农地市场化流转的政策探索实践进行案例分析,总结该地区促进农地市场化流转、适度规模经营的经验做法,为农地流转公积金制度提供现实参考。

(4)在宏观上,分析我国农地市场化流转的激励与保障政策现状、问题;针对农地流转公积金制度运行中可能面临的资金筹集、资金使用及管理运作等风险进行防范机制设计;从农村产权制度变迁视角,探讨农地产权制度在"两权分离""三权分离"与"产权比例化"背景下公积金制度的不同实现形式,并提出建立该公积金制度的配套保障机制。

1.2.2 研究意义

1.2.2.1 理论意义

（1）有利于拓展农地市场化流转激励与保障政策研究视野

在现行农地制度背景下，如何优化和创新以促进农地市场化流转、适度规模经营为目标的农业政策与制度保障机制设计，将成为减小农业生产成本、提升农业竞争实力、确保国家粮食安全、实现我国农业现代化发展的关键。然而，从已有研究来看，农地市场化流转激励机制多从政府财政补贴角度探索，缺少农地市场化流转的多元化资金支持渠道和长效激励机制；关于转出地农户的保障问题研究，多侧重被征地农民的社会保障制度供给，而对农地承包经营权市场化流转中的农民养老、就业等社会保障问题给予较少关注。农地流转公积金制度是在现行农地产权制度框架下，试图通过农地市场化流转政策激励与保障机制构建方式，化解当前农业适度规模经营政策激励与保障不足问题，将政策性金融服务与农地货币化福利保障手段相结合进行总体方案设计。该制度研究既是对农村政策性金融服务"三农"模式和制度安排的创新，也为我国农地社会保障制度及理论研究提供新思路、新视角。

（2）有利于丰富和完善公积金制度及理论

纵观国内外研究成果可以发现，已有公积金制度的相关理论不断发展，但尚未有将公积金制度运用在解决关系国计民生的"三农"领域问题研究的相关文献。已有关于农地流转问题的研究，主要集中在农地流转模式（肖轶等，2009）、农户农地流转意愿（乐章，2010；李启宇和张秀文，2010）及农地适度经营问题（汤建尧和曾福生，2014）等方面研究，忽略对农地市场化流转中的农民生存发展权利保障问题研究。农地流转公积金制度设想及理论研究，以农地市场化流转激励与保障机制构建为基础，力图实现农地资源由传统的实物分配方式向市场化的货币分配方式转变，不仅是对公积金制度运用范围、领域的拓展，也是对该制度本身的丰富和发展。

1.2.2.2 现实意义

（1）为农民生存、发展权利提供多重保障，有利于农村社会繁荣与稳定

农地市场化流转、适度规模化经营发展过程中必然会产生大量失地农民，在其向城镇和非农领域转移过程中，其基本生活及再就业若得不到有效保障，将会严重影响农村甚至整个社会和谐稳定与繁荣发展。农地流转公积金制度设想正是试图长远性地解决这一问题。首先，对于期望扩大农地生产经营规模向专业种

植大户、家庭农场或农民合作社发展的农户,可以通过农地流转公积金获取扩大再生产的政策性经营补贴和信贷资金支持,实现农地适度规模经营的发展型保障。其次,对于农转非的农户而言,转入其他行业随时面临失业风险,一旦失业或想退出非农产业重新回到农村,通过农地流转公积金又可获得失业后的基本生活保障和再次转入农地从事农业生产经营的资金支持,既降低了农民失地后失业的风险,又为农民提供了生活和农业再就业保障。最后,对于建立了个人农地流转公积金账户的所有农户而言,该项基金最终的所有权归个人所有,在公积金存款到期以后,农户可连本带息将其全部提取作为养老保障金。农地流转公积金制度下构建的农民农地多重保障功能,不仅是对农民生存、发展权利的充分尊重和维护,也对实现农村社会长治久安、繁荣稳定起到了制度性保障作用。

(2)促进农村土地资源由实物分配向货币分配方式转变,有利于农民财产性收入增加

我国城镇住房体制改革的成功经验表明,实物分配方式已经完全不能适应市场经济体制发展要求,同时货币化的分配方式才是现行经济体制下兼顾效率与公平的合理化选择。然而,我国农村土地资源长期延续着传统的按人口实物分配的方式,虽然在某种意义上兼顾了公平,但并不是市场经济意义上的公平,同时也无法实现效率。随着市场经济体制的不断深化发展,农村土地资源配置由实物分配向货币分配方式转变将是农村经济发展的必然趋势。农地流转公积金制度在确保农地性质、用途不变的情况下,通过农地流转储蓄基金的方式,可以顺利实现农地市场化、货币化的分配方式转变,过去被人为压低的农地价格通过市场机制能够得到真实反映,最终将直接促进农民财产性收入增加,为农户增产增收摆脱落后与贫困,寻求自身更好的生存与发展条件提供公平合理的外部环境和制度保障。

(3)创新农村金融服务"三农"模式,为实现农业现代化发展提供资金支持和保障

当前,农地承包经营权抵押贷款、农地产权担保融资等农地金融制度尚未成形,农户手中也缺少能够获取银行信贷支持的抵押品,自给自足的小农生产收入扣除维持生计那部分支出,几乎没有用于扩大农地经营规模的剩余资金。面对当前农地市场化流转过程中缺少必要流通资本的现实困境,本书提出农地流转公积金制度设想,通过在专门机构建立农户农地流转公积金专门资金账户及该项公积金的政策性贷款业务,可以为具备农地适度规模化生产经营能力和意愿的专业大户、家庭农场、专业合作组织提供必要的资金支持,以化解资金短缺造成的尴尬局

面。作为一项全新的政策性农地金融服务"三农"模式,农地流转公积金可以为推进农地市场发展与农业适度规模经营注入新鲜血液;与此同时,通过农地流转公积金方式进行的农户基本生存、发展权利保障,又实现了农地实物化保障功能向货币化福利保障方式转变,有利于释放农地生产性功能,使农村土地、资本、劳动力等稀缺要素得以充分自由结合。

(4)有利于创新农业政策补贴方式,为农业补贴政策开辟新的发展空间

国家为保障粮食安全、增加农民收入,逐年增加农业补贴的财政转移支付,农业补贴项目内容也在不断增加和细化,但"怎么补,补给谁,如何兼顾公平与效率"一直是困扰农业补贴政策的关键问题。在当前财政转移支付能力与黄箱政策空间有限的情况下,通过农地流转公积金进行农业补贴发放的方式有利于保障农业适度规模经营发展中的公平与效率目标实现。一方面,整合现有黄箱政策的补贴项目,通过农地流转公积金方式进行补贴发放,对其中与产量、面积、牲畜数量挂钩的部分补贴项目,如粮食类补贴、农机具购置补贴、农资综合补贴等,可以通过农地流转公积金账户向农户发放,在不突破黄箱政策上限的同时,有利于提高补贴资金利用效率。另一方面,农地流转公积金制度可借势绿箱政策,按照"谁种地,谁得补贴"的原则,将过去按承包地面积计发补贴的方式转变为按粮食产量或播种面积进行补贴,有利于促进农户增收、保障粮食安全,实现对适度规模经营主体的激励与导向作用。因此,通过农地流转公积金制度进行农业政策性补贴发放,既有利于整合与缩减相关补贴的配套管理机构与编制,从而减少财政开支,提高财政补贴资金利用效率,又能够针对农户转入、转出农地的具体情况进行相应补贴和生存、发展权利保障,实现社会公平,也是对现有农业补贴发放形式弊端弥补和服务方式的创新。

(5)有利于缩小城乡差距,统筹城乡一体化发展

城乡统筹发展最核心的部分应该是实现城乡居民权利对等。从分配方式来看,自1994年以来,我国全面实行了城镇居民住房公积金制度,变过去的实物分配为货币分配方式,在保障城镇居民住房及房屋财产权利的同时,大大提高了城镇居民收入、生活水平。而我国的农村土地制度安排是农户享有耕地的承包经营权、宅基地使用权和村集体建设用地收益权,与农民直接利益关系最密切的农地、宅基地使用权都是按人口进行实物分配的。从房屋土地产权制度来看,城镇居民房屋使用土地一般为国家所有,在权籍证明完备的情况下可以进行设立抵押、出租、交易等民事行为,且一般商品房使用权为70年;而农村居民房归属集体所有,

农村居民没有房屋产权证明,不能用于抵押贷款,宅基地使用权超越村集体是无法进行市场流通的。与城镇居民相比,我国农村居民在土地和建立在土地上的财产收益、使用、抵押、处置等权利上的选择相对单一、狭窄。从住房权利保障角度来看,城镇居民住房、租房可以通过住房公积金获得住房公积金、住房补贴及住房低息贷款支持,住房公积金中的一部分资金是国家通过政策补贴的形式规定企事业单位定期为职工发放的,从而使城镇绝大多数工薪阶层住房权利受到了保障,对于城市低收入和贫困人群,政府提供了经济适用房、廉租房、贴租等福利保障。而农村居民在住房上虽然有村集体按人口分配的宅基地使用权,但农民建房、修房这部分资金从来都是独自承担,尚无来自政府方面的补贴。从可得性、享用性和流通性方面来看,由于市场和政府作用不同程度的不到位与缺位,导致城乡居民住房福利存在着很大的差异(顾建光,2009)。因此,城镇居民住房公积金制度的建立事实上从居民土地权利和福利保障水平方面拉大了城乡差距,这种二元结构下的城乡差距又进一步揭示了农村土地分配方式转变的重要性。

农地流转公积金制度致力于首先从与农民生存、发展关系最密切的农地出发,试图通过制度构建促进农地分配方式转变,进而促进城乡居民生存发展权利对等化,为统筹城乡一体化发展构建制度保障机制。这不仅对农地领域改革具有探索性和建设性意义,对农村宅基地和集体建设用地改革也具有指导和借鉴意义。

1.3 国内外研究概况

1.3.1 国外研究动态

1.3.1.1 农地市场化流转的问题研究

鉴于西方国家的市场机制发育和形成时间较早,其农村土地市场化的理论与实践研究也比较丰富。第一,对农地市场化交易与市场失灵问题,学者们有不同论述。例如,Jean Olson Lanjouw(1999)利用一般土地租借均衡模型来说明信息和农村土地市场的有效性问题;Douglas C. Macmillan(2000)认为土地在公开市场自由交易过程中会出现市场失灵,进而产生社会动荡,因此土地市场交易需要政府干预以弥补市场缺陷。第二,土地市场化会导致土地的兼并与集中的论述。例如,Binswanger 等(1995)提出了农地市场化中由于农地过度集中兼并,导致悲惨的出售(Distress sales)情况。中国、日本及拉丁美洲等国家地区都曾出现过这一状况。类似的研究结果,如 Deininger 和 Feder(1998)指出,在古代中国以及近代发展中国家的土地改革过程中,除少数国家(如德国)外,多数情况下土地所有权在市场机制的作用下会趋于集中,而因缺乏资本,无地和少地的贫农难以通过市场买卖来获得土地。第三,农地市场化流转形成的大农场在农地经营和借贷中更具优势的观点。如 Rosenzweig and Binswanger(1993)研究发现,印度小农场主为降低农地经营风险,在种植作物组合选择上相对更加保守,这一选择结果又使得其经营收入水平比不受种植选择约束的农户更低。Deininger(2001)通过实证分析发现,大农场在获得金融机构贷款上,具有比小农场更明显的规模经济优势,使得普通的小农获取正规的信贷困难。Kevane(1996)指出土地租赁市场的良好运行,有助于实现土地从贫穷和劳动力充足的小农场向富裕且劳动力相对稀缺的大农场转移。第四,农地经营外部性及农地市场化政策干预必要性的观点。例如,E. R. Alexander(2014)指出,由于土地位置的固定性、土地资源的稀缺性、地域因素导致的土地质量差异性等特性,使土地产权具有不同于一般商品的有限的可置换性,这些属性使土地及房地产投资面临投机风险,因而土地市场化流转需要公共干预缓解消极的社会后果。Feng Qiu 等(2015)对加拿大卡尔加里–埃德蒙顿走廊地区研究发现,农地细碎化程度的加剧会进一步鼓励农地向城市用地转换,而农地使用和决策活动在周边地区有强大的溢出效应,忽视农地经营的外部性可能会导致估计结果和边际效应有偏差,从而误导政策决策。第五,农业补贴对农地市场化流转具有负向影响的论述。例如,Roberts 等(2003)、Lence 等(2003)、Kirwan(2009)均指出,农业补贴会导致农地市场交易价格的上涨,农户考虑因租金成本的增加,会减小转入农地的概率,同时由于存在对补贴提高推动租赁价格上升的预期,农地转出方长期租赁农地的意愿也会降低。

1.3.1.2 农地社会保障研究

农地的社会保障功能依据国情差异,在不同时期、不同国家和地区也有不同体现。对于实行土地私有制度的国家与地区而言,由于其土地产权界定相对清晰,在土地市场化流转中对土地供给方的补偿机制与社会保障体系也较为完善。总体而言,国外学者们侧重于农地经济功能研究,并以农地资源价值评估为主要切入点,如有条件价值评估法(CVM)。而对于农地的社会保障功能研究相对较少,Scott(1976)在研究东南亚一些地区的农村土地制度时,当农户进行小规模土地生产经营时,农民的决策基础是生存伦理而不是经济理性,因此对于分散的小规模经营农户而言土地的生存保障功能大于其经济功能。在对国外土地社会保障问题的长期研究中,王克强(2005)发现,由土地实物性质保障向农村社会保障变迁的过程中,大概需要经历三个阶段:从农民几乎完全依赖土地获得生存保障且极少数人能够获得社会保险,到土地生存保障占社会保障的比重持续下降,再到社会保险基本覆盖。国外农地社会保障的发展路径,也为我国农地市场化流转过程中农村社会保障制度变迁提供了参考与启示。

1.3.1.3 农地抵押金融制度研究

国外将土地抵押制度称为土地金融制度。土地金融是以土地经营为目的的资金融通活动,其中土地是贷款的信用保证,通过抵押土地以获得贷款,为借款人自身进行土地改良或其他促进农业发展的活动筹集资金。由于德、法、意、美等国都有较长土地金融制度实践历史,相关理论与实践研究比较丰富。De Soto(2000)指出由于缺少清晰的产权凭证,一些发展中国家农村地区居民所拥有的实物性质土地财产难以转为可流动的货币化资本,从而极大制约了农户融资能力,他的思想及主张也极大影响了拉丁美洲国家及其他国家以提升土地能力为目标的农地产权改革。Binswanger & Deininger(1999)认为以降低交易成本与产权清晰化界定为基础的农地流转制度设计,是实现农地金融市场良性运转的重要基础,基于其这一思想农地确权成为多数发展中国家降低农村信贷融资约束的一项重要措施。此外,Feder(1988)在对泰国农地抵押制度改革的研究中发现,在该地区被调查的四个省份中,三个省份被授予农地产权资格的农户家庭其信贷供给量得到显著提高,因此判断信贷供给改善与农户信贷可获得性提高是农地抵押制度改革的主要好处。Lopez(1996)基于洪都拉斯地区的农户数据分析也表明,农地产权的清晰界定和农地抵押制度改革对提高农户信贷可获取性、改善信贷供给不足问题具有显著的积极作用。

1.3.1.4 公积金制度研究

围绕上述两种公积金制度,国内外学者进行了广泛理论与实践探讨。西方学者主要从理论与实践层面对公积金制度展开了研究:一是基于社会保障理论与制度经济学理论视角的研究。在《哥达纲领批判》与《资本论》中,马克思分别阐述了在社会再生产与社会总产品分配过程中,为了防范生产过程中的不测风险与维护社会稳定,需要在劳动创造的总价值中进行一定的基金储备。以科斯、诺思、拉坦、戴维斯(1994)为代表的制度经济学派,以限理性人和主体创造性为假设前提,构建了包括成本收益、供求关系、一般均衡等在内的制度供给与创新理论分析框架,成为公积金制度创设、变迁的制度经济学理论依据。互助、强制储蓄、投资基金及组织结构等理论为公积金管理、监督、运行机制构建提供了理论支撑。二是基于实践层面的公积金制度的运行状况和效果评价研究。国外学者主要围绕新加坡中央公积金制度、印度雇员公积金制度和中国香港特别行政区强制公积金制度等展开。Mark Boleat(1985)认为新加坡中央公积金局直接行使了住房金融功能,同时表示住房金融制度应确保能够为居民提供长期且稳定的贷款支持。Mukul Gasher(2001)指出新加坡中央公积金制度缺乏抵御通货膨胀的自动保护机制,一旦出现通货膨胀或货币贬值都会使中央公积金资产的实际回报率降低,从而可产生低养老金替代率,导致用于养老的公积金储蓄不足。Vasoo and Lee(2001)通过在对新加坡的社会保障和住房政策分析后表示,中央公积金制度有利于促进当地社会经济的发展。Wong and Yap(2003)对新加坡中央公积金使用情况研究表明,该制度运行中面临着人口趋于老龄化与住房升级长期需求的两难困境。Asher(2010)研究认为,新加坡中央公积金的资金回报率滞后于实际工资,但总体运行趋势仍较为乐观。Kaushal(2014)认为印度的雇员公积金制度在实践运行中,有助于减少贫困与提高家庭支出水平。此外,Chu(2011)对中国香港特别行政区强制公积金资金投资的研究发现,该项公积金股票基金中56.43%的股票基金价格水平与股票市场指数具有协整关系。

1.3.2 国内研究动态

1.3.2.1 农地市场化流转问题研究

总体而言,国内学者们对农地市场化发展的趋势基本达成了共识,但对于农地市场带来的关于公平与效率的效果分析学者产生了明显分歧。一些学者认为,农地市场化流转不仅能够实现农地资源配置的高效率,还能够导致公平。例如,杨学成和曾启(1994)认为,土地流转市场化机制不仅能够使农业生产力要素实现一个动态优化组合,还能够将土地调整的决策权分散在广大农户手中,确保土地调整的公平性;马晓河和崔红志(2002)指出土地流转可以提高农地资源使用效益,也是实现区域农业生产规模化经营的基础;黄延廷(2012)在分析农地市场化的经济绩效中指出,农地市场化可以有效保障农民土地利益,提供土地经营的价格激励,并带动其他要素投入现代农业。此外,陈海磊等(2014)实证研究结果表明,土地是从低效率的农户转到高效率的农户,因此认为土地流转是有效率的。

一些学者对此持反对意见,表示规模经营并不比小农生产更有效率,同时认为农地市场化流转会导致农地过度集中、兼并现象,从而降低社会公平,影响社会稳定。例如,李昌平(2003)考虑中国人多地少的基本国情,认为小农经济是中国农业经济的长期现实选择,精耕细作是中国农业的优势,而非农地私有化、规模化、集约化;温铁军(2008)主张谨慎推行土地的流转和集中;贺雪峰(2015)对当前推动农村土地流转以扶持新型农业经济主体的三农政策提出了质疑,主要基于两方面:一是农地向新型农业经营主体集中经营会使农村"以代际分工为基础的半工半耕"的中老年小农失去土地,而这些农户的后续生活得不到有效保障,将会产生社会性问题;二是对于粮食生产,新型农业经营主体的规模经营并不比小农生产更有效率,因为小农更加精耕细作。黄宗智(2000)、张五常(2001)、费孝通(2002)等通过研究中国近代农村发展状况发现,土地市场化使得土地资源趋于集中、兼并趋势,不利于社会公平;黄祖辉(2000)研究表明,在技术、受教育程度以及应对市场风险等方面,农地经营大户相比较于小农户更具有优势,从而形成土地市场化流转的集中趋势;秦晖(2002)考察发现,中国历史上土地兼并带来地权集中问题,主要是圈地、封赐、投献等政治干预所致;田传浩等(2004)则从社会保障视角分析表示,在社会保障制度缺失的情况下,农户为渡过生存难关而出售土地,从而导致土地所有权的集中和社会财富分配的两极分化。

(1)农地市场化流转的农户激励政策问题研究

从现行农业财政补贴政策对农地市场化流转的影响已有研究来看,学者们尚未达成共识。一部分学者认为农业补贴对农地市场化流转具有负向影响,如熊群芳(2009)、冯锋等(2009)表示,当前农业补贴政策难以调动农户参与农地流转的积极性。也有学者认为农业补贴对农地市场化流转具有一定的积极影响,如牟燕(2007)实证分析结果表明,农业补贴额度显著正向影响着农户土地转入数量;冀县卿等(2015)认为农业补贴的发放对象与发放金额的设定是影响土地流转政策激励效果的关键因素。

(2)农地市场化流转的农户社会保障问题研究

当前,关于农地市场化流转的农户后续保障问题研究,学者们多围绕因土地被征用而失地的农民展开,如失地农民社会保障基金的设立与管理(吴文元和朱冬梅,2005)、失地农民社会保障制度构建(鲍海君和吴次芳,2002)等,而缺少针对农地使用权市场化流转中农户生存权利保障的研究。然而,普通农民通过市场机制进行农地流转也同样会面临失地、失业风险,这部分农民的社会保障程度直接影响着农地市场化流转与适度规模经营的发展进程。也有学者认为农地股份合作制是实现农地适度规模经营和农民利益保障的有效途径(房慧玲,1993;肖端,2013),它在一定程度上能够实现农地产权明晰化和收益分配货币化。但其较高的实施成本(王小映,2003),对成员自由股权转让流通与退出权(钱忠好和曲福田,2006)存在诸多限制条件,以及农地股权委托－代理关系中存在的道德风险问题(刘愿,2008)等,都决定了这一制度并不具有普适性。此外,目前关于农地流转的保障机制研究多倾向于单方面农户转出或退出农地意愿的影响因素分析(刘同山和刘立腾,2014),缺少以农户双向选择、农地资源双向流转为基本思路的农民社会保障机制探讨。

1.3.2.2 农地社会保障研究

在我国农村社会保障制度尚未健全的情况下,农地担负的社会保障功能和意义尤为重大,学者们也对此给予了高度关注,较为一致的看法是:随着农地市场化流转的发展,应该逐渐淡化农地的保障功能,而不断健全农村社会保障体系。具体而言,黎翠梅(2007)、陈希勇(2008)分别就农地的社会保障功能进行了不同界定。王克强(2004,2005)分别考察了上海市和江苏省两地土地对农民的多重保障效用,其结果均显示基本生活保障是土地对农户的最主要效用,基于此提出我国土地保障应逐步向社会保险转换的政策建议。刘玉侠(2009)从返乡农民工保障缺失视角探讨了农地保障与社会保障之间的关系。黄祖辉、王朋(2009)指出土地的社会保障功能对于处在社会转型时期的中国农村居民而言具有独特现实意义,这也是改革开放以来中国社会经济保持持续稳定发展的重要原因之一。邹秀清(2012)对浙、赣、桂三省农户的农地保障功能进行了测度,并指出农地保障功能存在地区差异。罗必良(2013)指出应该从保障农民的土地福利功能转向强化农民的土地财产功能。

1.3.2.3 农地抵押金融制度研究

我国的农地抵押金融制度研究是在现有农村土地产权制度基础上进行的理论与实践探索,这也决定了其与西方发达国家土地金融制度存在本质差异。同时,从国情考虑,我国法律和政策对农村土地作为金融信贷抵押品一直是禁止的。近年来,随着农地产权制度和农村金融制度不断改革、创新及相关法律政策推进,农村土地作为抵押品获取融资方式逐渐成为可能,国内学者们主要从以下方面进行理论与实证研究:总体设计上,施晓琳(2002)建议在消除现有法律上障碍的基础上,设立类似于外国土地银行的政策性银行主管该项制度。抵押贷款可行性研究方面,尹云松(1995)最早指出建立以农地使用权抵押为特征的农地金融制度将成为我国农村土地制度深层改革的一个重点,并提出了该制度的具体组织体系及实际运作方式。农村土地承包经营权抵押贷款试点研究方面,罗剑朝(2013)对杨凌示范区包括农村土地承包经营权在内的五种农村产权抵押融资模式和特点进行了分析。惠献波(2013)对河南省四个农村土地承包经营权抵押贷款试点县农户的调查后发现,潜在需求低、融资成本高等是其当前面临的主要问题,正规信贷经历、主要收入来源、性别和年龄对农户土地承包经营权抵押贷款意愿有显著影响。

1.3.2.4 中央公积金制度与住房公积金制度研究

由于我国住房公积金制度具有一定的独创性,且涉及我国的体制、制度、环境、政策等多方面因素,国外尚未出现类似的住房保障制度或公积金制度,因此较少有国外学者对我国住房公积金制度研究的相关文献。随着新加坡中央公积金制度和我国住房公积金制度在运行实践中日趋成熟和完善,国内学者对两种制度的研究也更加深入。

首先,国内学者对新加坡中央公积金制度的考察研究,为建立和完善我国住房公积金制度奠定理论基础。甘行琼(1998)、王欣(1999)都较早对新加坡中央公积金制度的具体内容、功能、管理机构等进行了介绍,并提出了该制度对我国保障制度改革的借鉴意义。杨伟(2008)、贾洪波(2009)等对新加坡中央公积金制度改革的动因、具体举措及改革趋势做出了评析。郭林(2012)从人口、政治、社会和经济四维环境视角分析了该制度的变迁及特点。

其次,学者们对我国住房公积金制度进行不同视角的分析与探讨。理论研究方面,张东(2002)指出互助、强制储蓄、基金和委托代理等理论是住房公积金制度运行的主要理论基础。属性探讨方面,曾筱清、翟彦杰(2006)认为住房公积金制度的本质属性是工资性,并且具有有限制的个人财产所有权属性。夏恩德、石璋铭(2009)将住房公积金的基本属性界定为带有公益福利性的互助保障储蓄基金,并从这一属性出发探讨住房公积金制度的运行公平与效率问题。运作管理方面,运作管理上,当前住房公积金制度在运行中还存在覆盖面窄、保障功能有限、运行效率低以及组织结构及管理模式设计不合理等问题(韩立达和郭堂辉,2009);而确定合理的住房公积金缴存比例尤为关键,肖作平与尹林辉(2010)采用34个大城市样本数据实证分析表明这一缴存比例受到人均生产总值、财政收入、房价、城市人口数量等因素影响。此外,周京奎(2012)表示放松公积金约束有助于提高居民住宅权属福利,同时对改善型住宅需求规模影响显著。制度变革与创新上,刘丽巍(2013)和耿杰中(2014)均表示住房公积金制度的改革方向应该是成为一项政策性住房金融制度。

1.3.3 国内外研究动态评述

通过对上述文献资料的整理和分析可以发现,国内外学者对农地市场化、规模化经营问题和公积金制度研究均给予了广泛的关注,总结上述已有文献研究成果,得出如下结论:第一,改造传统农业,转变当前严重超小化、细碎化的农地经营现状,推进农地市场化流转、适度规模化经营是实现农业现代化发展的必然趋势;第二,农民对农地保障的依赖需要通过制度化保障机制加以替代和弱化,从而推进农地流转市场有效运转;第三,农地抵押贷款是促进农地适度规模经营的一项重要融资途径,但对于既能够确保农民资金有效需求得到满足又能使银行风险最小化、可持续经营的农地抵押贷款运行方式还在探索中;第四,住房公积金制度立足我国国情基础上,对中央公积金制度进行了有益借鉴,它在解决我国城镇住房保障问题上取得了显著成效,对我国农村领域土地制度改革具有重要启示和借鉴意义。但已有相关研究还存在一些不足,具体而言包括如下:

(1)缺少将财政政策与金融政策相结合的手段,进行以促进农地市场化流转为目标的农地流转激励与保障机制构建研究。国外学者侧重于从土地市场交易、资源价值评估及土地规模经济理论的角度进行研究,而国内学者多从农地市场化、规模化经营必要性、模式、影响因素、评价标准及适度规模测度等方面研究。从已有研究中可以发现如下不足,一是现有理论研究多侧重于从规模经济理论视角探究农地适度规模经营问题,缺少从激励与保障机制视角对农地市场化流转与适度规模经营问题的探讨;二是对于促进农地实物保障向货币化福利社会保障转型的创新政策与制度保障机制设计研究不足。这两个方面的不足为本书的研究提供了较大的研究空间。

(2)尽管国内外已有研究表明,公积金制度对解决各地区居民不同领域的权利保障问题作用突出,但尚未有将公积金制度引入到解决"三农"问题领域,特别是解决农地市场化流转问题的研究。国外学者主要在经济学、社会保障学理论基础研究方面为新加坡公积金制度以及我国住房公积金制度构建提供了重要理论支撑,而对新加坡中央公积金制度的功能、管理模式、运行效果等具体研究不仅对完善该制度提供了诸多理论指导和参考,对我国住房公积金制度及本书提出的农地流转公积金制度设想也提供有益借鉴。国内学者主要侧重结合我国国情和实践发展对住房公积金制度进行梳理研究,并随着该制度在不断改进完善,相关理论研究也逐渐全面深入。但现有文献尚未从"三农"视角出发以改善和保障农民生存发展权利、促进农地市场化流转、带动农村经济快速发展为目标进行公积金制度构建研究。住房公积金制度的成功经验是可以并应该引入到解决"三农"领域问题中,但简单地照搬、复制是不可行的,结合我国的农地制度及农地市场发展现状,提出的农地流转公积金制度设想是对公积金制度之精髓的有益借鉴和发展。

(3)以农地承包经营抵押为基础,从政策性农地金融制度构建视角探索解决农户信贷可获得性问题的研究不足。国内现有研究中,多数学者对土地承包经营权抵押贷款持赞同观点,且多集中在制度设计、可行性、必要性等方面进行探讨。一些学者基于试点经验基础上提出了土地承包经营权抵押的具体规则,但农地承包经营抵押的农户可获得性与银行风险分担问题一直是理论和实践中的难题。建立在农地承包经营抵押基础上的农地流转公积金贷款制度,试图在已有研究的基础上从制度设计层面提高农户农地抵押贷款的可获得性和银行风险最小化。农地流转公积金本身就具有抵押物品属性,因而可以降低农户单靠农地承包经营权抵押贷款所面临的还贷违约风险。因此,农地流转公积金制度的政策性贷款模式,在满足农户农地市场化流转、适度规模经营发展需求的基础上,更有利于实现农地金融服务自身的风险最小化和可持续化经营。

1.4 研究思路、研究方法及数据来源

1.4.1 研究思路

本书的基本思路是:以公共产品、社会保障、政策性金融等理论为支撑,在充分界定农地市场化流转、农地流转公积金等概念的基础上,提出以农地流转公积金制度构建理论分析框架,然后从宏观、微观层面分析农地市场化流转的激励与保障政策现状及问题,基于农户农地流转意愿视角探讨农地流转公积金制度设想的可行性,结合理论与实证分析结果提出农地流转公积金制度构建的总体思路与方案构想,再围绕农地流转公积金制度构建的三个核心部分内容,即资金归集、资金使用及管理运作模式,展开筹资主体能力分析、贷款定价模型构建与管理运作模式选择等具体设计研究,针对该制度运行中可能面临的风险进行了防范机制设

计,再从农地产权制度变迁视角分析农地流转公积金制度的实现形式,并提出建立农地流转公积金制度的配套保障措施。

本书的研究技术路线如图1-1所示。

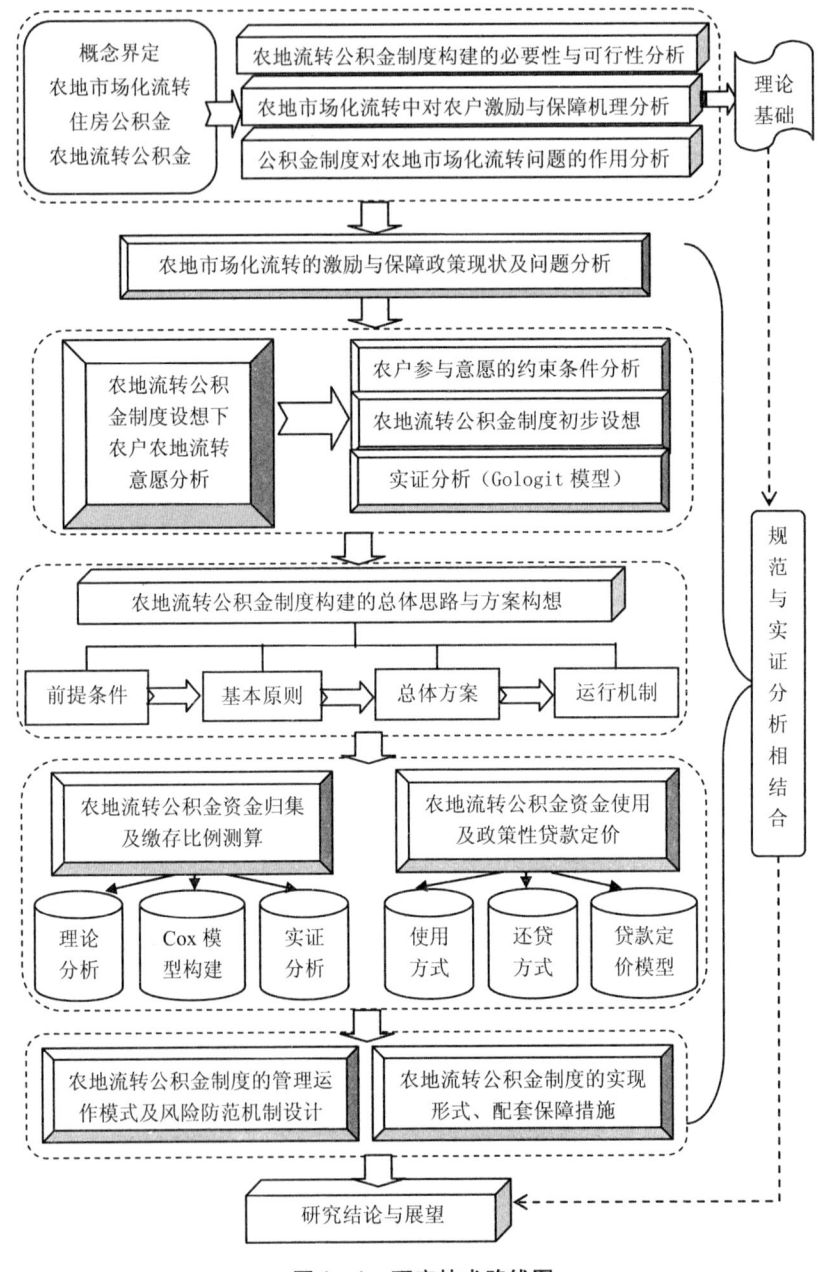

图1-1　研究技术路线图

1.4.2　研究方法

本书采用规范分析与实证分析相结合的研究方法,对国内外相关研究动态、研究的理论基础以及农地流转公积金制度总体方案设计等内容运用了规范分析方法,同时对农地流转公积金农户参与意愿的数据获取、结果分析与研究结论得出等方面内容采取了实证分析方法。具体包括如下:

(1)文献研究法

本书文献综述与理论基础部分,即第一、二章内容主要通过文献研究方法,综述农地市场化流转、农地社会保障、农地抵押、公积金制度等方面国内外研究动态,厘清国内外公积金制度形成的脉络、理论基础及实践经验,并从文献分析中找出公积金制度在化解农地市场化流转的激励与保障政策不足问题上的适用性,为本书以农地流转激励与保障机制构建为核心内容的农地流转公积金制度设计奠定了理论分析基础。

(2)访谈与问卷调查相结合的研究方法

本书中第三章对重庆市江津区的农地市场化流转的激励与保障政策探索案例分析,采取半结构式访谈法,通过相关政策文件收集、会议访谈记录及实地访谈调查记录等方式获取第一手和二手资料,并对其加以整理分析。第四章基于农户农地流转意愿视角的农地流转公积金制度设想初探、第六章农户参与农地流转公积金缴存的意愿水平测算研究部分的相关农户数据,均采用访谈与问卷调查相结合的方法获取,为完善农地流转公积金制度设计提供现实参考依据。

(3)比较分析方法

在本书第二章"人地关系划分视角下典型国家农地流转政策干预模式"中,比较分析了不同人地关系状况下各国农地市场化流转的有效政策干预模式,为农地流转公积金制度的政策干预模式设计提供参考。此外,在本书第八章"农地流转公积金管理运作模式选择"部分,对四种可能的农地流转公积金制度利弊进行了比较分析,以便选出适应该项公积金制度的管理运作模式。

(4)计量分析

本书第四章"农地流转公积金制度设想初探:基于农户农地流转意愿视角"中运用广义定序逻辑斯蒂(Gologit)模型对农户在农地流转公积金制度设想条件下的农地流转意愿及影响因素进行了实证分析;第六章"农地流转公积金资金归集及缴存比例测算"中,通过构建虚拟的农地流转公积金制度的市场环境,采用 Cox

比例风险模型对样本农户参与农地流转公积金缴存意愿的影响因素进行了实证分析,并利用累计概率模型测算缴存比例水平。

1.4.3 数据来源说明

本书案例分析数据及资料来源于本课题组成员于 2014 年 7 月 15 日至 7 月 22 日,赴全国统筹城乡综合配套改革试验区——重庆市江津区及其农地流转典型示范乡(镇)、村进行半结构式访谈法调查所得。本书所有的微观农户数据来源于课题组在 2014 年 7 月至 9 月以及 12 月期间,对东部(山东省、河北省)、中部(河南省、山西省)、西部(内蒙古自治区、陕西省、广西壮族自治区、重庆市、甘肃省)共 9 个省(区、市)27 个县(市、区)的问卷与访谈相结合的调查所得,在随后的章节中将对有关具体调研情况进行逐一说明。此外,本书还使用了相关宏观统计数据,主要来自于历年的《中国统计年鉴》《中国农业统计年鉴》《中国金融年鉴》《中国农村统计局年鉴》《人力资源和社会保障事业发展统计公报》《国民经济和社会发展统计公报》《农村经营管理情况统计总报告》等,以及相关会议文件、研究报告等资料。

1.5　本研究可能的创新之处

(1)本研究探索性地提出了农地流转公积金制度设想,将农地流转公积金制度的功能定位为一项具有货币化的农地福利保障与政策性金融服务性质政策干预工具,并结合我国农村具体实际对该制度总体方案进行了全新设计。该制度设想以激励与保障视角为切入点,以农户家庭劳动收入的资金转换方式实现农地资源配置方式的市场化、货币化转型,并采取农村合作性金融管理运作模式进行资金归集与分类管理使用,针对该制度可能面临的资金筹集与使用、管理运作等风险,设计了相应的风险防范机制,其目标是形成对不同利益诉求农户农地市场化流转行为的激励与保障作用。

(2)从农户农地流转意愿视角探讨农地流转公积金制度设想的可行性。将农地流转公积金制度中针对农地转入方、转出方的保障内容设想作为前提条件加入对农户农地流转意愿的征询中,以便减少在问卷调查中调查员与农户对新制度设想理解上的偏差,从而更为真实、准确地考察农户参与意愿与制度设想内容的可行性,并采用 Gologit 模型分析了该制度设想条件下农户流转农地意愿的影响因素,从而进一步明确完善这一制度设想的着力点。

(3)将具有特定保障功能的农地流转公积金作为准公共物品属性,通过构建虚拟的农地流转公积金制度的市场环境,采用多界二分选择问卷方式的条件评价法(CVM)获取农户问卷调查数据,并利用 Cox 比例风险模型从横向、纵向两个维度指标,对农户农地流转公积金缴存意愿水平的影响因素进行实证分析及缴存比例测算,为开拓农地货币化福利保障方式与完善农地流转公积金制度三方缴存比例设计提供了现实参考依据。

第二章

理论基础

2.1 相关概念界定

2.1.1 农地市场化流转

按照土地管理法第四条第二款规定，"农用地是指直接用于农业生产的土地，包括耕地、林地、农田水利用地、养殖水面等"。按照用途划分农村土地主要包括，农用土地、宅基地和农村集体建设用地，本书的研究范围主要界定在农用土地领域，即农地。中国集体所有制土地中，绝大部分为农用地，根据国土资源部第二次全国土地调查数据显示，全国有 66.9 亿亩农村集体土地，而农用地就占到集体土地面积的 82.66%。

市场化是一个动态的复合过程。从制度经济学视角理解，市场化是资源配置由政府分配逐步向市场调节转化的过程。而农地市场化就是指农地资源配置方式由政府分配向市场调节转化的一个动态过程。关于"农地市场化流转"这一概念，学者们也从不同角度进行了解释。徐旭(2009)认为农地市场化流转是农村土地使用权通过市场机制进行有偿、有期限的流动使用权，并指出农地市场化流转是一种趋势和取向，并非完全脱离行政干预、完全按照市场机制运行，而是在计划机制和市场机制的共同作用下，以市场机制为主、政府调控为辅的调节农地资源配置的一种方式。黄延廷(2012)认为农地市场化流转是农地承包经营权按照市场供求关系、市场效用、市场机制及交易双方当事人的自主意愿决定流转价格的比较规范的农地流转方式。

结合学者们对这一概念的已有定义和本研究所要解决的主要问题，本书将农地市场化流转界定为:农地使用权在公开市场上按照市场机制,出交易双方自主、自愿达成流转价格、期限等协议的农地资源配置方式;在农地市场化流转机制中,清晰化的农地产权关系是前提条件,农地市场价格的形成是核心内容,有效的中介服务是重要保障;农地市场化流转的主要形式为转包、转让、互换、入股、抵押等,核心目标是通过市场化流转机制改变当前碎片化农地经营格局,实现农地资源的优化配置与高效利用,形成多种形式的农地适度规模经营。

2.1.2　住房公积金

中国住房公积金制度是在汲取了新加坡中央公积金制度在理论与实践方面的成功经验以及结合我国具体国情的基础上,建立起来的一项城镇职工住房福利保障制度。根据《住房公积金管理条例》第二条第二款规定,"住房公积金是指国家机关、国有企业、城镇集体企业、外商投资企业、城镇私营企业及其他城镇企业、事业单位、民办非企业单位、社会团体(以下统称单位)及其在职职工缴存的长期住房储金。"从上述概念界定中可以看出,城镇职工住房公积金具有鲜明的工资属性,除职工按一定比例定期缴存外,其所在单位也将按职工工资的一定比例进行缴存,归集在专门账户的这笔资金实质上就是职工的住房专用工资。住房公积金是我国住房分配货币化的重要实现形式,在资金属性上具有工资性、政策性、社会福利性,在缴存方式上具有鲜明的强制性,在资金使用上具有保障性、长期性与专项性等特点。

2.1.3　农地流转公积金

本书提出的农地流转公积金制度是在借鉴新加坡中央公积金和中国住房公积金制度在解决所在地区居民不同领域保障问题的成功经验,并结合我国农业由超小规模向适度规模经营转型升级的政策目标的基础上,探索性提出的一项政策性农地金融制度安排,旨在试图解决在地少人多的国家和地区农地市场化流转中的政策激励与保障不足问题。

同时,将农地流转公积金界定为:是由国家、集体和农户三方共同缴存的农地流转储蓄保障金,该项公积金的所有权归农户;其资金主要是从国家财政收入、村集体产权收益和农户农地承包经营权市场流转收益或家庭收入中按一定比例提取,并定期缴存在农户的农地流转公积金账户中,并由专门机构代为管理;其资金主要用于农地流转、农地适度规模经营与农户基本生存权利的保障等;这一制度设想的主要目的是通过采用财政政策与金融政策相结合的手段,构建农地市场化流转的激励与保障机制,以期实现农业适度规模经营、农村社会稳定与城乡一体化发展。

其内涵具体包括:第一,实施范围为农村地区,参与主体为从事农业生产经营活动的农民;第二,是一项具有互助性、长期性的农地流转资金储蓄计划,且兼具了农地货币化福利保障与政策性金融服务功能;第三,资金来源主要由国家、村集体和农民缴存三部分构成,所有权归农民个人;第四,实行户头分类管理、专款专用,按照资金用途分为发展型、生存型和养老型保障账户;第五,坚持农地用途不变、鼓励农地适度规模经营、保障农民生存发展权利和兼顾公平与效率的原则。

2.2 农地流转公积金制度构建的理论依据

2.2.1 制度变迁与创新理论

制度创新与技术革新同作为社会进步和经济发展的原动力,有着一定程度上的相似性,特别是在激发人们的主观能动性与创造性方面(诺斯,1971)。一种制度形成的过程往往也伴随着各种纵横交错的社会既得利益关系的形成,而制度变迁方式的选择,主要受制于一个社会的利益集团之间的权力结构与社会的偏好结构(罗必良,2006)。根据制度创新理论,生产技术进步、预期收益、市场规模变化等因素是制度创新的主要动因,而随着社会经济的发展、科学技术进步,也不断生成对新制度的需求。政府作为制度创新主体出现,通常基于以下情况:获得潜在利益受私人财产权的阻碍、私人市场未得到充分发展、潜在利益归全体社会成员以及制度创新涉及强制性收入再分配等。拉坦(1978)首先给出了诱致性制度变迁的投资模型,并将技术变迁的研究方法引入到制度变迁理论中。林毅夫(1989)在借鉴西方经济学及结合我国国情的基础上,将制度变迁划分为诱致性变迁与强制性变迁。按发起主体在变革中所处的地位和作用,可将制度创新的形式划分为诱致性制度创新与强制性制度创新,前者是个人或团体自发进行的自下而上的制度变迁;后者则是由政府通过行政命令或法律形式发起的自上而下的制度变更。而国家(或政府)推行强制性制度变迁的主要依据是:国家的一项基本功能是制度供给,掌权者需要通过维持一套规则来降低和减少统治国家的交易费用;制度安排作为一种公共物品,一般由国家"生产",考虑国家生产比私人生产公共物品更有效。

2.2.2 农地市场流转与政府制度供给

(1)农地的准公共物品属性。公共物品是相对私人物品而言的,具有效用的非可分割性、消费的非竞争性及收益的非排他性,而不完全具有非竞争性和非排他性的是准公共物品。农地是一种准公共物品,其本身没有公共性,它的公共性是伴随着人类对它的利用而产生的。农地是农村人口经济收入的主要来源和生存保障,农地的生产经营状况也关系到一个国家和地区的粮食安全和社会整体生态系统的质量和结构。由此可见,农地资源本身与农地生产不仅关系从事农地生产经营的农民切身利益,更涉及社会的公共利益。我国法律上也充分表述农地的公共物品属性,在《中华人民共和国宪法》《中华人民共和国土地管理法》《中华人民共和国农村土地承包法》等均规定农村土地归集体所有,集体所有也就是集体成员共同所有。

(2)农地市场化流转的外部性问题。市场经济学认为,在完全竞争的状态下,通过市场供求调节可以使资源配置达到最佳状态。然而,完全竞争的状态只是一种理论上的市场机制,在现实生活中无法同时完全具备竞争市场所需的必要条件,尤其是对于具有公共产品性质的物品供给上,单靠市场机制就难以兼顾公平与效率。而农业的公共产品性质和农民的弱势地位决定了国家需要对转入农地发展适度规模经营行为给予相应政策性激励,以减小农业生产经营中的正外部性,保障国家粮食安全;而完善对农地转出(退出)方基本生存权利保障是实现农地适度规模化经营的前提,农民离地后的基本生活、再就业、养老等生存和发展权利保障项目均具有公共产品性质的社会保障品,都决定了其生产和消费不能完全由市场机制来解决,需要政府直接供给或政策干预。

(3)政府制度供给。制度安排是公共物品供给中尤为重要的一种,而公共产品存在着消费的非竞争性、收益的非排他性及效用的不可分割性,因而政府被视为公共物品的主要供给主体。此外,由于外部效应、自然垄断、信息不对称、分配不公等原因单靠市场调节无法使资源配置达到帕累托最优,这都为政府干预提供了依据。庇古对有益品概念分析为政府干预提供了有力支持,认为有益品的提供能帮助个人获得更高层次的满足,而竞争市场无法保证在任何情况下能帮助个人获得更高层次的满足,这种物品供给可以纠正消费者不利于自身最佳利益的选择行为。尼古拉斯·巴尔(Nicholas Barr)表示政府干预市场通常有两种意图:一是为维护社会公正而干预,二是为提高效率而干预。农地的准公共产品属性及农地市场的外部性决定了农村土地流转市场不同于一般的商品市场,为促进土地资源合理化流转的同时充分保障农民权益,需要通过政府干预加以调节。尽管政府干预存在诸多不利,但在农地市场化流转中农业适度规模经营和农民权益保障方面,既十分必要又相对有效,农地社会保障和政策性金融相结合的新制度安排,是在当前以及在较长一段时期内解决我国农地市场化流转外部性问题的有效途径,本书基于我国基本国情提出的农地流转公积金制度,正是为解决上述问题的一种政府制度供给的可能性路径。

2.2.3　社会保障理论

"政府与市场、公平与效率"是西方社会保障理论探索中的两大核心主题。这对于我们解决农地市场化问题中的农民社会保障问题具有理论指导意义。从西方社会保障理论与实践中得到的主要启示是:首先,政府应对农地市场化流转中农民社会保障问题承担更大的责任;其次,在农地货币化福利保障机制设计中,应当把实现社会公平放在首位,同时最大程度上兼顾效率;最后,一个地区的社会保障水平应与经济发展水平相适应。马克思主义社会保障思想的核心价值取向是追求社会公平,其社会保障金理论以保障社会再生产顺利进行为目标,起到了维护劳动者利益和社会稳定的作用。农地流转公积金制度设想正是汲取该理论精髓,提取农户农地流转收益中的一小部分资金作为农地流转公积金用以应对未来发生的不可预估风险,既能够通过政策性贷款发放为农地转入方发展适度规模经营提供可靠资金支持,又可以为农地转出方农户提供再次转入农地的农业再就业资金保障,在其老年退休后又为其提供养老保障。

2.2.4　政策性金融理论

政策性金融产生的理论基础是实现社会资源的合理配置,它是政府干预市场外部性问题实现社会公平化的一种有效金融手段。政策性金融是指针对某一领域或产业专门从事的政策性货币信用业务活动,通常由政府设立、参股与扶持,不以利润最大化为首要目标(卿淑群,1999)。我国人多地少、农地资源稀缺,而农业资金投入严重不足及生产呈超小型规模,严重制约农业现代化、市场化发展。特别是在我国农业转型过程中,农地适度规模发展更需要大量资金的投入,而农村金融信贷市场是农户获取农地适度规模经营资金支持的一条重要途径,但实际运作中商业性金融以利益最大化风险、最小化为目标的经营策略对农地市场的金融支持十分有限。因此,农地市场化流转、适度规模经营发展离不开政策性金融支持。农地流转公积金制度构建试图在保障农民生存、发展权利的基础上,通过农地流转公积金贷款机制设计实现政策性金融手段化解农地市场化、适度规模化经营发展过程中的资金短缺问题。

2.2.5 农地流转公积金制度构建的相关理论

2.2.5.1 互助理论

互助理论的核心思想是通过一定的制度安排和规则,将一部分闲置或暂时闲置的资源,从资源富余的社会成员手中转移到资源稀缺且需要帮助的社会成员中,其目的是要促进社会成员之间的资金互助与流动。在推行该理论过程中要遵循两个原则:一是大数原则,即做出利益牺牲的社会成员数量越大越好,这样可以使个体分担损失最小化;二是长期原则,即对于个体成员而言,持续时间越长,平均单位时间内损失越小。在农地流转公积金制度设计上也同样适用,在该理论指导下建立分散小农户之间的资金互助机制,将农户土地流转收益中提取一部分资金作为农地流转公积金,一方面为农地转入农户提供公积金及贷款支持,另一方面对农地转出方再转入农业生产经营提供资金保障和支持。

2.2.5.2 强制储蓄理论

强制储蓄是储蓄主体非自愿地参与储蓄的一种方式,通过该方式归集的货币数量的增加,是以某些个人消费的减少为代价,但有利于总体的资本积累。强制储蓄通常是由政府或某些权威机构推行,并通过行政干预或法律手段加以实现。与自愿储蓄相比,强制储蓄方式具有以下特点:第一,使储蓄主体的一部分收入的消费延迟,并且对这部分收入的支配方式由主动变为被动,使得储蓄主体对储蓄的使用权有所削弱;第二,使储蓄的增值保值功能弱化,强制储蓄下不能完全体现储蓄主体真正的剩余或投资,被储蓄主体视为是一种损失;第三,在行政干预下一旦推行强制储蓄,储蓄货币数量及其主体的数量会快速扩充,凡是符合条件的社会成员都必须参与。尽管强制储蓄方式还存在一些不足,但作为政府干预农地流转市场的重要工具,能有效促进农地适度规模化经营,使金融对农地适度规模经营的支持普遍化,对农村经济发展起到了十分积极的作用。

2.2.5.3 组织结构理论

组织结构理论基础和设计原则对于农地流转公积金制度的组织机构、管理模式、运行机制等设计具有重要指导意义。组织结构是组织内部分工协作的基本形式或框架,它反映了组织中各部分的排列顺序、空间分布、聚散状态以及相互关系,是整个管理系统的运行基础。组织机构需要通过与之相适应的组织结构设计以保证组织高效安全运转,因此,在农地流转公积金制度的管理运行机制构建中应根据其管理幅度和管理规模,进行适宜的组织结构设计。通常,组织结构的设计需要遵循以下原则:目标一致性原则,统一明确的组织目标和战略是组织结构与管理模式设计的前提;分工协调原则,在分工的基础上建立协助关系是组织得以运转的基础。此外,还需坚持权责对等、公平与效率、因事设职和因人设职相结合,以及稳定性与适应性相结合等原则。

2.2.5.4 基金理论

为保证农地流转公积金归集资金的有效运转与对农户双向保障的预期目标实现,基金营运模式是一种可能的资金运作方式。基金理论摒弃了将企业作为一个经济、法定单位人格化的假定,而是将其作为会计反映的基础,从而产生了反映某种利益的"基金"概念,它代表着对特定来源和特定用途的一定资本或收入的经济活动及相应的权利义务。基金理论侧重强调如何合理地管理和使用所归集资金,以资产为中心,淡化基金的所有权归属问题以及人的影响。通过农地公积金方式归集的资金,如何保证其流向农地市场和新型农业经营主体手中,就成为能否实现农地流转公积金预期目标的关键。运用基金投资机制与运作模式,是实现农地流转公积金的保值和增值的一项重要途径。

2.3 农地流转公积金制度构建的必要性与可行性分析

2.3.1 农地流转公积金制度构建的必要性分析

2.3.1.1 实现农地资源市场化、货币化配置方式转型的需要

尽管在国家政策的引导和鼓励下,农地市场得到了快速发展,但从根本上看,作为稀缺生产要素的农地按人口进行实物分配的方式未能得到彻底性转变,这也成为制约我国城镇化、农地市场化、农业适度规模化发展的根源之一。农地作为

农业基础性生产资料,在承包经营权流转、征用过程中其商品属性价值日益显现,但长期实物分配方式使这一价值没有得到货币化体现,并在缺少相对应的流通货币状况下,市场调节农地资源配置难以实现自由流转。家庭联产承包责任制在确保农地公有性质的基础上,实现了农民土地承包经营权共同享有,但这种共有性表达是实物性质的、相对低层次的,基本满足农民生活、生产经营需求及实物性的生存保障,但当其想退出农地进入城市工作、生活或者进一步扩大农地经营规模时,这种基础的实物生存保障既无法携带也难以实现对等货币价值转换和抵押融资。因此,从制度层面解决农地实物分配方式向货币化分配方式转变,是实现农地市场化流转与适度规模经营的一个重要基础。

农地流转公积金制度作为一项长期互助农地流转储蓄保障基金,其实现农地资源分配由实物化向货币化转型的路径是:农户家庭劳动收入的资金转换,最终使农户通过合理年限的积累能够获得合乎其农业生产经营能力和需求的农地适度经营规模,使参与农户可以通过互助与补助方式获得抵御农地市场化流转风险能力与基本生存权利保障。通过"进有支持、退有保障"的设计思路,进行农户农地转入、转出双向选择保障机制设计,这对于促进农地资源配置逐步向市场化、货币化转型的理论与实践探索具有重要现实意义。

2.3.1.2 促进农地市场化流转与适度规模经营发展的需要

农业现代化发展离不开资金支持,农地市场化流转需要与农地价值相对等的货币进行市场流通交易。通常,农户用于农地适度规模经营的资金来源主要有两种:内源性融资和外源性融资。就农户自身而言,家庭联产承包责任制下,普通农户农地经营规模小且分散,依靠农业生产经营获取的经济收入较低,在农地无法作为有效抵押品的条件下,有限的收入除了维持家庭基本生计外,很少有能够用于转入农地、发展适度规模经营的额外资金,资金上的短板将许多有能力、有意愿的普通农户排除在规模化经营主体之外。因此,外源性融资成为多数普通农户获取农业适度规模经营的投资资本的唯一途径。就农户外源融资渠道来看,主要有两种,一种是通过财政农业补贴、农业产业发展项目扶持资金等方式获取来自政府方面的政策性财政扶持资金,但由于传统的按承包户进行农业补贴的发放方式与农地市场化流转实际相脱节,使得补贴对象错位,相对有限的补贴资金量,既难满足农户农地适度规模经营发展资金需求,又无法对农户农地转入行为形成有效的政策激励作用;另一种是通过正规金融机构获取农业发展的信贷资本的融资渠道,相比前一种融资方式,金融信贷方式的资本更为充足,但对于普通农户而言其可获得性并不高。一方面,金融信贷具有一定的门槛限制,当有资金需求的农户缺少金融机构所青睐的抵押物时,也难以通过该方式获得用于农地流转交易与生产投资所需的资金;另一方面,普通农户在金融需求主体的竞争中处于全面劣势,既无法与经济实力较强、信用等级较高且拥有合法的资产抵押物的城市居民相竞争,也难以在与从事非农产业的其他农村居民的竞争中占据优势。本书提出的农地流转公积金制度设想,以国家补助、集体自助与农户间互助为基础进行资金归集,采用财政政策与金融政策相结合的手段,通过农地流转公积金农业经营性补贴和长期、稳定的政策性贷款发放,激励和培育具有较强农业生产经营能力和意愿的普通农户成为新型农业经营主体,这有利于化解当前普通农户发展农业适度规模经营自有资金、配套财政与金融政策激励不足的困境。

2.3.1.3 积极稳妥推进新型城镇化进程的需要

中国的城镇化发展被诺贝尔经济学奖获得者斯蒂格利茨认为是与美国的高科技发展旗鼓相当的"影响 21 世纪人类社会发展进程的两件大事"。然而,中国的城镇化改革进程与农地市场流转发展紧密联系,探寻促进农地市场化流转的有效政策激励与保障机制,是推进城镇化改革稳步发展的重要基础。

农地市场化流转过程中,大量转出(退出)农地的农村剩余劳动力向城镇转移,农民进城务工以实现非农就业的同时,也可以将稀缺的农地流转给具有较强生产经营能力与意愿的农户、农民专业合作组织或涉农企业,这样既可以实现农地资源的优化配置,又能够使转移农户获得进城生活的农地财产性收益,以提高城镇生活质量,因此农地市场化流转有利于加速新型城镇化进程。然而,城镇化发展实践过程中出现了"半工半农""亦城亦乡"的现象,许多农户虽然已实现了城镇非农就业或居住地迁移,但仍选择保留农地承包经营权,甚至宁可农地闲置也不愿意转出或退出。据广州社情民意中心 2011 - 2014 年在广东农村开展的相关民调数据显示,56% 的受访农户愿意进城但需要保留农地承包经营权,51% 的受访农户打算进城后将家庭农地"给亲戚、邻居种",打算"转租、转包"的农户占到 35%;对于当前自身的社会保障状况,32% 的受访者表示不满意,表示满意的仅占 28%(羊华和吴晓君,2015)。超过半数农户希望进入城镇与非农领域就业生活,但不愿意放弃农地,其根本原因是农村居民尚未获得能够满足其城镇生存发展需求的社会保障,因而农地依旧是其进城后的最牢靠的生存保障选择,一旦非农就业失败,返乡务农是其可以维持生计的退路。2009 年全球金融危机时,大量失业农民工返乡务农就是一个典型的实例。从上述关于农户社会保障状况的调查中也可以看出,尽管农村社会保障体系在不断完善、保障水平逐步提高,但离农户转出农地后的实际生计需求以及城镇社会保障水平还存在一定差距。

为加快农地市场化流转与城镇化发展进程,妥善解决好农户转出(退出)农地的后续保障问题是其中一项关键任务。农地流转公积金制度通过建立农民农地流转储蓄保障金,实现对失地失业农民的基本生活、农业再就业以及养老等提供有效的农地市场化流转的制度化保障,这将有利于从根本上化解农户转出(退出)农地的后顾之忧,促进农地市场化与城镇化的持续、良性发展。

2.3.2 农地流转公积金制度构建的可行性分析

2.3.2.1 住房公积金制度的成功经验为其可行性提供现实依据

改革开放以来,中国居民收入水平逐步提高,收入差距也随之逐步扩大,而住房实物福利补贴旧体制使城镇中低收入职工住房难问题凸显,并且严重妨碍了住房资金顺畅循环,这是形成以住房公积金制度为基础的政府主导型住房制度变迁的直接动因。自 1991 年上海最早借鉴和引入住房公积金制度以来,经过政府大力推行,该制度已经成为我国住宅领域一项关系国计民生的重要政策。从其取得的成效来看,突出体现在两方面:首先,住房公积金制度为城镇居民住房建设提供了长期、大量、稳定的资金来源,使中国多数普通工薪阶层买得起房,其基本住房权利得到了极大保障;其次,住房公积金制度为实现我国住房商品化、房屋市场化及住房分配货币化转型奠定了制度基础,并促进了我国政策性住房金融市场的形成与发展。住房公积金制度将旧体制用于住房实物分配的资金以货币化形式配给职工个人,实现了住房分配机制的转变,并且将所归集的资金还用于支持经济适用房建设与发放条件优惠的政策性住房抵押贷款,既缓解了单靠政府财政补贴的压力,又解决了普通职工购房资金不足的难题。以最早建立住房公积金制度的上海市为例,1996 年该市住房公积金缴存资金为 110 余亿元,当年新增住房公积金占全市住房建设投资的 40%。到 2014 年底,住房公积金缴存总额已到达5215.59 亿元,提取总额为 2763.51 亿元,占缴存总额的 52.98%。其中,全市累计发放个人住房贷款 195.55 万笔,共计 4095.36 亿元。支持保障性住房项目贷款累计发放 88.54 亿元。由此可见,具有互助性的住房公积金及其政策性贷款在解决城镇居民住房问题上发挥着日益重要的作用。

以住房公积金制度为基础的我国城镇住房领域市场化改革,不仅有效解决了城镇居民住房保障问题,还实现了城镇房屋产权货币化分配方式的转型,其实践运行中的成功经验也可以为以农地流转公积金制度构建为基础的农地领域市场化改革提供现实可行性依据和经验借鉴。从本质属性来看,房屋是土地的一种特殊形态和衍生品,尽管在现行农地制度下,农地承包经营权市场化不完全等同于城镇住房所有权市场化,公积金制度在不同形态土地市场中的实现形式也有所差异,但公积金的政策性、保障性与互助性等优势特点在不同国家和地区与不同领域均发挥着积极的稳定作用,这也是农地流转公积金制度构建可行性的一个重要基础。

2.3.2.2 国家农业政策目标与财政能力为其可行性提供政治、经济基础

农地流转公积金制度的构建高度依赖于国家在农地制度构架、农业政策目标与理念以及公共财政状况,政府的农地市场化流转、适度规模经营发展政策理念和策略是该制度得以推行的政治保障。农地流转公积金制度以农地市场化流转激励与保障机制构建为基础的内容设计,既立足于"以公有制为主体,多种经济成分并存"的宪法原则,又有利于促进农业现代化发展战略目标的实现。近年来,中央政府高度重视农业现代化发展问题,促进土地经营权市场化流转和发展多种形式的农业适度规模经营已成为多年"中央一号"文件的重大议题。2016 年"中央一号"文件中强调,要发挥多种形式农业适度规模经营的引领作用,充分发挥财政资金对规模化经营主体在加大农业生产性投入上的引导作用。农地流转公积金制度,以激励和培育新型农业经营主体、完善对转出地农户的生存权利保障为目标的内容设计,是符合国家宏观政策目标和意图的一种实现农业现代化发展的有效政策干预途径。而国家基于农地市场化流转与农业适度规模发展持续性的政策意图,对于农地流转公积金制度的构建又提供了政治可行性基础。

此外,国家财政实力的不断增强也为农地流转公积金制度构建提供了坚实的经济基础。从国家财政收入状况来看,中国经济保持了 30 余年高速增长,国家财政收入从 1978 年的 1132.26 亿元增长至 2014 年的 140370.03 亿元,增幅高达一百余倍;从国家财政支农支出水平来看,从 1978 年的 150 亿元增长至 2012 年的 12387 亿元。以上数据表明,国家财政实力和支持农业现代化发展的能力均显著增强,客观上为农地流转公积金制度的建立提供了有利的经济条件。

2.3.2.3 农地流转市场的形成与发展为其可行性提供良好的市场环境

自 1984 年"中央一号"文件明确提出鼓励农村土地经营权流转起,我国农地流转市场在国家的政策鼓励与推行中得以逐步形成与发展。据农村政策研究室调查统计数据显示,1984 年底,全国转出农地的户数仅占总承包户数的 2.7% ,转

出的耕地只占总耕地的 0.7%；而到 2014 年底，转出农地的农户数已占到总承包户数的 25.3%，流转面积占全国耕地面积的 30.4%，农地流转农户和面积较最初都有了显著提高。随着农地流转速度不断加快、规模不断加大，农地经营权流转也逐步从实物交换向市场化、货币化流转方式转变，出现了包括转包、出租、股份合作、互换、转让等多种市场化流转方式，以及家庭农场、专业大户、农民专业合作组织等多种新型农业经营主体。

快速形成和发展的中国农地流转市场为农地流转公积金制度的构建与实施提供了有利的外部市场环境。一方面，农地流转公积金制度设计的核心内容是围绕农地转入、转出方实际需求进行设计的，只有在农地经营权市场化流转环境中，农地流转双方才会产生对转入农地发展适度规模经营的资金信贷需求或转出农地获取稳定的生存保障需求，农地流转公积金制度的激励与保障政策作用才能够得以最大限度发挥，因此，农地市场的培育与发展是农地流转公积金制度建立的重要前提；另一方面，农地市场发育相对成熟的地区，农地流转交易市场越活跃，以农地承包经营权抵押品的可变现程度相对越高，以农地抵押为基础的农地流转公积金制度政策性贷款的金融风险也相对越低，因而该制度建立与实施的可行性也就相对越高。

2.3.2.4 农户参与意愿调查结果为其可行性奠定了群众基础

制度合法性的根源在于公众的普遍认同，即民意在实质理性和形式理性两个层面的参与及渗透(徐汉明和杨择郡，2012)。民意能够直接反映制度设计是否合理可行，结合民意进行制度设计也有利于减少实施过程中的摩擦成本。随着农地市场化流转趋势的加快，普通农户对于发展农地适度规模经营的金融信贷和农地市场化流转风险防范的需求逐渐增强，而农地流转公积金制度基于农户农地流转中的现实约束条件及需求的激励与保障政策内容设计，也得到了多数农户的认同与支持。从本书对 9 个省(区、市)496 户农户的样本调查数据结果[①]来看，在所有受访者中，农地流转公积金制度条件下，57.8% 的农户愿意转入农地，51.6% 的农户愿意转出农地，表明该制度设想中针对农地转入方和转出方的激励与保障内容符合多数农户的利益诉求。与此同时，在对农户参与农地流转公积金缴存意愿的调查中发现，65.7% 的样本农户具有农地流转公积金缴存意愿比例值大于 0，表明样本地区多数农户有参与该项公积金缴存的意愿并愿意将家庭年人均纯收入的

---

① 农户调查意愿数据来源于作者的实地调查结果，详见本书第四章与第六章内容。

一定比例资金用于农地流转公积金缴存。农地流转公积金制度的建立也将直接关系广大农户切身利益和制度的实施成本,因此本书针对这一制度内容设想的民意调查结果,将为其可行性和有效性奠定可靠的群众基础。

2.4　农地市场化流转中对农户激励与保障机理分析

2.4.1　对农地转入方政策激励的内在机理

在当前政策传播媒介与方式多元化的背景下,公共政策的一般作用机理是:政策主体通过交流、共享的互动行为向政策客体传递政策信息,并确保政策内容的有效传导与贯彻实施的过程。刘西涛和王炜(2012)指出农业激励政策的作用机理为:首先,通过一定的媒介手段与途径使以激励农业发展为目标的政策信息,能够在政府组织、农业生产者、农业生产组织与农业生产辅助性组织之间的传播,并逐步了解政策目标和意图,进而将政策目标内化为农业生产参与者有意识地执行政策的自觉行为,最终推动政策的贯彻落实与农业发展。在促进农地市场化流转为目标的农业激励政策中,政策内容设计的合理性与可行性、政策意图对农地流转参与双方的传播和贯彻执行情况,都将直接影响着激励政策的最终效果。

国际农业生产实践与经验表明,在市场经济中,要实现资源要素向农业部门领域流动,离不开有效的政策激励措施。农业发展自身的弱质性及外部性引起的市场失灵问题,是政府制定支持政策对农业市场进行必要干预的重要理由。而与此同时,上述特质和问题也使得农业在由传统经营方式向现代化经营方式转变过程中对政府形成了一定的依赖。政府作为掌握包括有形的资源和无形的技术、政策、法规等农业发展必备要素的供给主体,其有效的制度供给是促进农业向集约化、标准化、规模化、专业化方向发展的关键因素之一。在农地市场化流转过程中,采用适当的政策激励手段以促进农地转入方向新型农业经营主体和粮食适度规模方向发展,对于推进农业适度规模经营发展尤为必要。

从公共产品理论视角出发,农业的公共物品属性使政府对农地转入方的农业适度规模经营行为进行政策激励成为必要,其核心目标是保障农民基本利益和国家粮食安全。农业的准公共产品性质突出的表现为:首先,农业作为国民经济中最基础的产业对社会和政治稳定具有重要保障功能;其次,农产品作为国家战略性物资性质的商品,关系到国计民生,具有范围性的俱乐部式的公共产品性质(周立群和杨国新,2009);最后,农业用地还能够提供绿色植被、特殊景观、清新空气、山村农庄等生态环境产品,都具有极弱的排他性和非竞争性,同时也凸显了农业的公共物品性质。农业上述准公共产品性质使转入农地进行农业生产经营的农户收益发生外溢,而此时市场调节处于失灵状况,为使农业的外部性问题内部化,就需要通过政策干预,将农地转入方农户进行农地适度规模经营的社会收益或成本化为私人收益或成本。通常,纠正农业正外部性主要采取补贴的方式,即从社会上其他人所得到的收益中拿出一部分来补偿行为者的损失(韦苇和杨卫军,2004)。

客观存在的农业正外部性与农户内在利益驱动性之间相矛盾,直接影响农户农地转入及适度规模经营行为。由于农业存在外部性、弱质性特征,农业生产经营收益要远低于非农产业,尽管扩大农地经营面积一定程度上能够带来规模经济效应,但随着近年来农业生产成本的持续快速攀升,农户转入农地发展农地适度规模经营,尤其是发展粮食适度规模经营的总体积极性不高。在经济较为发达的沿海地区这一现象尤为明显,以钱文荣和张忠明(2007)对长江中下游地区的调查研究为例,调查样本农户中60.6%的农民由于就业、收入的多元化及家庭劳动力数量限制等原因,并没有扩大家庭农地经营规模的意愿。此外,随着农地流转的不断推进,虽然农民的参与程度不断提高,但是在市场经济利益驱动下,尤其是农地流转中的农地转入方农户,为寻求自身收益最大化,转入农地后的“非粮化”种植倾向日益凸显。易小燕和陈印军(2010)对浙江、河北两省的农户调查数据显示:被调查农户转入农地用于种植粮食作物与非粮食作物的面积比为1:3.2。张茜等(2014)对河南省舞钢市21个家庭农场的调查中也发现,由于粮食经营高成本投入而收益低、见效慢等原因,家庭农场呈现出显著的“弃粮从经”倾向。农地流转后的“非粮化”种植问题将直接影响着国家粮食安全,因此,当前亟待建立农地市场化流转的政策激励机制,以培育现代农业新型经营主体,引导其向粮食适度规模经营方向发展。

2.4.2　对农地转出方权利保障的内在机理

在中国二元经济社会结构的城乡关系中,市民与农民在享受的社会保障及福利待遇上的不均等是城乡政策差异性的最突出表现。在农村社会保障体系不健全、整体保障水平低下的状况下,农地保障成了当前我国农村社会保障体系中的重要环节。因此,在中国农地不仅承载了作为一种最基本生产要素的经济功能,同时还担负着农民的基本生活、养老、医疗和失业等多重保障功能。政府通过向农民发放农地承包经营权的方式来为其提供基本保障,一方面,农地作为农民的一种生产性资料及实物性资产,农户既可以通过农地生产经营来获取维持基本生存的粮食,也可以通过农产品销售及农地租赁方式获得直接经济收益,以实现其基本生活、养老和医疗等生存权利保障;另一方面,农地生产经营也是一种最基本的就业形式,为广大农民提供了长期而稳定的"农业就业"机会,同时对于农民具有抵御就业风险的功能,尤其是当农民在城市非农就业失败后,还可以返乡务农。农地所担负的上述社会保障功能也成为改革开放以来国家经济与社会持续、高速、健康发展的"稳定器"。

然而,在国家控制农地资源配置的行政推手作用下,土地要素的市场化进程已经明显落后于资本、劳动力、技术等其他市场要素(黄祖辉和王鹏,2009)。相对扭曲的农地要素配置机制造成了当前农地碎片化、超小规模化、相对低效率的农地生产经营格局。而农地所承载的社会保障功能又限制了农地在市场中的自由交易,阻碍了农地承包经营权市场化流转的进程。这一观点从学者们微观实证研究的结果中也可以得到印证。例如,聂建亮和钟涨宝(2015)基于中国5省的农户数据分析结果发现,农地保障功能替代程度在一定程度上影响着农民转出农地的意愿。程佳等(2014)对京冀平原地区考察发现,农地价值功能与劳动力承载的替代程度越高,农户转出农地的意愿越强。

随着农村城镇化建设步伐的加快,将会有越来越多的农村剩余劳动力转移到城镇,而多数农民也将逐渐转变为市民。但在农地承包经营权市场化流转的农民社会保障体系不完善、保障机制不健全的情况下,农地市场化流转和农村城镇化发展的步伐都将受阻。首先,农村社会保障水平低下与部分保障功能的缺失强化了农地的社会保障功能,普通农户为了获得稳定的农地社会保障功能,即使是进城务工,宁愿闲置农地,甚至撂荒弃耕,也不愿意流转自己手中的农地承包经营权,农地市场流转机制难以建立,农地资源也无法实现在要素市场的自由流通与合理化配置。其次,由于农地资源得不到优化配置,生产效率低下,农民难以实现增产增收,其对农村社会保障项目的支付能力也随之受限,以农民个人缴费为主要筹资来源的新型农村养老保险制度的养老保障功能难以充分发挥,如此农地将继续承担着农民的社会保障功能。在农村社会保障制度尚未健全的状况下,通过农地市场化、规模化流转与经营方式来提高农业生产效率的农地制度改革也举步维艰。因此,通过构建制度化保障机制以完善对农地转入(退出)方农户基本生存、就业权利保障将成为促进农地市场化流转、适度规模化经营的关键。

2.5　公积金制度对解决农地市场化流转问题的作用分析

2.5.1　公积金制度的形成与演进

从国内农业生产实践来看,人民公社时期的会计核算"经营资金来源"科目中就列有"公积金"项,其含义是:依据生产队的收入情况,从每年集体收入中按上级规定的比例,提取一定比例的资金,主要用于保证生产顺利进行和社员的生活需要(张鸿欣和陶立业,1960)。这一时期,公积金的使用由生产队社员大会讨论决定,生产队扣留的公积金数额,主要是根据每一个年度的生产需要和预计,同时在社员大会讨论的基础上做出决定,通常会控制在可分配的总收入的 3% – 5% 以内,而对于少数收入较高的生产队,其扣除的公积金比例相对也会略高一些。到20 世纪 80 年代,黑龙江省杜尔伯特蒙古族自治县,为适应商品生产的需要,解决农民在生产经营中的资金短缺问题,按照"谁积累,谁使用,财产归谁"的原则,将农村集体公积金中的货币部分作为村(屯)生产费周转金,在农村集体成员中进行短缺资金有息借贷(王金川,1985)。与现行的住房公积金制度相比,早期的农村集体提留"公积金"虽然在管理运作上相对落后,且作用范围有限,但其生产生活保障与金融服务功能已初步显现。这种集体"公积金"缴存模式也为本书以促进农地市场化流转为日标的农地流转公积金制度设想提供了依据和参考。

从现实经验来看,公积金制度运用的国家(地区)和领域均较为广泛,马来西亚、印度、中国香港实行以雇员退休保障为主的公积金制度,中国住房公积金制度以住房保障为主,新加坡中央公积金制度则是一项涉及住房、医疗、教育、养老等多个领域的综合性社会保障制度。公积金制度最早产生于马来西亚,而新加坡1955 年通过立法形式建立的中央公积金制度使其得到了发展壮大。新加坡中央公积金制度在为国家积累发展资金,促进资金在社会成员、各行业领域间自由流动,维护社会和谐稳定与经济健康发展方面发挥着重要作用。我国住房公积金制度的演进大致经历了试点—全面推行—探索改革—改进完善四个阶段。首先,于1991 年 5 月在上海率先建立,紧接着 1994 年《关于深化城镇住房制度改革的决定》（国发〔1994〕43 号）文件的提出,指明了要在全国所有县级以上城镇全面建立住房公积金制度;1999 年,在全面总结实践经验的基础上,国务院制定了《住房公积金管理条例》,并于 2002 年进行了修改和完善,以此为基础制定住房公积金法规、制度和规范,同时对住房公积金制度的建立、管理等一系列重大问题进行具体指导。根据住房城乡建设部与财政部、人民银行联合公布的《全国住房公积金2014 年年度报告》统计数据显示,截至 2014 年底,年末全国住房公积金缴存总额已达 74852.68 亿元,累计提取额占缴存总额的 50.51%,累计发放 2185.85 万笔个人住房贷款。住房公积金从制度建设到运营管理都在实践中逐步完善并形成了独具中国特色的管理运作模式,该制度的形成和发展对提高我国城镇居民住房福利水平和促进房地产业发展意义重大。

2.5.2 公积金制度政策性金融服务对农地转入方的激励作用

通常,公积金制度以强制储蓄方式聚集社会分散资金,使资金在参与成员间互助流通,并通过政策性信贷服务实现对参与成员的特定权利保障。以强制储蓄方式归集的住房公积金为例,其政策性住房金融信用业务主要通过对资金合理化配置,确保了金融机构正常运转的同时,实现了对居民住房保障领域的政策倾斜和激励,还极大程度地减轻了单靠政府住房补贴所形成的财政压力。当前,中国农业现代化发展正面临着资金投入严重不足及农地超小规模经营的严重制约,农地适度规模经营离不开大量的资金注入,而商业性金融机构以利益最大化、风险最小化为其开展信贷金融业务的核心目标,在对风险较高而收益较低的农地领域经营活动的金融支持十分有限。因此,建立具有政策性金融服务特点的农地流转公积金制度对解决农地适度规模经营中资金瓶颈问题的意义突出:首先,通过农地流转公积金资金归集方式,可以聚集农业领域和农地市场中相对分散且有限的资金,并通过用途专门管理使这部分资金流向农地市场与农业生产经营领域,为农地市场化流转与适度规模经营发展注入资本动力;其次,该项公积金针对农地适度规模经营发放专项补贴,并提供政策性贷款支持,可以激励和培育有意愿、有能力的广大普通农户成为新型农业经营主体,同时也可以避免工商资本大规模、长时间租赁农地而导致农地兼并现象。

2.5.3 公积金制度多元化保障服务对农地转出方的保障作用

从已有经验来看,公积金制度主要通过对不同账户资金用途专门化管理的方式,确保其保障功能的实现。同时,公积金制度保障功能也可以依据国家政策目标与意图,进行专门化或多样化设计。例如,中国城镇住房公积金制度采取职工及其所在单位共同筹资的方式,实现对城镇居民的住房权利的专项保障;而新加坡中央公积金制度的保障功能设计相对更加多元化,保障内容基本上涵盖了居民生存、发展权利的各个方面。城乡二元结构体制下,中国农村社会保障长期处于整个社会保障体系的边缘(方青,2001),农村社会保障制度缺失所导致的结果是,农地成为农民生存权利保障功能得以实现的替代品,并直接制约着农地市场化流转与城镇化发展进程。将农户的基本生存权利保障内容纳入农地流转公积金制度的保障机制构建中,通过制度化保障机制设计对农地保障功能进行替代,不仅可以消除农民流转农地的后顾之忧,还有助于实现农地市场化流转中农民实物性质的农地生存保障方式向货币化的社会保障方式转变。

2.5.4　公积金制度科学化管理对农地流转双向保障机制的长效作用

公积金制度科学化的管理运作方式,有助于实现农地市场化流转激励与保障机制的长效运转。从住房公积金制度的管理运作情况看,在组织结构上,设立了决策、执行、监督等管理机构,并形成了这三大部门之间的相互独立与制衡关系(曾筱清和翟彦杰,2006);在资金筹集与使用上,动态调整住房公积金缴存比例,按不同户头进行账户分类管理,并确保资金用途的专项性;在运作管理方式上,结合了基金投资与委托代理管理运作机制,通过专业化运作方式,实现住房公积金运营成本最小化与保值增值利润最大化。为保障农地市场化过程中农地流转双方的生存和发展权利,以构建公积金制度方式解决农地市场化流转问题的方案中同样需要引入先进的运作管理模式,以确保新制度实现持续的良性运转。

在学习和借鉴上述公积金制度互助性、政策性、保障性特点的基础上,提出了以农地市场化流转激励与保障机制构建为基础的农地流转公积金制度设计,该制度设计将成为一种值得探讨的可能性政策方案。当然,直接照搬已有公积金制度的做法并不可取,农地流转公积金制度设计需要在借鉴上述公积金制度的特点和已有实践经验的基础上,紧密结合中国农村具体实际,以农民利益诉求和意愿为出发点进行制度设计与创新。

2.6　国际农地流转政策干预模式、经验与启示

2.6.1　人地关系划分视角下典型国家农地流转政策干预模式

在人多地少的国家或地区,农地产权制度改革的一个重要出发点和归宿就是化解紧张的人地矛盾。紧张的人地矛盾主要包括:人口与农地总量之间的矛盾,从而形成人多地少的问题;人口与农地人均占有结构之间的矛盾,从而产生土地拥有不均的问题;人口与农地产量之间的矛盾,从而导致人们日益增长的农产品需要与现实的农地产量难以满足各方面需求的问题(黄延廷,2012)。

表2-1　人地关系划分下典型国家农地流转干预政策与模式

代表国家	人地关系①	典型干预措施②(1970年至今)	农地流转主要模式③
美国	人少地多 (0.53hm²)	禁止非家庭性公司从事农地经营,以巩固家庭农场的主体地位	"租佃制"模式
法国	人地均衡 (0.28hm²)	设立"非退休金的社会福利补助基金",鼓励退休或即将退休农民退出土地;鼓励中等及大农场政策;最小农地经营面积限制政策	"土地整治与农村安置公司"模式
日本	人多地少 (0.03hm²)	农业人养老金制度,为离地农民提供稳定的生活保障;认定农业者制度,培育农地规模经营主体;企业介入农业经营"原则自由化"	"农业合作组织"模式

从已有公积金制度的理论与实践研究来看,尚未有运用于"三农"领域可供参

---

① 人地关系状况描述以各国人均耕地占用情况为依据,三国人地关系为相对概念。
② 特别是1970年以后,伴随城市化、工业化的快速发展,三国农业也进入了规模化、现代化转型发展的重要阶段,此处只选取了其农地流转典型经验做法。
③ "租佃制"模式:地主自我使用者出租或通过中介出租农地(范怀超,2010);"土地整治与农村安置公司"模式:由官方成立农地流转中介机构,通过收购和转卖方式调控农地流转方向,加速了土地的流转和集中(黄延廷,2012);"农业合作组织"模式:又称"农协",基本覆盖了全体农户,并成为农地流转的重要中介平台(梁书民,2011)。

考的国际经验,但国际农地流转政策干预模式与经验做法可以为我国以公积金制度构建为基础的农地适度规模经营政策探索提供有益参考。从表 2-1 来看,在不同人地关系状况下,各个国家的农地流转政策干预模式也有其不同侧重点和独特适应性。美、法、日三国是人少地多、人地均衡和人多地少三种人地关系状况的典型代表,同时也是农业现代化发展的成功典范,各国为促进农业走向规模化经营,均运用了财政、金融、立法等经济、法律手段,同时又结合自身国情及农地制度背景采取了适宜本地发展的举措。总体上,从三国农地流转政策干预模式梳理中,得到如下启示:第一,在不同人地关系国情背景下实现规模经济的侧重点有所不同,人少地多的国家和地区更侧重于劳动生产率提高,人多地少背景下则以提高土地生产率为发展重点,因而基于不同人地关系状况下的农地规模化经营的标准和要求有所差异;第二,人地矛盾突出的国家和地区,以促进农业规模化经营的政策方案尤其需要兼顾好农地转入、转出(退出)双方农户的利益诉求与基本权利保障;第三,人多地少的背景下,应侧重以家庭经营为基础的适度规模经营主体培育,提高农地生产效率的同时使农业容纳更多劳动力。

2.6.2 农地流转公积金制度的国际经验借鉴

我国人均耕地面积仅为 0.08 公顷,占世界人均耕地面积的 2/5。据第二次全国土地调查数据显示,我国 2013 年乡村人口人均耕地面积为 0.215 公顷,可见中国是典型的人多地少国家。除了通过采用优良品种、改进耕作技术等不断提高农地资源利用率,发达国家在农地流转中采取的有效政策干预措施和保障机制设计经验也值得借鉴。就我国农地流转现状来看,一方面新农保制度对农村居民的养老保障覆盖面相对有限、保障水平较低,另一方面对家庭农场、种植大户、合作社等新型农业适度规模经营主体发展缺少有效的政策性金融服务平台。同为人地矛盾突出的日本为促进农地适度规模经营,一方面通过建立农业人养老金制度,为退出农地农民提供可靠的老年生存保障,以消除离地农民的后顾之忧;另一方面通过农协组织提供政策性信贷支持实现对自立经营农户、农业法人、农业认定者三类主要规模经营主体的重点培育。因此,借鉴日本农地流转模式经验,建立以政策性金融服务为主兼顾生存保障性功能的农地流转公积金制度对于人多地少状况下我国农业适度规模经营发展尤为必要。

伴随着我国工业化和城镇化进程的不断加快,农业农村人口将大量向二、三产业和城市转移,而农村劳动力转移会同时增大农户退出农业和家庭耕地流出的概率(盖庆恩等,2014)。在此趋势之下的农村人地关系也会从人多地少向人地均衡、人少地多的农地经营状况逐步演进。借鉴美、法国家经验,农地流转公积金制度中相应的政策性干预措施也需要随之调整,对农业退休者将从低福利保障向更高福利水平过渡,对农地经营主体的规模化标准和政策性贷款额度水平也将随之提高。在借鉴国际农地流转政策干预模式经验的基础上,结合政策性金融信贷服务和保障功能的农地流转公积金制度可以兼顾两方面功能的优势特点为我国农业适度规模经营开拓农地市场化流转政策干预新模式。

第三章

农地市场化流转的激励与保障政策现状及问题分析

在改造传统农业、逐步推进农业现代化的进程中,培养农地市场、促进农地市场化流转,被认为是提高农地资源配置效率和农业劳动生产率、实现农地适度规模经营的一项重要的战略性举措。然而,实现农地市场化流转、农业适度规模经营既离不开有效的激励政策,又依赖于完善的社会保障体系,在促进农地在公开市场有序流转的同时确保农村社会和谐稳定。基于此,本章将从宏观、微观两个层面对现行农地市场化流转的激励与保障政策现状、问题及政策探索进行系统梳理与分析,为以农地市场化流转激励与保障机制构建为基础的农地流转公积金制度设想提出,提供实践基础和政策依据。

3.1 农地市场化流转的激励政策现状分析

3.1.1 农地市场化流转政策演变与宏观激励政策导向

从政策演进的脉络来看,以促进农地适度规模化流转为目标的公共政策随着农村社会经济发展的具体实践,大致上经历了自发实施、试验探索和规范发展三个阶段的演变(北京天则经济研究所《中国土地问题》课题组,2010)。首先,在自发阶段这种政策激励机制发生在村集体生产实践中,在 20 世纪 80 年代中后期,村集体为完成国家粮食定额上缴任务,将集体农地中的 80% 以上承包给种植大户,实现了 50 - 100 亩不等的农地适度经营规模,而为鼓励农户参与农地承包经营,村集体采取的主要激励政策是:免农地租金、农机和农技服务费用,进行生产资料补贴等。通过上述政策激励基本实现了以村集体组织为农地流转主体的局部范围内的适度规模经营。其次,自 1987 年中央首次明确提出在有条件的地方有计划地探索农地适度规模经营以后,在经济较为发达的沿海地区及中西部地区均开始了不同程度农地流转试验探索,这一时期土地承包法的出台成为农地流转实践的政策规范。最后,21世纪以来,特别是在我国加入世贸组织以后,国家逐步建立了种粮直补、良种补贴、农机具购置补贴和农资综合直补为主的农业补贴制度,使得农业生存经营又变得有利可图,因此上述政策一定程度上对农地经营和农地流转行为形成了激励。

"中央一号"文件是以解决"三农"(农业、农村、农民)为目标的具有纲领性和战略指导意义的国家政策方案,每年由中共中央和国务院发布,对促进中国农地朝着市场化、适度规模化方向流转起到了重要政策激励和导向作用。本书在对农地流转和适度规模经营的激励政策演进脉络进行梳理后,着重对2006 – 2015年这十年来"中央一号"文件中关于农地市场化流转的宏观政策目标加以分析,从总体上把握政策引导和激励方向,具有以下特点。首先,关于农地流转的政策目标和方向一致,即在坚持农地集体所有制、农地承包关系、农地用途不变的前提下,鼓励农地市场化流转和多种形式的农地适度规模经营。其次,关于农地流转的激励政策内容在逐步深入和细化:从2006年提出健全农地承包经营权流转机制;到2012年强调对新型农业经营主体、适度规模经营市场环境的培育和农地流转市场交易合同规范、服务平台搭建等;再到2013年明确指出鼓励农地市场化流转发展和适度规模经营主体培育;2014年的文件内容中更是进一步清晰指出了农民对承包农地享有的占有、收益、使用、流转、担保以及承包经营权抵押权能,同时放活农地承包经营权的抵押权,对农地市场化流转和适度规模经营形成有效的金融政策支持与激励;2015年又进一步明确提出农地市场化流转与适度规模经营发展方向将以农民家庭经营为主。

3.1.2 农地市场化流转的财政激励政策现状

从公共财政政策的作用特点来看,其主要是通过财政支出和税收政策的变动来影响和调节公共产品或准公共产品市场。在中国财政支农的具体实践中,从1990年到2012年间,国家财政支农支出的资金数量持续增加,支农支出占国家财政支出的比重则呈现出波动性变化(见图3 – 1)。

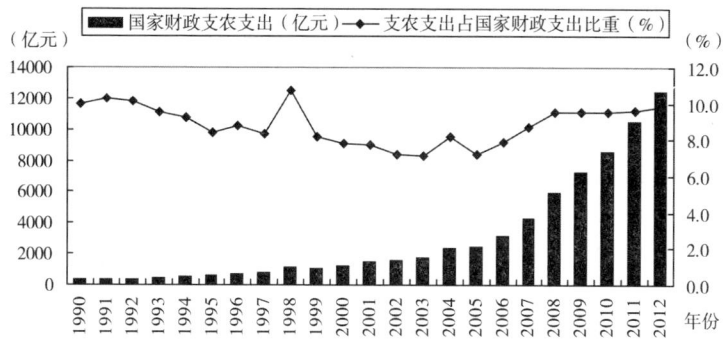

图 3 – 1　1990 – 2012 年国家财政支农情况

数据来源:根据 2013 年《中国农村统计年鉴》有关数据编制。

从统计数据来看,1990 – 2005 年国家财政支农投入一直保持平稳增长,2006 年以后国家财政对农业投入资金数量增幅明显,2012 年底国家财政支农支出金额已达到了 12387.6 亿元,这一金额数量是 1990 年财政支农支出的近 40 倍。国家支农支出中农业支出所占比重在 1990 – 1997 年间有小幅度的下降,由 1990 年的 10.0% 下降到 1997 年的 8.3% ,1998 年有明显回升增至 10.7% ,之后在 1999 – 2006 年间一直徘徊在 7% – 8% 左右的较低水平,2008 年以后这一比重一直保持在 9% 以上水平。

在促进农地市场化流转中,农业财政补贴是政府通过财政转移支出对农业和农地市场进行宏观调控的重要工具,起到了"安全阀"和"润滑剂"的作用。我国制定农业补贴政策的目的是为了降低农民农业生产的成本,增加农民的收入,从而激发农民种粮的积极性,并最终实现保障我国粮食供给,维护粮食安全的目的。农业补贴应按实际耕种面积发放给农地承包经营农户,进行农地流入的农户可将农业补贴用于农地流转地租及扩大经营规模后的其他生产成本支付,一定程度上可以降低农户家庭自身的生产经营费用支出,因而有利于激发农户转入农地和扩大农业生产规模的积极性。具体从国家财政支农中农业补贴的变化情况来看(见表 3 – 1),自 2006 年以来"四项补贴"总量逐年增加,占农业 GDP 的份额也从 2006 年的 1.290% 上升到 2012 年的 3.185% 。其中,良种直补金额保持在平稳水平上,其他三项补贴的投入均在逐年递增,农资综合补贴的涨幅最为明显,2012 年补贴额度为 1668 亿元,比 2006 年上涨了 12.9 倍。

表 3 - 1   2006 - 2012 年农业补贴变化情况

内容项	年份						
	2006	2007	2008	2009	2010	2011	2012
农业 GDP	24040	28627	33702	35226	40533	47486	52373
种粮直补	142	151	151	151	151	151	151
良种补贴	42	67	121	155	200	220	224
农机具购置补贴	6	20	40	130	155	175	215
农资综合补贴	120	276	638	716	835	835	1078
四项补贴合计	310	514	950	1152	1341	1381	1668
占农业 GDP 比重(%)	1.290	1.796	2.819	3.270	3.308	2.908	3.185

数据来源:根据 2013 年《中国统计年鉴》和 2013 年《中国农业年鉴》整理和计算而得。

在农业部产业政策与法规司出台的《2013 年国家支持粮食增产农民增收的政策措施》中,中央财政农资综合补贴资金已达 1071 亿元,补贴政策措施 39 项,到 2014 年补贴政策措施已增至 50 条,补贴范围逐步扩大。从 2015 年 5 月《关于调整完善农业三项补贴政策的指导意见》(财农[2015]31 号)文件内容来看,国家通过财政政策对农地有序市场化流转形成的农地粮食适度规模经营行为的政策意图更加凸显。该文件内容指出:将 20% 的农资综合补贴资金、种粮大户补贴试点资金及农业"三项补贴"增量资金,统筹用于支持粮食适度规模经营;按照"谁多种粮食,就优先支持谁"的原则,政策资金扶持重点向粮食作物的适度规模经营主体倾向。

3.1.3   农地市场化流转的金融激励政策现状

现代经济的核心是金融,有效的金融政策激励是实现农地高效流转、现代农业高效发展,农地资源要素与资本等其他生产性要素有效结合,与农地资源优化配置的关键。金融政策手段不同于财政政策的单方转移性支持,政策性金融本质上也属于金融范畴,按金融规则运行,贷款人在享受相应的农地经营政策性贷款优惠条件下仍需要对借贷资金进行还本付息。在市场经济条件下,农地流转需要通过货币交换方式才能得以实现,因此充足的货币资金量是实现农地市场化流转的前提,同时充足的农地资本市场还有利于在扩大农地经营规模的同时吸引先进的农业生产技术、具备农业现代化经营管理优质的劳动力资源等要素注入,从而实现农业生产结构的全面优化升级,因此建立农地市场化流转的金融政策激励机制是促进农业朝着适度规模化、现代集约化发展的重要途径。

已经成功解决"三农"问题的发达国家,例如美国、日本等,政府均积极介入本国的农村金融领域,并且普遍建立起强有力的农业政策性金融支持服务体系。从我国金融支持农业发展的具体实践来看,金融机构对农业和农户的贷款额度呈逐年持续上升趋势(如图 3 - 2 所示)。总体而言,农户贷款总体要高于农业贷款支出,农业贷款额度在 2005 年突破了 1 万亿元,总金额达到了 11592. 93 亿元。据中国银监会统计数据显示,截至 2014 年底,农户贷款余额 5. 4 万亿元,占各项贷款余额比重 6. 4% ,较 2007 年末增长 299. 9% ,7 年间平均年增速 22% ;全口径涉农贷款 23. 6 万亿元,占各项贷款余额比重 28. 1% ,涉农贷款较 2007 年末增长 285. 9% ,7 年间平均年增速为 21. 7%①。

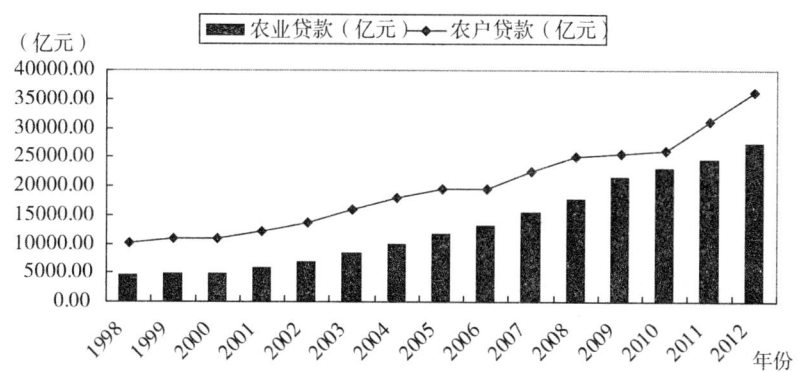

图 3 - 2　1998 - 2012 年农业贷款与农户贷款变化情况

数据来源:根据历年的《中国金融年鉴》有关数据编制。

近年来,为促进农地市场化流转和农业适度规模经营,以农地承包经营权为标的的农村金融产品和金融服务组织机构也在不断创新与探索中。2014 年 4 月,国务院下发了《开展农村土地承包经营权抵押贷款试点的通知》,指出农村金融作为支持服务"三农"的重要力量,创新农村抵(质)押担保方式,为实现农地适度规模经营提供可靠资金保障。在国务院办公厅印发的《关于金融服务"三农"发展的

---

①　中国人民银行农村金融服务研究小组. 中国农村金融服务报告. 中国金融出版社,2014.

若干意见》(国办发〔2014〕17号)中,在金融支持现代农业发展中提出了"三个聚焦":聚焦新型农业经营主体日趋增加的金融服务需求,聚焦农业生产集约化、规模化、产业化发展的金融服务需求,聚焦农业生产流通服务的金融服务需求;提出通过信贷担保和贴息、业务奖励、风险补偿、费用补贴、投资基金等财政政策,促进金融支农。2015年8月,国务院颁布的《关于开展农村承包土地的经营权和农民住房财产权抵押贷款试点的指导意见》(国发〔2015〕45号)中指出:稳妥有序地推进农村承包地的经营权与农民住房财产权抵押贷款试点工作,盘活农村地区大量实物性资产,以增加农业适度规模经营的资金投入。

3.2 农地市场化流转的农户权利保障现状分析

3.2.1 农地市场化流转的宏观保障政策导向

在农地市场化流转过程中,农地转出方农户的基本权利保障应主要包括两个方面:基本社会保障和基本就业保障(图3-3),其中基本社会保障内容中又包括基本养老保障、基本医疗保障和最低生活保障。近年来的中央"一号文件"中,国家在政策鼓励和引导农地朝着市场化方向流转、适度规模化方向经营的同时,对农户农地流转的权利保障问题也给予高度重视。

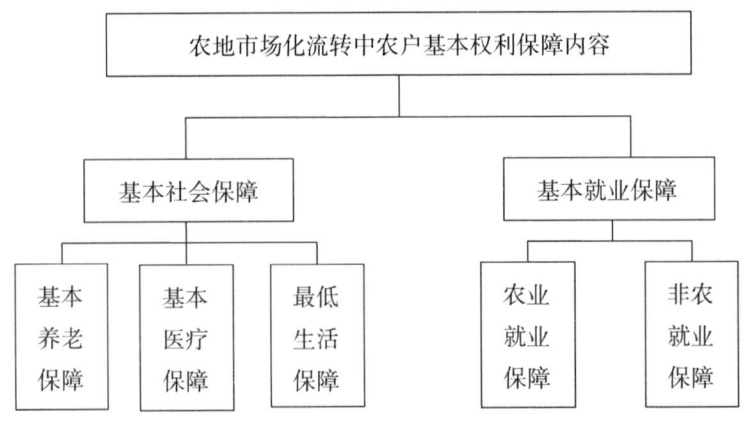

图3-3 农地市场化流转中农户基本权利保障内容

从 2006 - 2015 年的"一号文件"内容来看,对农地流转中农户权利保障的政策主要体现在三方面:农地承包经营权被征用农户的权利保障,农地流转过程中的农户权利保障,以及包括医疗、养老、就业、最低生活保障等在内的农村基本社会保障制度建设。梳理近 10 年中央"一号文件"有关农地流转中农户权利保障的内容表述中发现,农地流转的保障政策演进具有以下趋势。首先,被征地农户土地增值收益补偿水平逐步提高,被征地农民合理、规范、多元化保障机制逐步建立。从 2006 年提出给予被征地农户合理补偿,到 2008 年、2013 年文件内容中强调逐步提高被征地农户在土地增值收益分配中的补偿比例,被征地农户的权利保障上也从 2006 年提出就业安置保障,到 2014 年后逐步向包括住房、社保、就业在内的多元化保障方式转变。其次,对农户农地流转中权利保障方式逐渐趋向法律化、制度化。随着农地流转工作在全国普遍推行,实践中农民土地承包经营权受到公权和私权侵犯的问题也随着频发,2008 年、2009 年的中央"一号文件"都强调农地流转要充分尊重农民意愿,防止和纠正强迫农民流转、侵犯农民农地承包经营权的行为。2012 年以后逐步完善对农地进行确权登记和健全土地承包经营纠纷调解仲裁制度,使农户农地承包经营权流转有了更为可靠的法律保障和制度保障。最后,农村社会保障制度日趋完善,为农地市场化流转奠定重要基础。自 2006 年以来新型农村合作医疗制度、新型农村社会养老保障制度逐步建立并在全国推行,农村社会救济与最低生活保障制度也逐步完善,2012 年、2013 年连续提到对返乡农民工再就业进行政策扶持,以保障农户农地流转后非农就业失败和再次返乡农业就业顺利实现。

3.2.2 农地市场化流转中农户基本权利保障现状

城乡二元结构的背景下,农村土地长期担负了农村社会保障制度缺失的农民基本权利保障功能,这也使得农地难以作为纯粹的资源要素在市场上自由流转交易。而作为农户参与农地流转的基础性权利保障"安全网",农村社会保障制度的完善程度,一定程度上影响着农地市场化流转和农业适度规模经营的进程。

表 3 - 2 农村社会保障相关政策及内容

主要保障内容	文件名称	政策内容要点
医疗保障	《关于加快推进新型农村合作医疗试点工作的通知》(卫农卫发〔2006〕13号)	从 2006 年起,积极推进新型农村合作医疗试点工作,解决农民看病难问题;积极进行农民个人缴费方式的探索,充分发挥基层组织的作用

主要保障内容	文件名称	政策内容要点
养老保障	《关于开展新型农村社会养老保险试点的指导意见》(国发〔2009〕32号)	从2009年起,开始推行新型农村社会养老保险(以下简称新农保)试点;并建立政府补贴、集体补助、个人缴费相结合的新农保制度
就业保障	《关于加强小额担保贷款财政贴息资金管理的通知》(财金〔2013〕84号)	因失去土地而就业困难人员,可享受财政贴息小额担保贷款资金支持,以促进其再就业和创业。
	《关于支持农民工等人员返乡创业的意见》(国办发〔2015〕47号)	构建多层次、多样化的返乡创业格局,为农民工等人员返乡创业提供更多就业机会
最低生活保障	《关于在全国建立农村最低生活保障制度的通知》(国发〔2007〕19号)	通过在全国范围建立农村最低生活保障制度,稳定、持久、有效地解决全国农村贫困人口的温饱问题

资料来源:笔者根据相关政策文件整理所得。

自2006年以来,国家相继出台了多项政策文件,用以指导农村社会保障体系建设和完善(见表3-2):新型农村合作医疗和新型农村社会养老保险制度的试点推行,为农村居民的看病就医和老年生活提供了全新的制度化保障;对于失地农民和离地进程务工农民返乡后的再就业问题国家近年来也开始给予重视,并推出小额政策性贷款支持和返乡创业培训指导等多项政策;农村最低生活保障制度建立并完善,在农村失业保障制度尚未形成的情况下,失去基本生计来源的无地或少地贫困农民可以获得最基础的生存保障。2009年9月1日,《关于开展新型农村社会养老保险制度试点的指导意见》文件的颁布,是我国农村社会养老保险制度建设进入了一个崭新时期的重要标志。部分地区在"新农保"制度的基础上,结合本地实际情况,建立起全覆盖的城乡居民社会养老保险制度,为破除城乡二元结构格局、社会养老保险城乡一体化发展奠定了重要基础。自新型农村社会养老保险制度实施以来,试点范围逐步扩大,农村养老保险参保人数和实际享受养老保障待遇的人数均逐年增加,但由于实施的时间较短、覆盖范围仍相对较小,获得养老保障的人数仍相对有限。

从2010年至2014年《人力资源和社会保障事业发展统计公报》中统计的数据来看(如图3-4所示),截至2014年末,有50107万城乡居民参加了基本养老

保险,其中仅 14313 万人实际享受了养老保障待遇,占 2014 年全部参保人数的
28.6%。从城乡居民基本养老保险基金收支状况来看(见图 3-5),该项基金的收
入增幅要明显高于支出,其中个人缴费占该基金收入比重呈逐年下降趋势。截至
2014 年,该项基金的实际收入已达到 2310 亿元,比 2010 年提高了近 4.1 倍,而个
人缴存占比为 28.83% ,比 2010 年下降了 22.89 个百分点。

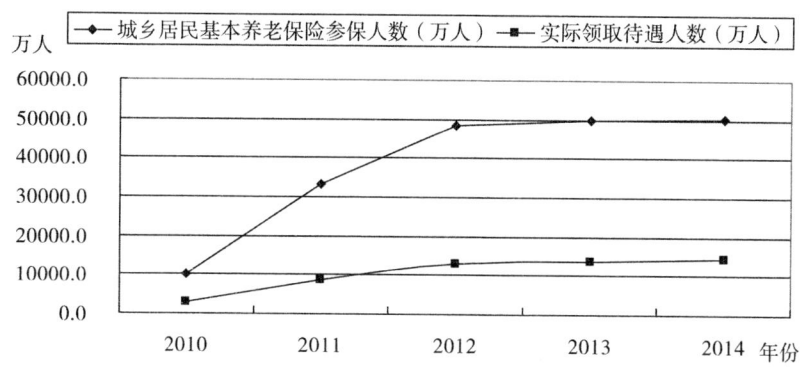

图 3-4　2010-2014 年城乡居民基本养老参保情况

数据来源:根据 2010-2014 年《人力资源和社会保障事业发展统计公报》公布数据整理
所得。

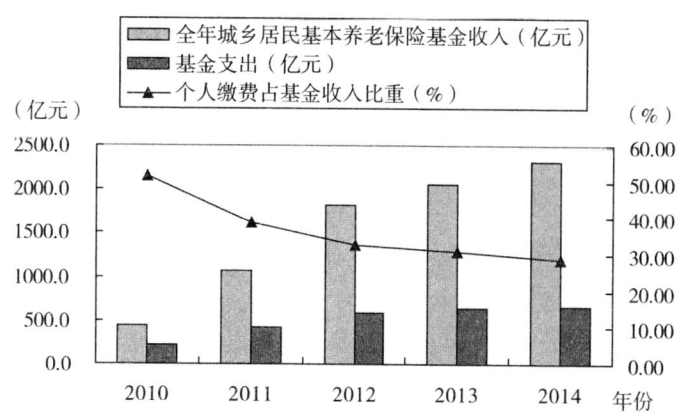

图 3-5　2010-2014 年城乡居民基本养老保险基金收支情况

数据来源:根据 2010-2014 年《人力资源和社会保障事业发展统计公报》公布数据整理
所得。

3.3　激励与保障政策作用下农地市场化流转发展现状分析

3.3.1　农地流转速度和规模呈逐年增长趋势

中国经济的快速增长和农村劳动力非农转移为农地流转提供了良好的经济基础,而中央通过连续多年若干重要文件(例如历年的"一号文件")对土地承包经营权市场化流转给予了充分的政策激励信号,相关财政政策与金融政策并举,及农村基本社会保障体系建设不断完善,都为促进农地资源要素的市场化配置提供有利条件。尽管总体上农地流转市场发展缓慢,且存在农地流转不规范的问题等(杨学成等,2008),但从近年来农地流转的实际发生情况来看,农地正朝着市场化、适度规模化方向流转。

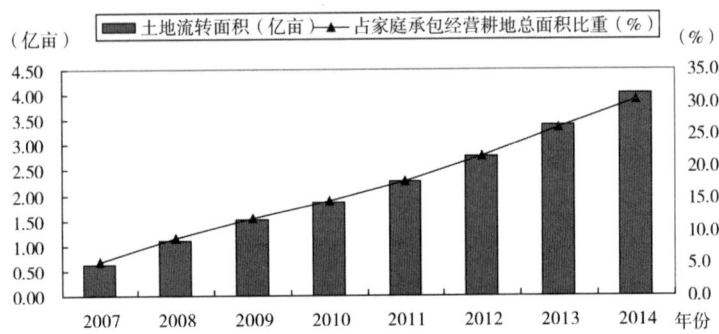

图3-6　2007-2014年农村土地流转情况

数据来源:2007-2010年数据根据农业部公布统计数据整理而得,2011-2014年数据参见农业部经管司发布的2011-2012年《农村土地承包经营及管理情况报告》《2013年农村家庭承包耕地流转情况》《2014年农村经营管理情况统计总报告》资料整理所得。

如图3-6所示,2007年至2014年间全国农村家庭承包耕地流转面积及其占家庭承包经营耕地总面积的比重逐年递增。截至2014年,全国农村土地流转面积已达到4.03亿亩,比2007年底增长了近5.3倍,占全国耕地面积的30.4%,与2007年底相比,流转面积占比提高了近25个百分点。

3.3.2 农地流转方式呈现多样化特点

从图 3－7 可见,2011 年至 2014 年农村各类耕地流转方式主要以转包和出租方式为主,其中转包方式所占比重呈小幅递减趋势,出租和股份合作方式所占比重有所上升,以互换、转让流转及代耕等其他方式流转耕地面积所占比重较小且呈小幅下降趋势。截至 2014 年底(见图 3－8),转包和出租是主要耕地流转方式,分别占 46.6%、33.1%,股份合作、互换、转让流转方式的比重分别为 6.7%、5.8% 和 3.0%,另有 4.8% 的耕地通过临时代耕等其他方式流转。

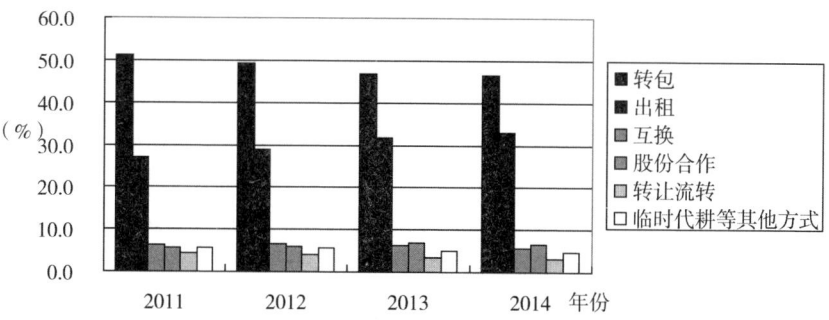

图 3－7　2011－2014 年农村各类耕地流转方式占比变化情况

数据来源:参见农业部经管司发布的 2011－2012 年《农村土地承包经营及管理情况报告》《2013 年农村家庭承包耕地流转情况》及《2014 年农村经营管理情况统计总报告》资料整理所得。

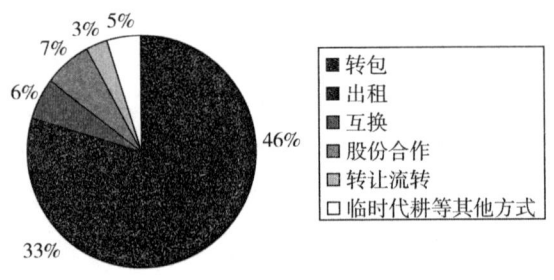

图 3 – 8 2014 年农村各类耕地流转方式占比

数据来源:根据《2014 年农村经营管理情况统计总报告》资料整理所得。

从农地转入方主体情况来看(如图 3 – 9 所示),2011 年至 2014 年流转入农户所占比重下降了 8.8 个百分点,流转入农民专业合作社的比重呈持续上升趋势,从 2011 年的 13.4% 上升到 2014 年的 21.9% 。同时,企业转入各类耕地的面积也从 2011 年至 2014 年上升了 1.2% 。

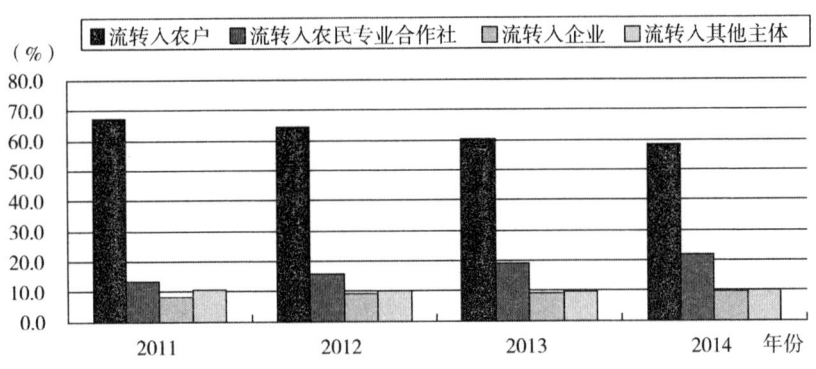

图 3 – 9 2011 – 2014 年农村耕地流转入主体变化情况

数据来源:同图 3 – 7。

3.3.3 农地流转呈现出明显的地区差异

2014 年底,全国已有 8 个省(市)农村家庭承包耕地流转面积比重超过了 35% ,其中上海、江苏、北京及黑龙江家庭承包耕地面积流转比例已超过 50% (如图 3 – 10 所示)。但由于地区间经济发展水平存在的巨大梯度差异,导致地区间在农村土地流转规模、流转速度、流转方式、流转土地集聚程度和农户土地流转行为等方面也都存在明显差异(包宗顺 2009)。总体而言,经济发达地区农村土地流转规模要明显高于经济落后地区。

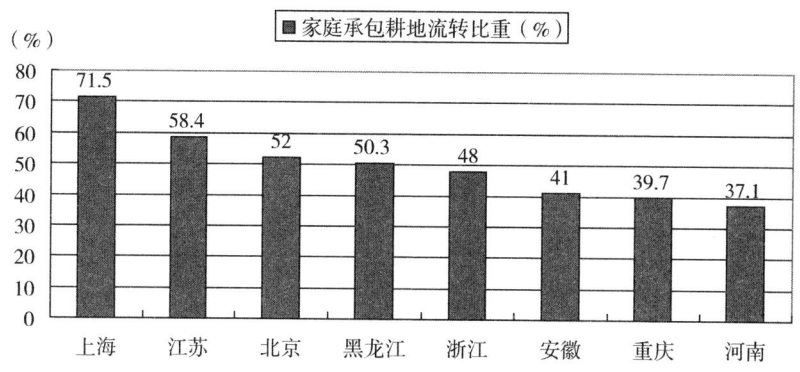

图 3-10　2014 年家庭承包耕地流转比重超过 35% 的 8 个省(市)

数据来源:根据《2014 年农村经营管理情况统计总报告》资料整理所得。

3.4　农地市场化流转的激励与保障政策问题分析

3.4.1　农地市场化流转的财政政策激励机制尚未形成

当前,以承包地农户为对象的平均发放农业补贴的方式,难以适应农地市场化流转和适度规模经营发展需求。在既有的农业补贴项目中,粮食直接补贴和农资综合补贴、退耕还林(草)补贴及退牧还草补贴均以农户承包农地面积为依据进行补贴资金发放。《农村土地承包经营权流转管理办法》第十七条,也仅对在同一集体经济组织中农地承包经营权互换的情况,相应的农地补贴主体转移情况进行了说明。在农地市场化流转过程中,农地使用权主体将会发生转移,而上述农业补贴仍对原承包方进行发放。对于农地转入方而言,虽然实际从事农地生产经营但并未获得来自财政的转移支付,这就如同将新型农业经营主体屏蔽在农业补贴政策之外。而随着农地市场化流转趋势加快,通过市场交易流转农地的速度和规模不断加快,上述农业补贴主体错位现象也将会日益凸显,这不仅难以对农地市场化流转与粮食适度规模经营行为形成有效的政策引导和激励,还会由于不公平的农业补贴资金配置机制对农户转入农地和适度规模经营行为产生负向激励作用。未来将由"谁来种地"是当前社会普遍探讨关注的热点问题，也是城镇化发展过程中面临的重要问题，而解决这一问题的关键是需要提升农业的经营规模、培养多种新型经营主体。建立农地流转市场化流转的财政政策激励机制，不仅是为促进农地资源快速、大规模市场化流转，更重要的是要解决如何激励和引导农地转入方农户朝着农地经营集约化、专业化、组织化及适度规模化方向发展，以实现传统小规模、低效率的农业经营方式向高产、优质、高效的现代农业生产经营方式转变的问题。

从目前的财政政策支持农业现代化发展的实践来看，农地市场化流转的财政政策激励机制尚未形成。具体体现在两个方面：第一，当前财政补贴政策项目中，尚未有针对农地市场化流转和适度规模经营行为进行的专项财政政策补贴。尽管在2014年《关于全面深化农村改革加快推进农业现代化的若干意见》的"中央一号"文件中就明确提出，鼓励有条件的农户流转承包土地的经营权，有条件的地方可对流转土地给予奖补。但从现有的政策文件来看，尚未对农地流转补贴的标准、方式、对象等内容做出明确规定。第二，从各地区的实践探索来看，农地流转补贴对象、方式的合理性、科学性及可持续性还有待论证。从现行的各地区制定的农地流转补贴政策来看，农地流转补贴资金多采取一次性，且对农地流转双方按统一标准进行发放的方式。例如，浙江省新昌县对新增流转连片农户承包经营的耕地种植水稻20亩（蔬菜30亩、其他50亩）以上、山林（森林培育、林下种养）200亩以上、水域经营水产养殖20亩以上，农村土地流转年限5年以上，并签订规范流转合同的，按流转面积分别给予农地流转双方一次性奖励每亩150元、50元、50元。上述农地流转补贴政策还存在以下不足：首先，一次性的农地流转补贴发放方式虽然一定程度能够调动农户流转农地的积极性，但这种补贴发放方式的激励作用不具有可持续性，对于农地转出方农户而言，一次性补贴并不能够完全解决和满足其转出农地后的基本生活、就业及养老等权利保障方面的资金需求，对于农地转入方农户而言，一次性补贴也难以对其进行粮食适度规模经营行为形成有效激励；其次，根据农地流转行为发生情况对交易双方进行统一标准的补贴方式，并不能够反映流转双方在发展需求上的差异和对农业适度规模经营行为的政策倾斜，因而农地流转补贴的针对性和科学性还有待商榷。因此，何种农业政策补贴方式能更有效促进农地市场化流转和适度规模经营仍有待学界展开深入探讨。

3.4.2 农地市场化流转的金融政策激励机制尚未健全

第一,农地市场化流转的金融产品、服务有待创新。在农地市场化流转和适度规模发展过程中,农地金融需求也将随之增强,其中有部分农地市场化流转金融需求具有较强的政策性特质,而就目前实际情况来看,既有的农村政策性金融服务还不能满足这部分需求。总体来说,由于农业产业的相对弱质性、农地经营规模过小和分散化程度高等客观原因,加重了金融机构对农业的信贷服务成本和信贷风险,因此金融机构总是偏好收益性较高的大客户和向较大项目贷款,普通农户难以通过正规金融渠道获得农地流转资金,支持十分有限,相关政策性金融服务的内容和方式还有待完善与创新。具体而言,从面向"三农"领域的金融产品或服务的标的、担保方式、用途及相关金融服务机构实际业务等多方面情况来看,以促进农地市场化流转的农村金融产品和服务还极为匮乏,有待在实践中不断创新。从面向"三农"服务农村金融机构类型来看,主要包括两类:一类是以农村资金互助社、小额贷款公司、村镇银行等为代表的新型金融机构,这类金融机构对农业贷款存在较大风险顾虑,特别是对土地流转相关的贷款项目通常采取"惜贷"政策;另一类是以土地信托机构、土地银行等为代表的新型农地金融服务中介机构,这类组织冠以金融机构之名,但在农地市场尚不成熟的状况下,其实质上是土地流转中介服务机构。在当前农村土地抵押融资、证券化等金融功能尚未发挥作用的状况下,农民可获得的信贷资本与农地财产性收入十分有限。因此,亟待通过制度化、法律化途径,促进农地经营权抵押融资实践在农村地区全面开展。

第二,农地市场化流转的金融政策激励机制尚不健全。在现行的农地产权制度下,之所以出现农户贷款难问题,其中一个重要原因是农村居民普遍缺乏有效的抵押担保物品。如何利用有限的财政资金,引导农村金融机构开展以农地为标的的抵押担保方式创新,是促进农地市场化流转和农业适度规模经营的重要议题。目前,中国还有待建立更加有效的农地市场化流转的金融政策激励机制,引导农村金融机构积极参与农地领域的金融服务实践探索。从农地市场化流转的总体金融环境来看,农村缺乏市场经济的微观基础,资源无法进入市场流通,资本难以与农村资源结合,导致农村金融体系难以建立起来。基于上述原因,绝大多数金融机构不愿进入农村市场,又导致农地市场面临着"融资难"的问题。就农村金融机构资金流向而言,资金外流现象较为严重。当前,农村金融资金流入渠道主要包括三部分:首先是农民非农收入储蓄,随着农村剩余劳动转移人数日趋增加,农民进城务工收入水平也随之逐年提升,多数农民工也会通过金融机构,将自己部分务工收入汇回农村地区;其次是中央银行提供配套资金支持农村信用社改革,并给予政策性银行和农村信用社再贷款政策优惠;最后是政策性银行将其在金融市场筹集的社会闲散资金用于支持"三农"发展。农村金融资金流出渠道则主要包括:农村金融机构拆借、购买债券和上存资金等。相比其他产业,农业经营的收益率相对较低,农村金融生态环境整体上尚未完善,使得农村信贷风险较大、交易成本相对较高,从而导致农村金融资金外流现象凸显。因此,通过改善农村信用环境,建立持续有效的农地市场化流转的金融政策激励机制,是改善农地金融市场环境的关键。

3.4.3　农地市场化流转的多元化社会保障机制尚未建立

透过 2014 年的"中央一号"文件内容可以看到,以保障被征地农户的住房、社保、就业等基本生存发展权利的多元化保障机制已逐步形成。但农地市场化流转中农户转出地的后续保障问题尚未被给予充分重视,而通过市场机制转出农地的农户同样面临着失地又失业的风险,其后顾之忧得不到妥善解决,农地适度规模经营的农地供给市场就无法形成。从风险理论视角分析,无论是被征地农户还是通过市场流转交易而转出或退出农地的农户都将会面临失去农地的基本生计、再就业、养老等基本权利实现与保障风险,农户的后续保障问题能否得到妥善解决,将直接影响农地市场化流转供给市场的形成。以流转出农地进城务工的农民工为例,尽管转出农地可以获得一定的地租收益,但农地租金水平与非农用地市场价格相差甚远,较低的租金收益不足对其生活起到基本的保障作用,且在较长的流转合同期限内,农地的保障功能也随着经营权转移而失效。而一旦非农就业失败,在城乡二元结构、户籍和就业制度分割下,这部分人群尚未被完全纳入城镇居民社会保障体系之中,多数农民工会选择返回农村。而此时从事农地生存经营的最基本农业就业保障也将在流转合同期限内无法实现,若其选择毁约虽然可以再次拿回农地经营权,但将会面临高额的违约金,同时农地流转市场交易中频繁毁约行为的发生,也将会对农地需求市场产生负面的影响,进而会抑制地区农地流转发展。因而,在农村就业保障尚处于缺失的状况下,返乡农民工将很可能成为"失地失业"农民,进而影响农村社会的和谐稳定。而尚未参与农地流转的农户也会存在上述农民工"失地失业"风险顾虑,而宁可将农地闲置也不愿进行流转,这也是当前农村地区出现大量农地被闲置、撂荒的一个重要原因。

农村社会保障体系中农户最低生活、医疗、养老等保障制度已从试点探索逐步走向全面覆盖阶段。尽管我国农村社会保障制度近年来有了一定发展,农村居民的社会保障状况有所改善,但多数地区仍然存在农村社会保障水平整体低下、保障形式单一化、覆盖范围狭窄,财政支持力度较小,法律层面的制度设计滞后,基金管理、使用混乱等问题(祝萍和周沛,2014)。当前,农村社会保障制度建设仍难以满足农地市场化流转中农户对于脱离农地保障转而寻求社会化、制度化保障的现实需求,同时也落后于我国社会经济发展形势的现实需要。

农地不仅是作为重要的稀缺要素资源在农地流转交易市场和农业生产中存在,对于广大农民来说,其生存保障功能和就业保障功能更具有现实意义。在长期的农村社会保障制度残缺的状态下,中国农民的社会保障实质上是以农地为中心的实物性质的低水平保障,当农民发生流转时农地保障既无法携带也难以兑现,但这种保障方式却是在特定环境下农户处于自我保障的一种理性选择。在中国农村社会保障水平难以实现大幅度提升的情况下,特别是在经济水平较为落后的农村地区,农地将在未来较长一段时期内依然发挥着举足轻重的社会保障作用。这也就意味着农地的生存性功能仍难以完全释放,农地市场化流转的进程也将受到一定程度的影响。因此,立足于基本国情和特定经济发展水平条件下,以促进农户农地市场化流转的农户生存发展的多元化社会保障机制,还有待在理论与实践中进一步探索和完善。

3.5 农地市场化流转激励与保障政策探索的案例分析:以重庆市江津区为例

3.5.1 案例选取与调查方法

自 2007 年重庆市被批准设立为"全国统筹城乡综合配套改革试验区"以来,加快农村土地流转成为该地区实现统筹城乡实验改革的一项重要手段。重庆市是大城市、大农村、大库区、大山区并存的直辖市,共有 39 个区县,其中涉农区县 38 个。截至 2014 年底,重庆市户籍总人口 3375.2 万人,城镇化率已达到 59.6%,

其中,农业人口 2003.08 万人。^① 江津区位于重庆"一小时经济圈"核心圈层,是重庆市统筹城乡综合配套改革重点发展的区域中心城市。该区共辖 28 个镇(街),224 个村(居),总人口 150.26 万人,其中农业人口 93.49 万人。^② 为促进地区农业适度规模经营,重庆市江津区近年来积极展开农地市场化流转政策实践探索,为我国农地制度改革、农地市场化流转激励与保障机制构建提供了有益经验。本书选取重庆市江津区及其农地流转典型示范乡(镇)、村作为农地市场化流转的激励与保障机制探索的案例调查对象,具有一定的典型性和代表性。

本课题组成员于 2014 年 7 月 15 至 7 月 22 日,赴全国统筹城乡综合配套改革试验区——重庆市江津区及其农地流转典型示范乡(镇)、村进行了实地考察研究。调查采取半结构式访谈法,具体调查内容主要是通过相关政策文件收集、会议访谈记录及实地访谈调查记录等方式获取第一手和二手资料,并对其加以整理分析。调研对象主要分为三部分:首先,对重庆市统筹城乡综合配套改革办公室体改处、重庆市农业委员会等部门相关负责人进行了访谈调查及相关政策文件资料收集,以全面了解重庆市农地流转总体情况及相关政策措施;其次,对江津区发改委、江津区农委等部门相关负责人进行会议访谈调查及相关政策文件收集,江津区农地流转现状以及相关政策措施;最后,选取重庆市江津区农地流转典型示范村——燕坝村进行具体调查,对该村两名负责人、两名企业代表、两名种植专业合作社负责人进行了半结构式会议访谈及实地调查。重点了解该地区政府在农地市场化流转过程中,对农地流转双方采取的主要激励与保障政策方式和手段,地区农地承包经营权流转的现状与特点、存在的主要问题及经验做法等。

3.5.2 重庆市江津区农地市场化流转现状

就总体情况而言,重庆市农地流转发生比例要明显高于全国平均水平。根据重庆市农业委员会统计数据显示,截至 2013 年底,重庆市家庭承包经营的耕地面积共 3533.4 万亩,其中流转面积 1357.7 万亩,占 38.4%,这一比例要比农业部统计的截至 2013 年全国承包耕地平均流转比例高出 12.4 个百分点^③。具体而言,

---

① 数据资料来源于《2014 年重庆市国民经济和社会发展统计公报》,重庆市统计局发布。
② 数据资料来源于《2014 年重庆市江津区国民经济和社会发展统计公报》,重庆市江津区统计局发布。
③ 据农业部统计显示,截至 2013 年底,全国承包耕地流转面积 3.4 亿亩,流转比例达到 26%,数据来源于农业部网站(http://www.moa.gov.cn)。

农地流转方式上,以转包和出租方式为主,其中转包方式流转农地面积已分别达到44.6万亩,这一数值比2005年下降了19.5个百分点,出租方式流转面积为551.2万亩,比2005年提高了17.6%;农地转入主体上,以农户转入为主,其中承包耕地流转入农户(包括大户)的面积为666.6万亩,流转入农民专业合作社的农地面积为241.9万亩,流转入企业的面积为267.8万亩,流转入其他经营主体的面积为181.4万亩。

江津区近年来农地流转也呈快速增长趋势。全区共有耕地面积171.6万亩,截至2013年底,该区耕地流转面积61.07万亩,占耕地总面积35.9%。从农地流转形式来看,以租赁和转包方式为主,分别占流转耕地总面积的52.7%、34.5%,转让、互换、入股所占比例较小,分别为3.2%、4.7%、4.9%。从流转入农地的对象来看,以农户转入为主,该区流转向农户47730户,流转入农地面积占该区耕地流转总面积的比重为51.74%;流转向专业合作社118个,流转面积占16.31%;流转向企业185家,占24.81%;城镇居民流转农地人数为390人,面积占1.98%;其他主体流转122个,面积2.94万亩,占4.8%,其中家庭农场流转土地1.78万亩,占2.9%。从农地流转后的用途来看,以粮油和水果种植为主,种植面积占流转耕地面积的比重分别为32.54%、22.2%。此外,用于蔬菜、茶叶种植和养殖业比例较小,分别为15.98%、2.23%、4.9%,流转农地其他用途13.55万亩,占22.19%。

江津区农地使用权的快速、规模化流转,有其客观必然性。第一,社会经济发展、产业结构优化升级,为农地市场化流转提供了重要经济基础和非农就业机会。从经济发展水平和产业结构来看,江津区均已具备了农地市场化流转的宏观经济基础。根据研究,当人均GDP大于1000美元时,农村土地的商业运作和市场价值才能开始体现出来,农地使用权的供给和需求市场才会产生,并在供求关系作用下农地使用权市场化流转才会真正得以实现。据统计数据显示,江津区2014年全区地区生产总值554.7亿元,比全国平均水平高5.4个百分点,按常住人口测算,人均地区生产总值为43356元(约合7086美元)①。按照这一标准,江津区的人均地区生产总值远高出1000美元,早已具备了农地市场化流转的宏观经济基础。此外,该地区二、三产业的快速发展为该地区农村剩余劳动力转移提供了重要非农就业保障。依托于重庆市整体经济实力,江津区经济也有较快发展,一、

---

① 数据资料来源于《2014年重庆市江津区国民经济和社会发展统计公报》,重庆市江津区统计局发布。

二、三产业比重为 12.5∶63.1∶24.4。此外,江津区微型企业的快速发展也为农村剩余劳动力提供了大量非农就业机会。2014 年,该区累计发展微型企业 9426 户,吸纳劳动力 71638 人。第二,实现农地市场化流转是提高农地资源配置效率和实现规模经济的客观要求。重庆以山地为主的特殊地形条件决定了该地区要实现农地规模经济效应,主要依靠集中后的经营管理、基础设施等方面来降低成本,而非实现农业机械化生产。通过农地经营权市场化流转,可以实现农地适度规模经营带来的生产经营成本的降低,以及农地资源市场化配置效率的提升,最终将有利于增强农产品在国内外两个市场中的竞争力。此外,江津区在统筹城乡改革试点中进行的多项政策探索,也是该地区实现农地市场化流转的关键因素。

3.5.3　重庆市江津区农地市场化流转的激励与保障政策探索

3.5.3.1 江津区农地市场化流转的财政与金融政策双轮驱动模式

　　财政与金融是当今世界各国支持农业发展的两大政策工具,其效率决定着各国农业发展的速度与质量(彭克强和陈池波,2008)。"三农"弱质性决定了有必要进行持续有效的政策干预,才能使金融资本流向"三农"领域。通常,财政和金融相结合的支农政策会凸显其协同效应,财政支农的资金投入通过金融杠杆可以放大政策效应,而农业金融则需要财政支持以控制风险和补偿成本。我国农地产权集体所有制度、超小规模经营农业的特点及较低的农地市场发育程度,都决定了农地市场化流转的金融支持离不开有效的财政政策引导和激励。农地市场化流转和适度规模经营中,更需要财政资金对金融资本的引导和撬动作用,以实现财政支持资金通过金融资本运作后的杠杆效应。

　　重庆市江津区在促进农地市场化流转的实践探索中,正是通过财政与金融政策的两轮驱动模式(如图 3 - 11 所示),实现了该区农业的规模化、产业化、现代化加快发展,进而推进了城乡统筹发展步伐,提升了农业效益,增加了农民收入。具体而言,包括以下方面:

　　(1)相关的制度供给与中介组织平台搭建,为农地市场化流转提供了制度保障与便利化中介服务。重庆市为积极推进农村土地流转和规模化经营,对农地流转的程序、流转合同、流转期限、农民权益保护等问题进行规范。2007 年 3 月,重庆市人大出台了《重庆市实施〈中华人民共和国农村土地承包法〉办法》,重庆市政府办公厅下发了《加快农村土地流转促进规模经营发展的意见》(渝办发〔2007〕250 号)。江津区结合地区具体实践,也先后出台了《重庆市江津区农村土地承包经营权流转实施细则》《重庆市江津区人民政府关于加强和规范现代农业园区农村土地流转工作的通知》等政策,进一步明确了流转主体双方的权利、义务和各级政府部门在土地流转工作中的职责、任务。与此同时,农地市场化流转交易平台的搭建,能够为农地市场化流转双方提供快捷、便利化中介服务,有利于促进农地向新型经营主体流转集中经营。截至 2013 年底,重庆市建立了农村土地流转服务机构的县区和乡镇,分别占涉农区县、乡镇和村的86.8%、91.5%。30 个区县建立了农村土地流转市场,37 个区县成立了农村土地承包仲裁委员会。江津区自 2008 年以来,建立了 1 个区级土地流转服务中心,27 个镇街土地流转服务中心,112 个村居土地流转服务站。江津区农地流转服务中心的搭建,实现了农地资源化零为整,使农地从分散的农户向新型农业经营主体适度集中,有利于农地资源与其他市场要素的充分结合,进而提高农业生产效率。

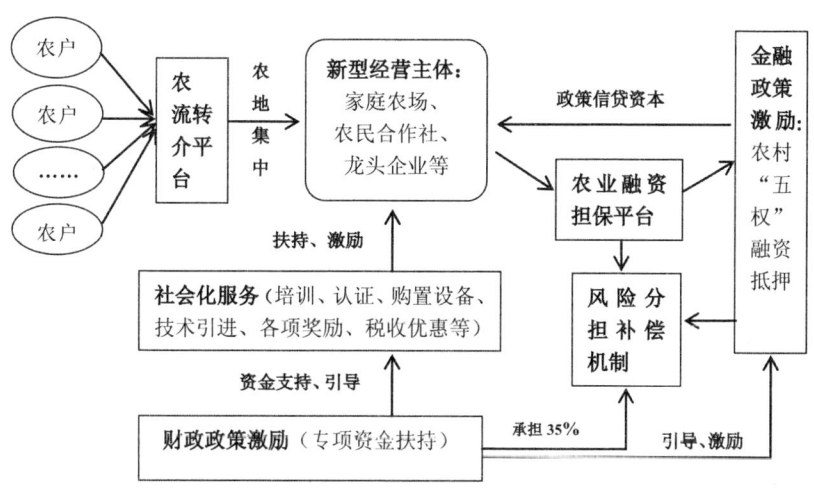

图 3－11　江津区农地市场化流转的财政与金融政策双轮驱动模式

(2)建立新型农业经营主体的财政长效扶持机制,为农地转入方农户进行农地适度规模经营提供了相配套的社会化服务。依据《江津区扶持农村新型经营主体发展若干政策》(津委农工组〔2013〕1 号),该区将每年财政划拨的农业发展资金、富硒产业发展资金等专项资金进行整合,并按照"认证管理、实施方案、注册登记、扶持政策"的农村新型经营主体发展思路,以家庭农场、农民合作社培育为重点,进行农地适度规模经营相配套的社会化服务供给与财税政策扶持。具体而言,财政扶持资金使用范围主要包括:对家庭农场主和农民合作社成员以及经营管理人员等新型经营主体进行市场营销、管理等专业化培训;提供市场信息服务,为其新型农业经营主体进行注册商标,地理标志产品、无公害农产品等认证服务;为其搭建营销网络,促进农产品品牌培育;制定和实施生产标准与技术规程、引进与推广良种良法,促进新型经营主体进行标准化生产建设;为其提供金融保险贴息补助服务;对家庭农场和农民合作社规范化建设、示范社评选等进行资金奖励、表彰;对农民专业合作社及家庭农场进行的农产品及农业生产资料等符合规定的部分销售给予税收减免政策。以上社会化服务的有效供给与财税扶持政策,对于农地资源向新型农业经营主体流转与适度规模经营行为均形成了间接或直接的有效财政政策激励与引导。

(3)以农村"五权"融资抵押为主的农村金融产品创新,为农户农地市场化流转和适度规模经营提供了可靠的政策信贷资金支持。农地市场化流转过程中,资本要素是实现农地与技术、劳动力等其他市场要素有效结合的重要纽带,可靠的资金供给是实现农地适度规模经营的关键因素之一。然而,农业生产具有生产周期长、资金投入大且见效慢等特点,特别是在农地适度规模经营过程中,前期需要资金投入量较大,如进行厂房、机械设备、种苗等基础性建设,因而资金不足成为农户农地适度规模经营的主要瓶颈。对于新型经营主体而言,流转后的农地经营权、地上种植(养殖)物及附属设施是其拥有的主要资产,能否将这部分产权及实物转变为有效的抵押品成为其获取金融信贷支持的关键。江津区为破解农业产业发展与农地市场化流转的融资瓶颈,进行了以农村"五权"抵押融资为核心的金融政策探索和实践。农村"五权"抵押贷款为化解农地市场化流转和农地适度规模经营的融资瓶颈,促进该区农业现代化发展提供了重要金融政策驱动力。

农村"五权"抵押贷款实践,具体主要分为四个方面进行:第一,开展农村产权确权颁证工作,为确保农村"五权"融资抵押试点顺利实施奠定基础。江津区按照"应确尽确、据实确权"的要求,依法有序地对农村范围内属于农民集体所有的集体建设用地、农用地、林地等集体土地进行确权登记颁证。截至 2014 年 3 月,该区承包耕地确权面积 168.6 万亩,确权率为 98.3%[①]。第二,政府相关部门为农地适度规模经营主体办理的相关资产证明,为其进行融资抵押提供有效担保证件。在农地市场化流转过程中,农地转入方新型经营主体由于仅获得农地一定期限内的经营权,因而在农村产权融资抵押中面临十分尴尬的局面。例如,调查中某涉

---

① 数据来源于重庆市江津区人民政府网站(http://jj. cq. gov. cn)。

农企业反映,其流转了近千亩农地,平整农地、修建道路、水利设施等现已投资七八千万元,但对该企业而言尚未有可被金融机构作为融资抵押品的资产,而资金不足直接影响其农地生产经营的后续投入,也影响新型经营主体投资农业生产的积极性。为化解上述问题,该区 2013 年出台的《关于进一步加快重庆市(江津)现代农业园区建设的决定》规定,政府相关主管部门为园区内规模经营主体的有形资产提供法定登记并颁发证明,为新型农业经营主体产权融资提供有效质押担保证件。截至 2013 年底,该区政府通过现场查验、资料审核等方式为农地流转方农户办理农地流转证明共 5 宗,涉及证明流转面积 7125 亩。第三,建立双方协商为主的资产评估机制,为农村"五权"抵押融资搭建担保中介平台。该区农商行与担保公司建立了双方协商的资产评估机制,具体以涉农建设项目的投资额、农村产权流转合同年限等因素为依据进行专业化评估机制。为解决农业融资难的问题,江津区组建了国有控股的绿丰农业信用担保有限公司,成为该区以农村"五权"抵押为主的涉农贷款重要融资担保平台。据统计,截至 2014 年 5 月底,该公司共为种养殖大户与农业企业等提供了 47705.8 万元"五权"抵押贷款,占担保贷款总额的 82.9%。在"五权"抵押贷款中,以农村土地承包经营权(含地上附属物所有权收益权)65002 亩抵押,担保贷款 9818.8 万元。第四,建立农村"五权"融资抵押的风险分担补偿机制,以分散和化解农村金融机构信贷风险。针对农村产权的抵押融资中抵押方的违约风险和抵押品处置与变现的风险,该区一方面从源头上控制风险,由担保公司对不同主体抵押贷款的安全性进行全面考察评估;另一方面建立了农村产权抵押方农户、担保机构、金融机构及财政部门等多方分担的风险补偿机制。

(4)通过财政政策激励与引导,促进农村金融机构服务农业现代化发展。首先,给予政策性农村金融服务机构及其相关涉农信贷业务一定比例的财政补贴支持,可以有效实现财政支农资金的杠杆效应和激励引导作用。江津区将部分财政支农专项扶持资金通过金融信贷方式,向符合地区农业现代化发展条件的农民合作社、家庭农场等新型经营主体提供政策性贴息贷款服务。例如,在《江津区扶持农村新型经营主体发展若干政策》中规定,从事种养业和以该区农副产品为主要原材料进行生产、加工、流通,并且上年银行贷款已付利息 10 万元以上,吸纳本区农村劳动力 70 人以上或带动农户 300 户以上的农民合作社示范社或家庭示范农场(区级以上),可享受农业产业化贴息政策,按要求申报贴息资金;农民合作社示范社或家庭示范农场向金融机构进行农业生产性贷款未能享受农业产业化贴息政策的、贷款金额在 50 万元以上的,给予贷款总额 2% 的贴息补助,但每年享受贴息金额最多不超过 10 万元。其次,通过财政手段分散和降低金融机构进行农村"五权"融资抵押业务的风险。重庆市、江津区两级财政出资设立农村"五权"融资抵押信贷的风险补偿资金,给予融资机构"五权"的补偿,其中市、区两级财政将承担贷款本息损失的 35%。江津区农村"五权"抵押贷款多元化风险补偿分担机制的建立,为农村金融机构支持新型农业经营主体发展提供了可靠风险保障。最后,通过目标与考核激励机制,促进农村金融服务于农业现代化发展。在确立了"十二五"期间"五权"抵押融资 30 亿元目标后,江津区政府同重庆农商行、农发行重庆市分行签订合作备忘录和金融服务计划,并与农商行江津支行、石银村镇银行、绿丰农业担保公司等签订目标责任书,以促进相关金融服务目标的贯彻落实;对该区各金融机构农村"五权"抵押贷款投放额,均纳入金融机构支持地方经济发展的年度考核内容,进行专项考核奖励,以充分调动金融支持开展农村"五权"抵押贷款工作的积极性。

3.5.3.2　农地市场化流转的农户权利保障

(1)建立农地市场化流转制度规范,以保障农户基本权益。针对企业、业主在流转农民土地过程中人地两疏、协商烦琐的实际情况,为了确保农地流转健康有序发展,结合当地具体实际,江津区政府出台了《重庆市江津区农村土地承包经营权流转实施细则》《重庆市江津区人民政府关于加强和规范现代农业园区农村土地流转工作的通知》等政策,专门对该区土地流转的程序、流转合同、流转期限、农民权益保护等问题进行规范。

(2)结合户籍制度改革,采取灵活的退地政策。《江津区户籍制度改革农村土地退出与利用实施细则》(江津府办发〔2010〕253 号)规定,对农村居民转为城镇居民未退出土地或未按规定获得补偿的,核发农村经营权户籍证书;对城镇建设征用农户居民用地,按照同期征地政策给予补偿;对于未在城镇建设用地征用范围内,但有转出或退出农地意愿的农户,可采取由集体经济组织代为托管流转其农地承包期限内剩余年限经营权,流转收益归退地农户;对于经济实力较好的集体经济组织,可出资按本轮土地承包期内剩余年限和同类农地的平均流转收益水平,与农地转出方农户协调一致后给予一次性补偿;对于已转为城镇居民的原农村居民,不愿退出农地或未按规定获得补偿的,通过提出书面申请,可保留其农村承包经营权;对于流转出或退出农地农户,向户籍所在镇(街)社保所提出养老、医疗等参保申请。

3.5.4　重庆市江津区农地市场化流转的激励与保障政策中存在的问题

(1)农户层面,农村较低的社会保障水平使农地保障性功能作用依然突出,"半市民化"现象将影响农地市场化流转进程。在实际调查中发现,对于分散的普通农户,相比农地的经济功能而言,其生存保障意义更为显著,特别是当前我国社会保障体系尚未在农村地区得到全方位覆盖,农地依然是农民最牢靠的退路和生活保障。因此,理性的农民不会轻易流转或放弃其农地承包经营权。即使在非农就业相对稳定、收入可观的状况下,一些农民出于对乡土的眷恋或社会保障尚不充分等原因仍不愿意退出农地。为解决这一问题,江津区在户籍制度改革中提出对已转为城镇居民的原农村居民采取保留其农地承包经营权的政策。这一举措一定程度上可以缓解城乡二元结构下农村社会保障制度不健全所容易引发的社会矛盾,但上述政策同时也会使城镇化进程中形成"半市民化"现象,即多数农民转为市民但并没有放弃农地资源,转为城镇居民户口的农民同时占有城镇社会福利和农地保障两种资源,这将会加重户籍制度后续改革的负担,同时也阻碍农地市场化流转进程。

(2)新型农业经营主体层面,农地集中连片流转的交易谈判成本较高,农地适度规模经营资金短缺,政策性金融信贷渠道不畅。与工业和服务业相比,农业天然是弱势产业,效益低、周期长,农业开发又面临自然和市场双重风险,特别是农村产权融资抵押中仍受现行法律法规限制,在实践探索中也面临着程序复杂、条件门槛限制等,使流转的农地与资本难以有效实现,而政策性金融支持力度和便利程度一定程度上也影响着企业流转农地投资农业的积极性。同时,也导致流转后企业也要与众多的农户打交道,企业疲于应对与农户之间的土地流转纠纷,从而制约企业对农业的生产投资和农地适度规模经营。

(3)农地流转中介层面,农地流转服务中介机构缺少正常运转资金和正式人员编制,农地流转中介服务功能未能有效发挥。尽管江津区27个镇(街)全部建立了农地流转服务中心及村级农地流转服务站,但机构设置、人员编制及配套保障等均未落实,使其难以正常运转。部分农地流转中介机构缺乏用于维持组织正常运作的经费开支,进而导致内部组织结构不完善、管理缺位等问题。目前,江津区农地承包经营权流转市场尚处于培育阶段,农地供需信息平台尚未形成,供需双方信息沟通不顺畅严重制约了农地承包经营权正常流转。

(4)农业融资担保中介层面,受银行融资担保较高门槛的限制,农业融资担保中介机构的担保信贷业务无法满足新型农业经营主体的融资需求。由于融资性担保行业受国内一些资金链危机事件的影响,银行的门槛条件为担保公司注册资本1亿元以上,而江津区绿丰担保公司尽管是国有专业性涉农担保融资平台,但目前还达不到上述注册资本条件,其授信规模也受到了相应的限制,因而就其融资担保实力而言还难以满足该区新型农业经营主体的融资需求。同时,该担保公司以涉农信贷担保为主的业务经营特点,决定其经营风险较大、收益较低,难以吸引其他社会资本的注入,这也制约了其对新型农业经营主体进行涉农信贷担保的资金规模。

(5)农村"五权"融资抵押在法律与实践中仍存在诸多障碍。目前,现行的法律尚未对农地使用权作为融资抵押品进行规范,使得农地流转很难依法作为贷款抵押担保物。实践层面,江津区农村产权交易平台尚未成形,部分产权流转还是以自发形式为主的流转,金融机构涉及有关农村产权抵押融资出现风险后,无法处置变现。此外,由于缺少对农村土地承包经营权、林权以及农村居民房屋等资产的统一评估办法与评估标准,相关的融资抵押项目仍主要依靠借贷双方协商定价,资产价值评估的公正合理性难以得到有效保障。

3.5.5 重庆市江津区农地市场化流转的激励与保障政策中的经验借鉴

江津区之所以能够实现农地市场化流转、农业适度规模化经营格局,离不开该区财政与金融政策双轮驱动与保障政策推行。尽管实践中还存在一些不足,但其政策探索中的有益经验,为其他地区农地流转实践和以促进农地市场化流转的激励与保障机制理论设计提供了有益参考和借鉴。

首先,财政与金融政策相结合的双轮驱动模式,有利于促进农地资源向新型农业经营主体流转、集中经营。农地市场化流转的金融服务产品有效供给,需要依托于财政政策激励与引导,而转变财政补贴支持方式,将财政补贴通过政策性金融信贷途径发放,可以使有限的财政支农资金发挥"四两拨千斤"的效用。江津区在解决农地流转与农业适度规模经营的资金瓶颈中,运用财政政策手段鼓励和支持金融机构为新型经营主体提供多样化与便利化的金融信贷服务。此外,该区将以促进新型农业经营主体发展的财政补贴,通过农村金融机构政策性信贷形式发放,在不影响农村金融坚持以商业性运作为主的方针和按照市场化经营的原则的情况下,既可引导金融机构信贷投资于新型农业经营主体,又可以通过税收减免政策提高金融机构参与农地金融服务与产品创新积极性。

其次,规范的农地流转制度与灵活的农地退出政策,为农户转出农地提供了基本权利保障。江津区通过农地流转相关制度的出台,为规范农地市场化流转的程序和维护转出地农户的基本权益提供制度化保障。同时,在推进城乡统筹发展、农民向城镇居民转变过程中,对于农户农地承包经营权的流转采取灵活、自由、自愿的政策,特别是对于已转为城镇居民的原农村居民,可保留其农村承包经营权的政策,给农户逐步向非农业转移和城镇居民身份转变预留了缓冲空间。

3.6　小结

本章从宏观、微观两个层面对中国农地市场化流转的激励与保障政策现状、问题及政策探索进行系统分析。

宏观层面,首先,在对农地市场化流转的政策演变与政策导向进行梳理的基础上,着重围绕促进农地市场化流转的财政政策与金融政策现状进行了分析;其次,对农地市场化流转的农户权利保障宏观政策导向及实施现状加以分析;在现行激励与保障政策作用下,农地市场化流转呈现出了逐年增长趋势和流转方式多样化,但地区差异明显;最后,通过对农地市场化流转的激励与保障政策现状分析发现,还存在农地市场化流转财政政策激励不足,金融服务产品有待创新、金融政策激励机制尚未形成,农户的后续保障尚未解决,多元化社会保障机制尚未建立等问题。

微观层面,以重庆市江津区为例,通过对该地区农地市场化流转的政策探索分析发现,江津区以促进农地市场化流转的财政与金融政策双轮驱动模式、规范的农地流转制度以及以户籍制度改革为重点的灵活退地保障政策,是该地区农地得以快速市场化流转、农业适度规模经营的关键因素。

以上对宏观、微观层面的农地市场化流转公积金制度的激励与保障政策现状分析,为农地流转公积金制度设想方案的建立与完善提供重要实践参考与启示。

第四章

农地流转公积金制度设想下农户农地流转意愿分析

小规模、碎片化的农地经营格局不仅会影响农地生产效率和农产品供给效率,还会导致农业生产中的农户私人成本和社会成本增加(谭淑豪,2011),最终将导致农产品价格持续上升。2015 年中央"一号文件"指出:"国内农业生产成本快速攀升,大宗农产品价格普遍高于国际市场,如何在'双重挤压'下创新农业支持保护政策、提高农业竞争力,是必须面对的一个重大考验。"在这一背景下,如何优化和创新以促进农地市场化流转、适度规模经营为目标的农业政策激励与保障机制设计,成为减小农业生产成本、确保国家粮食安全、提升农业竞争实力的关键。本章将以前文宏观、微观层面的农地市场化流转激励与保障现状分析为基础,结合微观农户农地流转意愿的参与约束条件分析,提出农地流转公积金制度的初步设想,并从微观农户农地流转意愿视角探讨这一制度设想的可行性及其主要影响因素。

4.1 研究视角与思路

学者们关于农户农地流转意愿影响因素的研究成果丰富。有关影响因素包括户主个人特征(许恒周等,2012)、家庭特征(钟晓兰等,2013)、社会经济发展水平(陈美球等,2008)和社会保障特征(李启宇和张文秀,2010)等。通常采用的分析方法是二元 Logistic 模型(乐章,2010)和 Probit 模型(石敏和李琴,2014)。现有相关研究主要存在以下不足:第一,很少将农户农地流转意愿影响因素的实证分析与农地市场化流转政策探索的研究相结合,特别是从微观农户农地流转意愿视角来探讨相关制度设想可行性的研究不足;第二,关于农户农地流转意愿的定量分析多采用二元 Logistic 模型或 Probit 模型,无法准确、全面地反映农户参与农地流转意愿的程度及其不同程度意愿受有关因素影响的差异。为探索促进农地适度规模化发展行之有效的政策方案,弥补上述已有政策研究中的不足,本书探索性提出了农地流转公积金制度设想,以微观农户视角为切入点,利用9个省(区、市)的496份农户数据,采用 Gologit 模型分析了农地流转公积金制度设想条件下农户农地转入、转出意愿及其影响因素。

本书从农地流转双方意愿的视角来探讨农地流转公积金制度设想的可行性,主要基于两方面的考虑。第一,基于对农地流转公积金制度设想的主要目标、作用对象和核心内容的考量。农地流转公积金制度设想的主要目标是促进农地市场化流转与适度规模经营,直接作用对象是农地市场化流转双方,核心内容是围绕农地转入、转出方进行农地市场化流转的激励与保障政策设想。第二,从调查数据的可获得性和真实可靠性角度考虑。将这一制度针对农地转入方和转出方的内容设想作为前提条件,加入对农户农地流转意愿的征询中,一方面有利于减少问卷调查中调查员与农户对该制度设想理解上的偏差,另一方面能够得到农户对农地流转公积金制度设想下农地流转意愿的真实回答,从而确保数据的可获得性和可靠性。

本书的具体研究思路如图4-1所示:第一,从当前农地流转的实际情况出发,找出影响农户转入和转出农地意愿的主要约束条件;第二,依据前文中对农地流转公积金制度构建的理论分析,并结合农户农地流转意愿的约束条件,提出农地流转公积金制度的初步设想;第三,将该制度中针对农地流转双方的保障内容设想作为前提条件加入对农户农地流转意愿的征询中,考察这一制度设想是否符合农地市场化流转中农户的利益诉求;第四,分析农地流转公积金制度设想条件下农户转入和转出农地意愿的影响因素;第五,根据分析结果提出完善农地流转公积金制度设想的着力点。

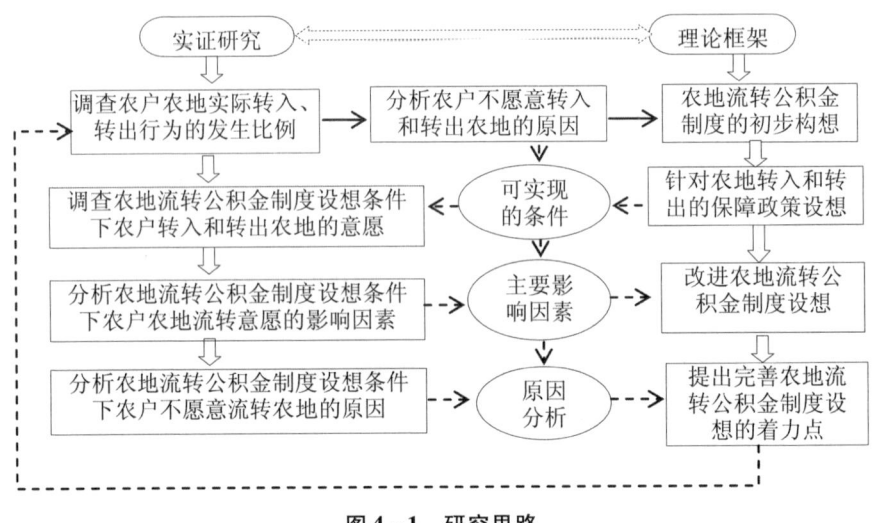

图 4-1　研究思路

4.2　数据来源与样本描述

　　为全面反映东部、中部、西部地区不同自然条件以及经济、社会发展水平下农户在农地流转公积金制度设想条件下的农地流转意愿,课题组于 2014 年 7 月至 9 月在全国 9 个省(区、市)、27 个县(市、区)展开了农户问卷调查(见表 4-1)。在展开正式调查之前,为了了解农户农地流转现状、基本权利保障现状及对农地流转公积金制度的参与意愿,根据课题组于 2014 年 6 月在陕西省杨凌示范区先后进行的两次问卷与访谈相结合的预调查,选取了约 30 户不同经营类型和规模的农户家庭进行了深度访谈,以了解农户农地流转公积金制度设想条件下的农地流转意愿的主要影响因素及农地流转公积金缴存比例值区间,为正式问卷调查和调查问卷内容的修正、完善提供基础。

　　正式问卷调查内容主要包括:户主及家庭基本特征、农地经营状况、风险与社会保障认知特征及地区特征等。调查的样本抽取过程是:按照经济发展水平的高、中、低在每个省(区、市)选取 3 个县(市、区);在每个县(市、区)选取 1 个能反映地区平均经济发展水平的乡(镇),再按照相同的标准在每个乡(镇)选取 1 个村;每个样本村随机抽取 20 户农户,开展一对一的问卷调查。此次共发放调查问卷 540 份,其中有效问卷 496 份,问卷有效率为 91.85%。

表4-1　9省(区、市)样本数据地区分布情况

地区分布	被调查省(市、区)	样本村个数	样本个数	样本分布比例
东部	山东省(平度市、成武县、临邑县)、河北省(正定县、安新县、容城县)	6	107	21.6%
中部	河南省(太康县、新郑市、尉氏县)、山西省(河津市、芮城县、泽州县)	6	115	23.2%
西部	内蒙古自治区(杭锦后旗、卓资县、化德县)、陕西省(杨凌示范区、城固县、定边县)、广西壮族自治区(博白县、忻城县、龙州县)、重庆市(江津区、开县、巫山县)、甘肃省(靖远县、礼县、陇西县)	15	274	55.2%

从样本农户户主的基本特征看,男性户主470人,女性户主26人,分别占94.8%和5.2%;年龄为35岁及以下、36-45岁、46-55岁、56岁及以上的户主分别占6.5%、26.4%、37.3%、29.8%;文化程度为小学及以下、初中、高中及以上的户主分别占41.8%、41.7%、16.5%。

表4-2　样本农户及家庭基本特征

	分类	样本数(个)	比例(%)		分类	样本数(个)	比例(%)
地区分布	东部	107	21.6	2013年家庭总收入	2万元以下	172	34.7
	中部	115	23.2		2万-4万元	165	33.2
	西部	274	55.2		4万-6万元	102	20.6
家庭规模	3人以下	39	7.9		6万元以上	57	11.5
	3-5人	379	76.4	所经营的农地面积	5亩以下	283	57.1
	5人以上	78	15.7		5-10亩	124	25.0
农地流转情况	有过转入	34	6.8		10-30亩	67	13.5
	有过转出	43	8.7		30-50亩	13	2.6
	没有流转过	419	84.5		50亩以上	9	1.8

从样本农户的基本特征看(见表4-2),2013年家庭总收入水平偏低,家庭总收入为4万元以下的农户占67.9%;家庭规模以3-5人为主,占74.6%;所经营

的农地面积普遍较小,面积为 10 亩以下的农户占 82.1%;农地流转发生率普遍较低,有过农地转入、转出行为的农户仅占 15.5%。农业部统计资料显示,2013 年底全国农地流转比例为 26%①。样本地区农地流转发生率明显低于全国平均水平,主要原因可能有两个方面:第一,调查区域以西部省份为主,其农地流转发生率普遍低于中部、东部地区;第二,调查中农户对农地流转的理解存在差异,部分样本农户只将签订了正式农地流转合同的情况视为"农地流转",而将通过口头形式流转或由亲朋好友代为耕种的情况未计入其中,因此,样本地区实际的农地流转发生率可能要高于调查结果。

4.3　农户参与农地流转意愿的约束条件分析

在农地经营权市场化流转的状况下,理性农户会在转入、转出和维持现有经营规模三种状况中做出符合自身效用最大化的选择。而农户在农地流转决策过程中,其农地流转意愿通常会受到内部和外部诸多条件的限制。其外部约束条件主要包括:农地制度、农地流转政策、农地市场发育程度与农地租金等。其中,各地区的农地制度、农地流转政策约束在一定时期内基本趋于一致,而农地市场发育程度、农地租金在各地区之间存在明显差异。其内部约束条件则是农户自身及家庭状况等所形成的约束。为找出影响农户农地流转意愿的主要约束条件,本次问卷调查中对没有农地流转经历的 419 个样本进行了开放式提问,将其回答归纳整理如图 4 - 2 所示。

4.3.1　农户参与农地转入意愿的约束条件分析

农户农地转入意愿的主要约束条件包括:资金与农业劳动力不足、缺少合适的农地适度规模经营项目以及经营风险。调查发现,在没有转入农地的 364 个样本中,24.6% 的农户没有选择转入农地的原因是农地租金过高、自有资金不足且缺少金融支持。当前,多数农户由于手中缺少金融机构认可的信贷抵押品,通过正规金融机构获得农地生产经营活动的信贷支持相对困难且成本较高。其中,23.6% 的农户由于家庭成员中青壮年劳动力外出打工,家庭从事农业生产经营的

---

① 数据来源于农业部网站(http://www.moa.gov.cn)。

劳动力不足而表示没有转入农地的意愿。另有 34.6% 的农户不愿意转入农地的主要原因是,没有找到收益较高而风险较小的农地适度规模经营项目,以及对扩大农地经营规模存在较大风险顾虑。转入农地后经营项目的选择直接关系其预期家庭农业产出水平和收入,而扩大农地经营规模在增加农户农地经营收入预期的同时,规模经营的预期风险也会增大,因而在自身风险抵御能力与社会风险保障机制尚未健全的情况下,普通农户对于转入农地的选择较为谨慎。此外,也有少数农户不愿意转入农地是因为当前家庭农地经营规模适宜,或非农就业与收入相对稳定。

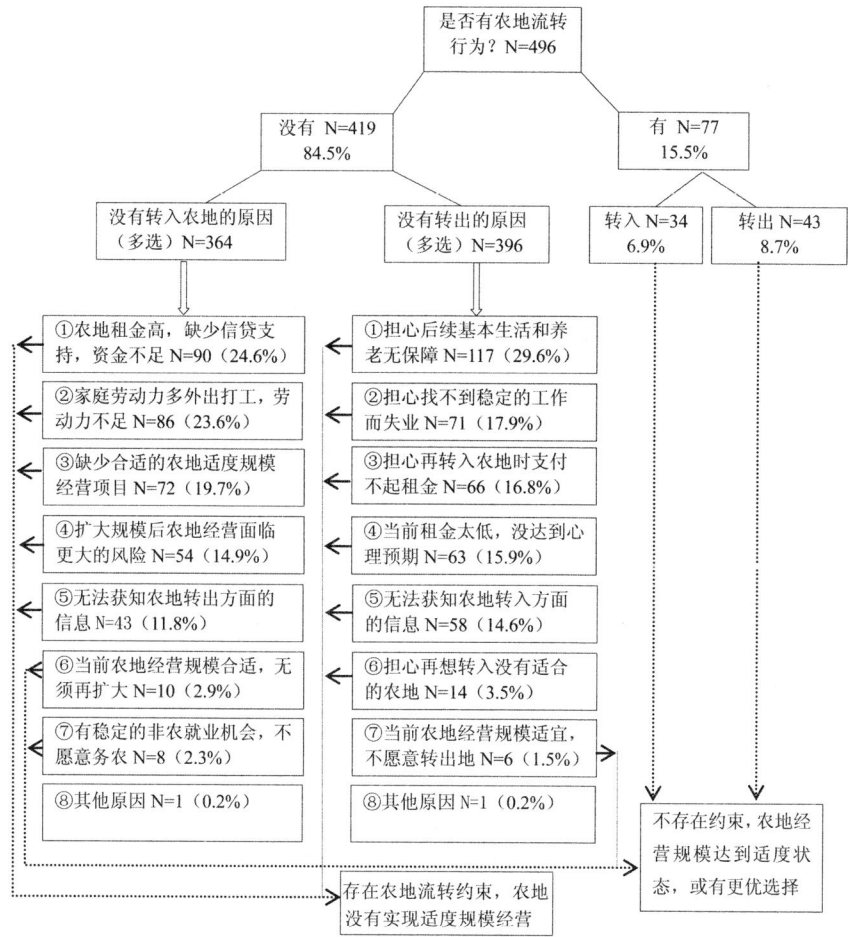

图 4 - 2　农户参与农地流转意愿的约束条件

4.3.2 农户参与农地转出意愿的约束条件分析

农户农地转出意愿的主要约束条件为:对转出农地的基本生活、养老与再就业等后续保障问题的顾虑和对农地租金上涨的预期。在没有选择转出农地的396个样本中,由于担心自己转出农地后的基本生活、养老及就业等没有了保障,而不愿意转出农地的农户占47.5%。这主要是由于,调查的样本地区农村社会保障水平整体偏低,农地依然是多数农民赖以生计的最基本保障,因而在转出(退出)地后的基本生活和就业等尚未得到可靠保障的情况下,理性农户会谨慎选择转出农地。在未选择转出农地的样本中,32.7%的农户出于对农地价格上涨的心理预期而没有选择转出农地。考虑当前国家经济与农地流转市场持续良性发展形势,以及农地资源本身的可持续利用与稀缺性,多数农户对农地流转价格有了持续上升的心理预期。

然而,农地价格上升的预期对农户农地转出意愿形成了双重约束:一方面,持续上涨的租金会使得其未来再次转入农地时,需要支付更高的地租成本,因而担心未来无力支付地租(16.8%);另一方面,不断上升租金的预期会使其感到当前农地转出价格相对较低,而转出机会成本较大(15.9%)。考虑地域限制与农地质量的差异性,还有少数农户担心转出农地后再想转入时没有合适的农地,或认为当前经营农地规模适宜而不愿意转出农地。此外,在未参与农地流转的样本中,11.8%和14.7%的农户不愿意转入、转出农地,主要受农地流转信息获取不畅的约束。

综合来看,当农户农地经营规模适宜自身生产、生活需求时,农户农地流转意愿也就基本不存在现实条件的约束;当农户生存和就业得到可靠保障时,相对会更有意愿转出或不转入农地;农户转入或转出农地的意愿存在约束的情况,一定程度上也反映了其当前农地经营规模没有达到符合其自身利益最大化的适度规模状态。

4.4 基于农户参与约束条件的农地流转公积金制度初步设想

4.4.1 农地流转公积金的激励政策内容设想

依据各地区确定的农地适度规模经营标准,对转入农地达到该地区适度规模经营标准且参与农地流转公积金缴存的农户可采取以下政策:首先,普通农地适度规模经营农户可以通过农地流转公积金发展型保障账户,获得农地适度规模经营的农业经营性补贴和该项公积金的政策性贷款支持;其次,粮食适度规模经营农户除了可以获得一般适度规模经营农户所享有的上述政策条件外,还可以通过该账户获得国家对种粮农户的专项财政补贴,可避免由于农地经营权发生转移而导致补贴对象错位的现象;最后,农户通过以上方式获得该项公积金资金支持,而这部分资金用途将被限定为农地市场化流转和农业生产经营各个环节的投入。通过上述财政与金融手段相结合的政策设计,可以对农户参与农地市场化流转和适度规模经营行为形成有效激励与引导,同时对粮食适度规模经营行为可以进行有针对性的政策扶持。

4.4.2 农地流转公积金的保障政策内容设想

对参与农地流转公积金缴存的农地转出(退出)方可采取以下政策:首先,因农地被征用或市场化流转而失地并且在一定时期内未实现再就业的农户,即失地失业农户,可以通过农地流转公积金生存型保障账户获得基本生活保障金;其次,非农或涉农领域就业失败后希望再次转入农地的农户,可以通过该账户获得小额政策性贷款(含农地流转公积金抵押贷款)支持,以满足其基本生产生活需求。通过上述保障内容设计,可以有效解决转出农地农户的后续保障问题,并在较大程度上消除农户对未来再想转入农地而无力支付租金的顾虑,避免农地"悲惨的出售"情况发生(田传浩等,2004),同时农户在农业或非农就业上的自由选择权利也得到了充分尊重。

此外,对于所有参与农地流转公积金缴存的农户,户主在达到退休年龄(参照国家规定的城镇职工退休年龄标准)后,可以将其农地流转公积金账户的剩余资金一次性或分期返还,作为农户退休后的补充养老保障资金,有利于提高农民的老年生活质量与保障水平。

4.5 农地流转公积金制度设想条件下农户农地流转意愿的影响因素分析

4.5.1 变量选取

本书主要通过"如果通过农地流转公积金方式为您转入农地提供农业经营性补贴和适度规模经营政策性贷款支持,您转入农地的意愿程度如何?"和"如果通过农地流转公积金方式为您转出(或退出)农地提供失地失业期间的基本生活保障,以及再次转入农地的小额政策性贷款支持,您转出(或退出)农地的意愿程度如何?"两个问题,来调查农地流转公积金制度设想条件下农户的农地流转意愿程度。同时,在综合已有研究成果的基础上,结合利用调查资料总结得出的影响农户农地流转意愿的现实约束因素,本书将该制度设想下农户农地流转意愿的主要影响因素归纳为5个方面的14个变量,其含义及描述性统计分析结果见表4-3。

(1)户主特征。主要选取了户主年龄、文化程度及主要从业领域等变量来反映户主的基本特征。户主年龄越大,从事农地生产经营的体力和精力相对越有限,因而在农地流转公积金制度设想条件下农地转入意愿程度可能越低。同时,年龄越大的户主,外出务工的可能性会越小,乡土情结越重,也越不愿意转出农地(许恒周等,2012)。通常,户主文化程度越高,接受新事物和新知识的能力越强,对农地流转公积金制度设想中保障条件的认识和理解可能越深入,农地流转意愿程度可能也越高。一般,相比兼业或主要从事非农产业的农户,以务农为主的农户会花费更多时间和精力经营农地,并且农业收入是其主要收入来源,因而他们在农地流转公积金制度设想条件下转入农地的意愿程度相对更高,而转出意愿程度可能更低。

(2)农户家庭特征。反映农户家庭特征的变量主要包括:家庭总收入水平、农业收入占比及家庭劳动力占比。通常,家庭总收入水平直接决定着农户的农业生产经营投资能力,因此家庭总收入水平越高的农户,农地流转公积金制度设想条件下转入农地的意愿程度可能越高,而转出意愿程度可能越低。农业收入占家庭总收入的比重反映了农户对农地生产经营的经济依赖程度,因而农业收入占比越高的农户在农地流转公积金制度设想条件下转入农地的意愿程度可能越高,转出农地的意愿程度可能越低。家庭劳动力占比越高,农户从事农业生产的劳动力资源可能相对越充足,在农地流转公积金制度的激励作用下,其农地转入意愿程度可能越高,而转出意愿程度可能越低。

表4-3 变量的含义与描述性统计分析结果

变量名称	变量定义	均值	标准差
农地流转公积金制度设想条件下农户的农地转入意愿	非常不愿意=1;比较不愿意=2;一般=3;比较愿意=4;非常愿意=5	3.62	0.94
农地流转公积金制度设想条件下农户的农地转出意愿	非常不愿意=1;比较不愿意=2;一般=3;比较愿意=4;非常愿意=5	3.46	0.98
户主基本特征			
年龄	实际观测值(周岁)	50.03	10.75
文化程度(以"小学及以下"为参照组)			
初中	是=1;其他=0	0.40	0.49
高中及以上	是=1;其他=0	0.17	0.38
主要从业领域(以"纯农业生产"为参照组)			
兼业	是=1;其他=0	0.18	0.38
非农业	是=1;其他=0	0.27	0.44
家庭基本特征			
家庭总收入水平	2013年家庭实际总收入(元)	39996.98	37775.91
农业收入占比	2013年农业收入/家庭总收入	0.40	0.23
家庭劳动力占比	家庭中劳动力数量/家庭总人口数量	0.62	0.21
农地经营特征			
农地经营面积	实际值(亩)	8.89	18.34
是否有过农地流转行为(以"没有过"为参照组)			
有过转入	是=1;其他=0	0.07	0.25
有过转出	是=1;其他=0	0.09	0.28
农地经营资金借贷需求	否=0;是=1	0.38	0.49

变量名称	变量定义	均值	标准差
风险与社会保障认知特征			
是否参加农业保险	否 =0;是 =1	0.36	0.48
是否加入农民专业合作社	否 =0;是 =1	0.14	0.34
社会保障水平认知	"您认为您家得到的社会保障水平如何?"很低 =1;较低 =2;一般 =3;较高 =4;很高 =5	2.46	0.88
地区特征			
所在村到附近城镇的距离	实际观测值(公里)	14.53	15.18
地区经济发展水平	低 =1;中 =2;高 =3	1.91	0.69

注:当地经济发展水平变量参照蓝虹、穆争社(2014)对县(区)人均地区生产总值的分类标准,将总体样本各县(区)人均地区生产总值分为三类:2 万元以下、2 万 -4 万元和 4 万元以上,分别对应低、中、高三个类别。样本县(区)人均地区生产总值数据来自 2014 年调查样本所在省(区、市)的统计年鉴。

(3)农地经营特征。反映农地经营特征的变量有农地经营面积、是否有过农地流转行为及是否有农地经营资金借贷需求。理论上讲,农户为提高资源报酬率,有通过转入农地改善小规模经营状况的动机(马瑞等,2011),但理性农户为避免规模不经济,通常农地经营面积越大,越不愿意转入农地;而当农地经营的边际产出为负时,农地经营面积过大而出现了规模不经济,此时农户更愿意转出农地。一般情况下,相比于没有农地流转经历的农户,有过农地转入或转出行为的农户在经过前期的农地流转后,可能已经达到适度规模或已经完全退出农地经营,因而他们在农地流转公积金制度设想条件下农地流转意愿程度可能更低。农地流转公积金对农地转入方的经营性补贴、政策性贷款等激励条件更有助于满足农户开展农地适度规模经营的资金需求,因而有农地经营资金借贷需求的农户在农地流转公积金制度设想条件下,其农地转入意愿程度可能更高;相反,没有农地经营资金借贷需求的农户,在农地流转公积金能提供基本生活与养老保障的条件下,更无后顾之忧,因而其农地转出意愿程度可能更高。

(4)风险与社会保障认知特征。反映农户风险与社会保障认知特征的变量包括是否参加农业保险、是否加入农民专业合作社和社会保障水平认知。购买农业保险可以直接提高农户在农业生产经营中的风险抵御能力,而农民专业合作社通过提供种苗供应、农资采购、生产管理、产品加工、产品销售等多元化服务可以有效分散和降低社员农户的市场经营风险,保障其农业收益的长期稳定性(黄祖辉和高钰玲,2012)。因此,购买了农业保险和加入了农民专业合作社的农户,农地经营更有保障,农地流转公积金制度设想条件下其农地转入意愿程度更高,而农地转出意愿程度更低。社会保障水平越高,农地需承担的社会保障功能越小(李启宇和张文秀,2010),在农地流转公积金制度设想条件下农户转出农地的意愿程度可能越高,而转入农地的意愿程度可能越低。

(5)地区特征。用所在村到附近城镇的距离和地区经济发展水平等变量来反映地区特征。预计所在村庄到附近城镇的距离越近,交通越方便,获取农地流转、租金等信息越便利,在农地流转公积金制度设想条件下农户的农地流转意愿程度可能越高。社会经济的发展有利于减轻农民的恋土情结(陈美球等,2008);同时,地区经济发展水平越高,农户发展农业适度规模经营可能获得的资金和技术支持会越多(张兰等,2014)。因此,预计地区经济发展水平越高,在农地流转公积金制度设想条件下农户的农地转出意愿程度会越高,农地转入意愿程度也会越高。

4.5.2　模型设定

为反映农户农地流转意愿的不同程度,本书将农户的农地转入、转出意愿都设定为由低到高的 5 个类别:非常不愿意、比较不愿意、一般、比较愿意、非常愿意。分析自变量对有序因变量的影响,通常采用有序响应模型,但考虑到 Ologit 和 Oprobit 模型的等比例几率假设过于严格(Long,1997;Williams,2006),以及 Mlogit 模型忽略了因变量各类别的次序性,本书最终选取了既放宽等比例几率假设条件又能够反映因变量类别次序的广义定序逻辑斯蒂(generalized ordered Logit,即 Gologit)模型,来分析农地流转公积金制度设想条件下农户农地流转意愿的影响因素。

Gologit 模型可以表示为(参见 Williams,2006):

$$p(Y_{ki} > j) = g(X_i\beta_j) = \frac{\exp(\alpha_j + X_i\beta_j)}{1 + \exp(\alpha_j + X_i\beta_j)} \tag{1}$$

(1)式中,Y_{ki}表示第 k 个因变量,具体而言,Y_{1i}表示农地流转公积金制度设想条件下第 i 个农户的农地转入意愿,Y_{2i}表示农地流转公积金制度设想条件下第 i 个农户的农地转出意愿;j 表示农地流转公积金制度设想条件下农户转入、转出农地意愿的不同类别次序项,$j = 1,2,\cdots,M-1$;X_i 为农地流转公积金制度设想条件

下第 i 个农户转入、转出农地意愿的影响因素;β_j 表示自变量对因变量第 j 个类别项的影响系数;α_j 则是次序项 j 的累计 Logit 的一个分界点。M 为定序变量的类别个数,则 Y_{ki} 取 1、2……$M-1$ 各值的概率分别为:

$$p(Y_{ki}=1)=1-g(x_i\beta_1) \tag{2}$$

$$p(Y_{ki}=j)=g(X_i\beta_{i-1})-g(X_i\beta_i) \tag{3}$$

$$p(y_{ki}=M)=g(X_i\beta_{M-1}) \tag{4}$$

本书中,农户的农地转入、转出意愿都分为 5 个类别次序,即 $M=5$。当 $j=1$ 时,因变量类别 1(非常不愿意)与类别 2、3、4、5(比较不愿意、一般、比较愿意和非常愿意)比较;当 $j=2$ 时,因变量类别 1、2 与类别 3、4、5 比较;以此类推,当 $j=4$ 时,因变量类别 1、2、3、4 与类别 5 比较。

4.5.3　参数估计与结果分析

4.5.3.1　农地流转公积金制度设想条件下农户农地转入意愿的影响因素分析

本书采用 Stata12.0 统计软件中的分析模块 Gologit2 进行模型拟合。为了提高模型预测的准确性,本书首先采用容忍度(TOL)和方差膨胀因子(VIF)2 个指标进行多重共线性检验[①]。结果显示:农地流转公积金制度设想条件下农户农地转入意愿、转出意愿回归模型中自变量的 TOL 值在 0.84-0.97 之间,远大于 0.1,VIF 值在 1.03-1.19 之间,远小于 10,表明自变量之间不存在明显的多重共线性问题。

从农地流转公积金制度设想下农户农地转入意愿影响因素的 Gologoit 模型回归结果(表 4-4)来看,卡方检验的 p 值为 0.00,对数似然函数值为 -578.12,伪拟合优度为 0.12,表明模型拟合较好。

(1)户主特征因素的影响。户主年龄变量在除第二组以外的三组回归中呈现出显著的负向影响,表示在农地流转公积金制度设想条件下,户主年龄较大的农户转入农地意愿为"比较不愿意"+"一般"+"比较愿意"+"非常愿意"或"比较愿意"+"非常愿意"或"非常愿意"的可能性,相比于户主年龄较小农户的这一可能性更小。

---

① 一般而言,解释变量的容忍度(TOL)小于 0.10 或方差膨胀因子(VIF)大于 10,表明变量之间存在多重共线性现象,会影响到模型估计结果的准确性。

表 4 - 4　农地流转公积金制度设想条件下农户农地转入意愿影响因素的估计结果

类别	变量	第一组	第二组	第三组	第四组
		1 对 2、3、4、5	1、2 对 3、4、5	1、2、3 对 4、5	1、2、3、4 对 5
户主基本特征	年龄	-0.19 ** (-1.84)	-0.01(-0.69)	-0.04 *** (-3.68)	-0.03 * (-2.29)
	初中	1.04(0.20)	0.58(1.69)	0.02(0.10)	-0.19(-0.67)
	高中及以上	-3.32(-1.63)	0.66(1.26)	0.18(0.59)	-0.34(-0.88)
	兼业	-4.26(-1.60)	0.44(0.94)	-0.06(-0.23)	0.22(0.63)
	非农业	-0.77(-0.29)	0.02(0.04)	0.09(0.36)	0.18(0.59)
家庭基本特征	家庭总收入水平	-0.31(-0.95)	-0.4(-0.84)	-0.01(-0.35)	-0.00(-0.11)
	农业收入占比	-1.90(-1.41)	2.73 **(3.18)	0.70(1.56)	1.18 *(2.17)
	家庭劳动力占比	0.66(0.55)	0.15(0.23)	0.88(1.79)	0.72(0.82)
农地经营特征	农地经营面积	-0.13(-2.11)	-0.15(-0.18)	-0.01(1.36)	-0.03(-1.74)
	有过转入	-0.07(-0.03)	-0.05(-0.09)	0.05(0.15)	0.67(1.22)
	有过转出	14.19(0.01)	-0.53(-0.96)	0.62(1.49)	0.34(0.69)
	农地经营资金借贷需求	-2.84(-0.56)	1.58 *** (3.84)	0.60 **(2.88)	0.16(0.60)
风险与社会保障认知特征	是否参加农业保险	-3.18(-1.21)	-0.51(-1.52)	0.47 *(2.29)	0.41(1.60)
	是否加入农民专业合作社	-7.85(-2.08)	-0.25(-0.41)	0.94 **(2.79)	0.43(1.27)
	社会保障水平认知	-3.74(-2.32)	0.02(0.09)	0.14(1.21)	0.17(1.07)
地区特征	所在村到附近城镇的距离	0.11(0.88)	-0.01(-0.75)	-0.01(-0.92)	-0.01(-0.94)
	地区经济发展水平	-2.11(-1.07)	0.49(1.86)	0.36 *(2.39)	0.39 *(2.14)

注：* 、* * 和 * * * 分别表示在 5% 、1% 和 0.1% 的水平上显著；系数值后括号内数字为 z 统计值。表中第二行的 1、2、3、4、5 分别表示"非常不愿意""比较不愿意""一般""比较愿意"和"非常愿意"。

(2)家庭特征因素的影响。家庭农业收入占比变量在第二组和第四组的回归中有显著的正向影响。也就是说,在农地流转公积金制度设想条件下,家庭农业收入占比较高的农户农地转入意愿为"一般"+"比较愿意"+"非常愿意"或"非常愿意"的可能性,相比于家庭农业收入占比较低的农户更大。

(3)农地经营特征因素的影响。农户农地经营借贷需求对农地流转公积金制度设计条件下农户的农地转入意愿的影响,在第一组和第四组比较中没有反映出显著的差异,只在中间两组的回归中有显著的正向影响。说明在农地流转公积金制度设想条件下,有农地经营资金借贷需求的农户选择"比较愿意"+"非常愿意"或"一般"+"比较愿意"+"非常愿意"转入农地的可能性,显著大于没有农地经营资金借贷需求的农户。

(4)风险与社会保障认知特征因素的影响。是否参加农业保险与是否加入农民专业合作社变量均只在第三组的回归中有显著的正向影响。也就是说,在农地流转公积金制度设想条件下,参加了农业保险与农民专业合作社的农户比其他农户,农地转入意愿为"比较愿意"+"非常愿意"的可能性相对更大。

(5)地区特征因素的影响。地区经济发展水平变量只在第三组和第四组的比较中有显著的正向影响,表示在农地流转公积金制度设想条件下,经济发展水平较高地区的农户选择"比较愿意"+"非常愿意"或"非常愿意"转入农地的可能性,比经济发展水平较低地区农户的这一可能性更大。

4.5.3.2 农地流转公积金制度设想条件下农户的农地转出意愿分析

从农地流转公积金制度设想下农户农地转出意愿影响因素的 Gologit 模型回归结果(表 4-5)来看,卡方检验的 p 值为 0.00,对数似然函数值为 -520.14,伪拟合优度为 0.23,说明模型拟合较好。

(1)户主特征因素的影响。初中和高中及以上文化程度变量只在第一组和第二组的回归中有显著的正向影响。这表明在以上两组比较中,与小学及以下户主文化程度的农户相比,初中和高中及以上户主文化程度的农户,在农地流转公积金制度设想条件下农地转出意愿程度更高的可能性更大。兼业变量只在第四组的回归中有显著的正向影响,即与从业领域为纯农业的农户相比,兼业农户在农地流转公积金制度设想条件下农地转出意愿为"非常愿意"的可能性相对于选择前 4 个类别的可能性更大。非农业变量只在第二组、第四组的回归中有显著的正向影响,即在农地流转公积金制度设想条件下,户主从业领域为非农业的农户农地转出意愿为"一般"+"比较愿意"+"非常愿意"或"非常愿意"的可能性,相比户主从业领域为农业的农户这一可能性更高。可见,农地流转公积金制度设想中针对农地转出方的保障内容设想,有利于提高户主兼业与从业领域为非农业农户的农地转出意愿程度。

（2）家庭特征因素的影响。家庭农业收入占比变量只在前两组的回归中有显著的负向影响，即家庭农业收入占比较高的农户，在农地流转公积金制度设想条件下农地转出意愿为"非常不愿意"或"非常不愿意"+"比较不愿意"的可能性，显著高于家庭农业收入占比较低的农户。这说明，家庭农业收入占比较高的农户在农地流转公积金制度设想条件下，具有较低程度农地转出意愿的可能性更大。家庭劳动力占比变量只在第四组的回归中有显著的负向影响，即在农地流转公积金制度设想下，家庭劳动力占比较低的农户"非常愿意"转出农地的可能性更大。

表4-5 农地流转公积金制度设想条件下农户转出农地意愿影响因素的估计结果

类别	变量	第一组	第二组	第三组	第四组
		1 对 2、3、4、5	1、2 对 3、4、5	1、2、3 对 4、5	1、2、3、4 对 5
户主基本特征	年龄	0.13(2.63)	0.03(1.61)	0.01(0.37)	0.01(0.25)
	初中	3.61 * * (3.33)	0.88 * (2.45)	-0.25(-1.06)	-0.70(-1.93)
	高中及以上	3.53 * (1.86)	0.95(1.75)	0.23(0.69)	0.19(0.47)
	兼业	-0.10(-0.09)	-0.32(-0.74)	0.34(1.12)	1.62 * * * (3.88)
	非农业	3.31(2.28)	1.63 * * (3.26)	0.42(1.59)	1.20 * * (3.26)
家庭基本特征	家庭总收入水平	-0.00(-0.31)	-0.00(-0.25)	-0.00(-1.32)	-0.00(-0.13)
	农业收入占比	-4..98 * * (-3.46)	-1.61 * (-2.45)	-0.31(-0.64)	0.18(1.19)
	家庭劳动力占比	-0.12(-0.68)	-0.16(-0.21)	-0.21(-0.38)	-0.72 * * * (-1.79)
农地经营特征	农地经营面积	-0.03(-0.55)	-0.01(-0.70)	-0.01(-2.40)	-0.17(-0.35)
	有过转入	12.88(0.02)	-1.05 * (-2.11)	-0.54(-1.38)	-0.17(-0.35)
	有过转出	-3.55 * * (-3.21)	-1.87 * * * (-3.60)	-1.00 * (-2.05)	-0.92(-1.44)
	农地经营资金借贷需求	-2.34(-2.14)	-0.07(-0.25)	0.18(0.80)	-0.42(-1.31)
风险与社会保障认知特征	是否参加农业保险	2.13(2.06)	0.11(0.35)	0.19(0.83)	0.05(0.16)
	是否加入农民专业合作社	-2.03(-2.04)	-0.02(-0.04)	-0.77 * (-2.44)	-0.79(-1.39)
	社会保障水平认知	-0.26(-0.43)	0.38 * (2.27)	1.13 * * * (8.02)	0.82 * * * (3.97)

类别	变量	第一组	第二组	第三组	第四组
		1 对 2、3、4、5	1、2 对 3、4、5	1、2、3 对 4、5	1、2、3、4 对 5
地区特征	所在村到附近城镇的距离	-0.04(-1.68)	-0.06 * * *(-6.57)	-0.05 * * *(-5.87)	-0.01(-1.01)
	地区经济发展水平	0.08(0.14)	-0.36(-1.51)	-0.05(-0.32)	0.29(1.33)

注：*、* *和* * *分别表示在5%、1%和0.1%的水平上显著；系数值后括号内数字为z统计值。表中第二行的1、2、3、4、5分别表示"非常不愿意""比较不愿意""一般""比较愿意"和"非常愿意"。

(3)农地经营特征因素的影响。有过农地转入行为变量只在第二组的回归中有显著的负向影响,而有过农地转出行为变量在前三组的回归中都表现出了显著的负向影响。这说明,在农地流转公积金制度设想条件下,有过农地转入行为的农户农地转出意愿为"一般"+"比较愿意"+"非常愿意"的可能性,显著低于没有过农地流转行为农户的这一可能性;而有过农地转出行为的农户,在农地流转公积金制度设想条件下具有较低农地转出意愿程度的可能性较大。

(4)风险与社会保障认知特征因素的影响。是否加入农民专业合作社变量只在第三组的回归中显示出微弱的负向统计显著性。这表明,在农地流转公积金制度设想条件下,合作社社员农户"比较愿意"和"非常愿意"转出农地的可能性,比非社员农户这一可能性更小。社会保障水平认知变量在后三组的回归中均具有显著的正向影响。这说明,在农地流转公积金制度设想条件下,认为社会保障水平越高的农户农地转出意愿程度更高的可能性越大。

(5)地区特征因素的影响。所在村到附近城镇的距离变量只在第二组和第三组的回归中有显著的负向影响,表明在农地流转公积金设想条件下,所在村到附近城镇距离越远的农户选择"一般"+"比较愿意"+"非常愿意"或"比较愿意"+"非常愿意",转出农地的可能性越小。

4.6 基于农户流转意愿的农地流转公积金制度设想可行性分析

在所有受访农户样本中,农地流转公积金制度设想条件下选择"比较愿意"和

"非常愿意"转入、转出农地的农户,分别占到了57.8%、51.6%。由此可见,农地流转公积金就制度的激励与保障内容设想,符合多数农户农地转入、转出中的利益诉求,同时上述调查结果也为农地流转公积金制度设想的现实可行性奠定了群众基础。为使农地流转公积金制度设想得到进一步改进和完善,在问卷调查中,对于农地流转公积金制度设想条件下农地流转意愿为"非常不愿意""比较不愿意"或"一般"的农户,进行了补充提问:"您在什么条件下会愿意转入或转出农地?"

表4-6　农地流转公积金制度设想条件下农户农地流转意愿的补充调查结果

您在什么条件下会愿意转入农地?(%)		您在什么条件下会愿意转出农地?(%)	
确保农地流转公积金制度设想下的有关措施能长期得到有效实施	25.7	确保农地流转公积金制度设想下的有关措施能长期得到有效实施	21.0
农地经营有风险保障	36.8	有稳定的非农就业机会和收入	35.4
农地适度规模经营在技术、管理方面能得到指导	29.9	子女进城教育和非农户口能得到解决	22.1
政策性贷款利率合适	6.9	农地租金合理	18.9
其他条件	0.7	其他条件	2.6
合计(N=144)	100.0	合计(N=195)	100.0

从调查结果看(表4-6),大部分农地流转意愿程度较低的样本农户,在农地适度规模经营有技术和管理指导、有农地经营风险保障、农地流转公积金制度能得到长期实施和政策性贷款的利率水平合适的情况下,其农地转入意愿将会得到提高;大部分农地流转意愿程度较低的样本农户,在有稳定的非农就业机会、子女进城教育问题得到妥善解决以及农地流转公积金制度能得到长期有效实施的情况下,其农地转出意愿将会得到提高。根据上述调查结果,为使农地流转公积金制度设想更具有可行性,并在促进农户参与农地市场化流转中发挥更有效的激励与保障作用,一方面,需要制定合理的农地流转公积金的政策性贷款利率标准,进一步完善农地流转公积金制度设想;另一方面,需要加大对农地转入方的农地经营风险保障力度,加强农地适度规模经营的技术和管理指导,妥善解决转出(退出)农地农户的非农就业与子女进城教育问题。

4.7 小结

在对农地流转公积金制度进行初步设想的基础上,本章基于 9 个省(区、市)样本农户的调查数据,采用 Gologit 回归模型,分析了该制度设想条件下农户农地流转意愿的影响因素。研究结果发现:第一,农地流转公积金制度设想中针对农地转入方和转出方的激励与保障内容符合多数农户的利益诉求。第二,农地流转公积金制度设想条件下,户主较为年轻、家庭农业收入占比和地区经济发展水平较高、有农地经营资金借贷需求以及参加农业保险与农民专业合作社的农户,具有较高农地转入意愿程度的可能性较大。第三,农地流转公积金制度设想条件下,户主文化程度为初中和高中及以上、户主从业领域为兼业和非农业、家庭农业收入占比和劳动力占比较低、认为社会保障水平较高、所在村到附近城镇的距离较近以及没有参与过农地流转和农民专业合作社的农户,具有较高农地转出意愿程度的可能性更大。

基于以上结论,为进一步完善农地流转公积金制度设想,可从以下几个方面着手:第一,应以年轻、农业收入占比较高、存在农地经营资金借贷需求以及参加了农业保险和农民专业合作社的农户为重点,通过完善对农地流转公积金制度的激励机制设计,来引导和培育其成为新型农业经营主体。第二,应以户主文化程度较高、户主主要在非农领域就业、家庭农业收入占比和劳动力占比较低、没有过农地流转行为和没有加入农民专业合作社的农户为重点,通过加强对农地流转公积金制度保障机制设计,来引导其成为农地流转市场的供给主体。第三,在完善农地流转公积金制度设想的基础上,应优先考虑在经济发展水平和社会保障水平较高、离城镇距离较近的农村地区开展农地流转公积金制度试点工作,在实践探索中进一步完善这一制度设想。

第五章

农地流转公积金制度构建的总体思路与方案构想

借鉴住房公积金制度在实现城镇住房分配货币化和居民住房权利保障方面的制度优势与实践经验,立足于当前我国农地市场化流转的激励与保障政策的现状及问题,结合农地流转公积金制度设想下农户农地流转意愿的实证分析结果,本章将在明确农地流转公积金制度构建的前提条件、基本原则的基础上,提出农地流转公积金制度构建的总体方案,并对农地市场化流转中农地流转公积金制度的运行机制进行分析。

5.1 农地流转公积金制度构建的前提条件

5.1.1 农地使用权确权登记

"确权"是将原本属于集体的"非排他"的多种土地财产权利,逐项"排他性"地按人头逐块"量化"到农户,并通过这一改革举措使农户被赋予了农地经营权的转让权与长期拥有权(严冰,2010)。近年来,农地确权登记颁证工作从政策倡导已进入全面实施阶段,作为独具中国特色的一项农地制度改革举措,农地使用权确权在现阶段推行也有着客观必然性和现实迫切性。

在农地产权集体所有制下,农地要实现市场化流转还存在产权主体不明确、平均分配所形成的地权分散性及农地调整、征用所造成的地权不稳定性等缺陷。在宪法、土地管理法、农村土地承包法、物权法以及民法通则等法律中,尽管都对农村集体土地所有权人进行不同表述,但就集体成员资格,集体成员之间、集体成员和集体之间、集体和外部成员之间的利益关系没有进行明确界定。集体成员对农地所享有的权益本质上是一种无法将其转移给集体之外的成员身份权,而不是可以对价交换的财产权。农地确权登记是政府依法承认农民土地权利与依法保护农民土地权利的承诺,农地使用权确权登记工作的开展,使农户拥有的农地地块、面积、位置等情况得以核实,这既利于落实承包地农户的基本权利,又有利于保护耕地资源、保障国家粮食安全。此外,通过确权登记获取的完备的农地资源信息,可以为国家制定现代农业发展规划与土地流转政策提供可靠的分析数据,而合理化的政策方针将有利于引导我国农地流转与经营走向市场化、适度规模化。

农地确权登记对农地流转公积金制度构建的意义在于,这一举措将为农地市场化流转扫除农地产权制度缺陷所造成的障碍,为农地流转公积金的资金缴存、提取标准的设定及抵押贷款制度设计等都提供了重要依据。农地确权可以使农地使用人和所有人之间的权利关系和集体成员的农地承包经营权资格得以明晰,农地地块、面积、位置等信息得以量化。这就意味着农地确定登记工作可以为农地流转公积金制度构建提供最清晰、最原始的农户承包经营农地状况的重要数据,为以农地面积为标的的农地流转公积金缴存、提取方式及通过农地流转公积金对农户进行的相关补贴发放、政策性贷款标准等具体设定都提供了最坚实的基础。

5.1.2 农地使用权抵押贷款合法化

在农村金融机构可接受的抵押信用物品严重匮乏的情况下,农地承包经营权作为广大农户最有价值的资产,能否通过正规信贷途径使固定资产转变为生产资本,对于解决长期困扰农民、农业和农村发展的资金短缺、融资困难问题尤为关键。然而,从已有的法律文件来看,农村土地承包法、担保法、物权法等相关法律均对农地承包经营权作为抵押品进行了限制,表述为"耕地、宅基地、自留地、自留山等集体所有的土地使用权不得抵押"。为适应农村经济社会发展和农民多元化金融服务需求,农村土地承包经营权抵押贷款试点工作在全国范围内逐步开展,这对于实现农民资产资本化,优化农村地区土地资源配置和利用效率,缓解农业适度规模化、现代化发展中的资金短缺问题,促进农村经济社会的繁荣与发展有重要意义。

在农地流转公积金政策性贷款制度设计中,以农地承包经营权为抵押担保品的贷款方式,是实现农地流转公积金制度对农地市场化流转、农地适度规模经营,特别是粮食适度规模经营行为进行财政与金融相结合的政策激励的重要途径。

尽管从试点探索到真正实现农地使用权抵押贷款法律化还需要一段历程,但从现有的政策导向和实践发展来看,农地抵押贷款走向合法化是农地金融制度改革的趋势,而依托此的农地流转公积金贷款制度也将成为农地政策性金融服务与产品创新发展的全新探索。

5.1.3　农地市场化流转交易平台搭建

农地使用权作为一种特殊的商品,使得农地使用权市场与其他类型的市场(如股票市场、一般商品市场)相比具有以下一些特征:不可转移性特点决定了农地难以形成跨越地区的或全国性的使用权交易市场,农地使用权交易成本远高于其他市场,市场交易的对象是农地的使用权而不是所有权(季虹,2001)。而农地流转中介组织存在的最大意义就在于它能够有效降低农地流转的交易成本,一定程度上规避交易风险。农地流转中介机构为农地流转交易双方搭建农地使用权流转交易信息网络平台,能够提供农地供求数量、质量、区位等信息,以及专业化的农地流转评估价格,政策、法律等方面的咨询及规范的农地协议等,从而有利于降低信息搜寻、辨别、谈判等交易成本,减小因口头协议的随意性、不规范合约等带来的交易风险。此外,依照国家相关政策,农地流转中介组织能较好地保证农地使用权市场化流转交易的合法性与公正性,监督和管理农地流转过程与流转后的农地利用状况,协调与化解流转过程中出现的矛盾纠纷(邹伟和何孟飞,2009)。

在农村地区搭建统一的农地市场化流转交易平台,既是农地流转公积金制度有效运行的前提,又可以与该流转平台形成良性互动。首先,农地市场化流转交易平台通过对农地进行整理、评估、出让等,使农地资源化零为整,并与农地流转双方签订规范的流转交易合约,形成农地市场化流转机制,这将成为农地流转公积金制度在农地市场中有效运行的重要前提。其次,农地流转公积金制度设想对农地流转双方的激励与保障机制,除了直接作用于农地转入、转出方,还可以通过与农地市场化流转交易平台之间的农地流转交易信息、农地流转公积金缴存代扣、农地使用权抵押变现等业务衔接,实现农地资源更加高效、合理的市场化配置。

5.2　农地流转公积金制度构建的基本原则

5.2.1　坚持农地用途不变原则

农地关系着国家的经济安全,它不仅对农民生产生活与农村社会稳定具有保障作用,还承载着国家粮食生产的功能,因而具有重要的经济与社会意义(李冰强和卢怡莹,2015)。据国土资源部2015年4月发布的《2014年中国国土资源公报》统计数据显示①,截至2013年底,全国共有农用地64616.84万公顷,其中耕地13516.34万公顷(20.27亿亩),林地25325.39万公顷,牧草地21951.39万公顷。在经济发展新常态下,根据"十三五"时期我国人口、土地、城镇化、工业化和人民生活水平的国情,如何以占有世界9%左右的耕地,养活占世界20%左右的人口,是中国全面建成小康社会与治国理政所面临的首要任务(胡鞍钢等,2015)。近年来,国家在包括"中央一号"在内的多项政策文件中均强调:土地承包经营权流转,要坚持农用地用途不变。

在农地流转公积金制度设计中,坚持农地用途不变原则,既是对国家长期坚持的农用地发展政策方针的贯彻落实,也是在激励和引导农地市场化发展中加强对农地用途管制的有效途径,这将对实现我国农地资源的可持续利用具有突出保障作用。

5.2.2　鼓励农地适度规模经营原则

人多地少的基本国情使我国成为世界上农村家庭经营规模最小的国家之一。近年来,家庭联产承包责任制逐渐释放出的不足(许庆等,2011),如农地细碎化、农业经营规模过小化等,更加剧了土地生产经营上的分散化,从而导致农业生产效益低、农民组织化程度低等问题,严重地制约了农业现代化发展步伐,因此以国情为基本出发点的农地适度规模经营发展思路就成为化解这一难题的关键。农地流转公积金制度构建的一项重要原则就是鼓励农地适度规模经营。农地流转公积金制度针对农地转入方的政策激励设计,其核心目标就是要通过财政政策与

---

①　数据来源于国土资源部《2014年中国国土资源公报》。

金融政策相结合的手段,激励和引导农地资源通过市场化流转形式向家庭农场、农民专业合作社、种植大户及涉农企业等新型农业经营主体集中,为有农地适度规模经营意愿的广大农民提供有效的农地金融支持与政策补贴激励,以促进传统农业向规模化、产业化、现代化方向发展。

5.2.3 坚持农民生存权利保障原则

在人地关系较为紧张的中国,无论是农地所有权市场化流转,还是农地集体统一经营权、农地承包经营权或其他衍生权利的市场化流转,相关的制度改革与创新的前提都必将是需要把农民的基本生存和发展权利放在首位,只有这样才能实现农地资源的高效利用与农村社会稳定有机结合。农地集体统一经营权、农地承包经营权及其衍生权利的市场化配置,需要给农民类似于农地作为生产手段的就业和再就业保障,因为对于农民而言农地生产经营就是其赖以生存的职业,一旦这种权利发生转移,也就意味着农民一定时间内或永久失去就业岗位。因此,本书提出的以促进农地市场化流转的农地流转公积金制度设计中,必须充分考虑农地转出方(供给方)的后续基本生活、就业及养老等基本权利保障问题。而农地流转公积金制度方案中所探讨的农地生存、就业及养老保障功能不是实物化的农地保障,而是货币化的农地生存、就业及养老保障,是与市场经济运行更相适应的农地社会化、制度化保障机制。

5.2.4 坚持兼顾公平与效率原则

在经济发展新常态的大背景下,农地流转公积金制度的构建首先需要充分考虑制度设计及实施中的公平性问题,特别是农地市场化流转中转入或转出农地的普通农户,其基本生活、再就业、养老等基本权利能够获得保障。与此同时,还需要对具有政策性与保障性特征的农地流转公积金制度运行效率问题进行最大限度的考量,即如何激励和引导专业大户、农业企业、农民专业合作社等新型农业经营主体发展现代农业、高效农业。

总体而言,公平与效率具有相互包容性(任大鹏和王思思,2010),只有在这两方面得以兼顾的条件下,农地流转公积金的资源配置方式才是有效率的。从公平视角来看,作为农地流转公积金制度的主要参与主体,农户间也存在着多元化的利益冲突,要保证参与主体在获得农地市场化流转的激励与保障福利的机会均等性,就需要在农地流转公积金制度的制定和运行中始终秉承公平这一价值标杆。

农地流转公积金制度追求的公平是以规则的公平性为前提,并确保参与成员在缴存、提取、使用农地流转公积金这一物质利益为目标的活动中,遵循同等的制度规则与条件,并从中实现成员之间的利益平衡。从效率层面来看,农地流转公积金作为一种调节农地市场资金合理化配置的农地流转激励与保障机制,其本质同样也会涉及资源有效分配问题,因而"效率"将成为该项公积金提取或发放标准的设定中所涉及的核心问题。农地流转公积金运作除了追求单纯机构运作效率、财政与金融政策资金的使用效率外,更为关注的是该项制度实施的高绩效、农业适度规模经营的高效益与参与农户收益的显著提高。

5.3 农地流转公积金制度的总体方案

5.3.1 农地流转公积金制度的性质

农地流转公积金制度运行既要坚持公益福利性质上的政策性和保障性,也要兼顾协调农地资源配置效率与农民的生存发展权利公平。作为农地分配货币化的重要实现形式,农地流转公积金制度具有资金筹集上的广泛性、社会性,资金属性上的福利性、政策性,使用用途上的专门性、长期性,储金归属上的返还性、私人性。具体而言,主要包括如下方面:

(1)政策性

农地流转公积金制度的政策性体现在两个方面:首先,该制度构建和管理运作设计必须依照国家对农地经营和农业现代化发展的总体政策规划、目标进行;其次,该制度将运用财政政策与金融政策有机结合,构建农地市场化流转的激励与保障机制。

(2)保障性

农地流转公积金制度的保障性是指通过从国家、村集体和农户三方共同归集的农地流转公积金储蓄,可实现对农地市场化流转农户在失地失业期间的基本生活保障,以及农业再就业的小额政策性贷款支持。

(3)自助、互助与补助相结合的特性

农地流转公积金资金归集中,农户自身缴存部分是其基于农地市场化流转收益或家庭收入中的自筹资金,这是农户对于自身农地流转的基本生存、发展权利保障的自助储蓄方式;集体缴存部分主要来自农村集体产权收益,而集体产权收益的所有权应归其全体成员共同享有,通过为集体成员缴存农地流转公积金的方式,可以实现集体产权收益在成员中合理分配、利益共享与资金流通互助;国家交存部分则主要源于国家财政对农地生存经营的补助资金。单靠其中的某一缴存主体都将会因为经济负担过重而难以实现农地流转公积金资金的有效运作和可持续性,将农户自助,农户间、农户与农业经济组织间互助及政府补助相结合,通过农地流转公积金市场化运作作为辅助,变实物资产为货币资产,才能够真正实现农地市场化流转、适度规模经营中的资本、农地、劳动力、技术等要素充分自由结合。

(4)有限的个人所有权财产权属性

在农地流转公积金的概念界定中指出该项公积金的所有权归缴存农户个人,表明农户对其农地流转公积金账户资金享有产权,也将成为其个人或家庭财产收益的组成部分。但农户对农地流转公积金享有的这种所有权有一定限制。第一,占有权能的限制。农地流转公积金在未被提取前,农户并不能实际占有,而是由三方共同缴存到农村金融机构下设的农地流转公积金管理中心,并在其开立的专门账户进行统一管理。第二,使用权能的限制。一般情况下,农地流转公积金应专用于农户农地流转、农地适度规模经营与农户基本生存权利的保障等,不得挪作他用。只有在农户非农就业失业、退休、丧失劳动能力、死亡等特定情形下,才能够提取,作为前述特定用途的例外。第三,收益权能的限制。为确保农地流转公积金的保值增值,需要按照国家统一规定的方法、由特定的主体对该资金运作管理,而非由参与成员个人意愿所决定投资方式,成员也将依法获得该资金的分配收益。第四,处分权能的限制。农地流转公积金具有继承性,但不具有可转让性,在未被所有人以现金形式提取前,所有人除可用于农地经营与基本权利保障等规定用途外,没有其他处分权。

5.3.2 农地流转公积金的功能定位

(1)农地流转公积金制度是政府推进农业现代化发展的一项财政与金融手段相结合的政策干预工具。中国作为发展中的农业大国,在农业现代化发展过程中更离不开有效的政策干预和宏观调控,具体则主要通过行政、财政、金融等经济干预手段加以实现。财政与金融手段相结合的农地流转公积金制度则可以成为政府推行农地市场化流转与适度规模化经营政策的一项重要行政干预工具。特别是国家在推行政府农地资源保护、整治与开发、农业结构、农地适度规模经营等政策时,可以将农地流转公积金补贴对象与额度、政策性贷款利率水平与期限等作为实现既定政策目标的重要调节手段。此外,农地流转公积金制度的激励与保障政策内容也可以依据特定时期国家农业政策的侧重点与发展变化进行相应调整。就当前而言,农业政策与发展以农地适度规模经营、实现农业发展方式的转变为目标,农地流转公积金制度主要激励对象是农业适度规模经营主体,支持的重点则为发展现代农业、高效农业。

(2)农地流转公积金制度是实现农地使用权市场化流转的一项农地货币化福利保障工具。尽管农村社会保障体系在逐步走向完善,但这与城镇居民保障水平和农户转出农地后对社会保障的现实需求都还存在着较大的差距,并且在短期内受总体经济发展水平的制约难以实现较大幅度的改进。而与此同时,在农村社会保障体系不健全、保障水平较为低下的情况下,农户参与农地市场化流转也将面临更大的社会风险。例如,转入农地后规模经营失败的风险,转出农地后一定时期内失去农地作为基本生计、农业就业、养老等保障的风险,农地流转相关政策、管理及产权制度等变革所带来的风险。农地流转公积金制度正是试图通过制度化保障机制对农地的保障功能进行替代,将农地流转双方基本生存权利的保障纳入该制度对农地市场化流转激励与保障机制的设计中,将农民基于农地的实物性质生存保障功能向货币化的社会保障方式转变,该制度也将成为改进农户农地福利与社会保障水平的一项重要举措。

5.3.3 农地流转公积金的资金归集

农地流转公积金主要由国家、集体与农户缴存三部分构成,并依据地区经济发展水平、财政收入、村集体产权收益、农地市场价格、农地市场发育程度和农户家庭收入水平等因素来确定三方缴存具体比例、额度。该项公积金由三方缴存的理由是:首先,国家缴存部分,国际经验表明农业现代化、规模化发展离不开国家财政、金融手段的政策支持,而通过为农户提供农地流转公积金的农地经营性补贴与该项公积金政策性贷款,有助于提高财政转移支付效率,促进农村土地资源分配方式的货币化转变;其次,集体缴存部分,依据宪法关于农村集体土地产权的规定,农村建设用地、宅基地和农地所有权归属方为村集体,作为集体中的成员,农户有权利享有集体产权收益,如农村集体土地的流转与征地补偿收益等,将这部分集体收益通过为集体成员缴存农地流转公积金的方式,有助于实现对集体成员农户的基本权利保障,促进农村集体产权收益的公平合理化分配。最后,农民个人缴存部分,根据权利义务对等的筹资原则,农户作为农地流转公积金的最终受益者和所有人,在享有该公积金中各项权利保障的同时应该承担筹资义务。

5.3.4　农地流转公积金的资金使用

除日常管理运作必要开支和留存一定比例资金作为风险保障金外,按农地流转公积金资金来源,可将国家和集体缴存部分进入统筹账户,农户自筹部分进入农户农地流转公积金账户;按照账户的功能,又可将农地流转公积金分为生存型保障账户、发展型保障账户和养老型保障账户进行户头分类管理。具体根据地区农地流转公积金的资金筹集情况与农户的现实需求,可以考虑增加或缩减该项公积金账户设置。具体各保障账户资金的使用用途如下:

(1)生存型保障账户。生存型保障账户主要针对农地被征用或流转出农地后失地失业农民,提供其在失地失业期间的基本生活保障金,以及再次转入土地、从事农业生产经营的农业再就业小额政策性贷款支持,从而为农户参与农地市场化流转提供农地货币化福利保障,促进农村剩余劳动力顺利平稳地向城镇及非农产业转移。

(2)发展型保障账户。农地流转公积金发展型保障账户主要针对有较强农业生产经营能力和意愿的农户,提供农业经营性补贴和农地适度规模经营政策性贷款支持,为其转入农地和发展适度规模经营提供可靠资金支持,培育其成为新型农业经营主体。

(3)养老保障型账户。农地流转公积金养老型保障账户对所有参与缴存达退休年龄(按城镇职工退休标准)的农户,进行一次性或分期返还,作为其养老保障金,以提高农户的老年生活质量。

5.3.5　农地流转公积金的保值增值

农地流转公积金的三个账户在具体使用与增值保值中,并非完全分离,依据农户在农地市场化流转中的需求差异,可将各账户资金转换使用。在资金保值增值方面,可根据农地流转公积金三个账户资金用途的差异性,进行适当投资方向选择。具体而言,生存型保障账户结余资金的投资应侧重安全性和稳健性,如购买国债、银行存款等,确保风险最小化;为提高该公积金的收益回报率、减少资金过度沉淀,考虑将发展型保障账户部分结余资金投资于国家指定的相对可靠的保险公司,进行农村自然灾害保险、农业保险等方面投资;而养老保障金结余部分,则可以根据农户个人风险偏好,自由选择投资方式。

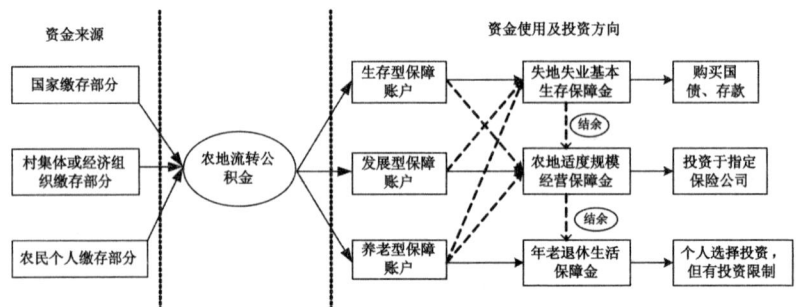

图 5－1　农地流转公积金的资金来源、使用及投资方向

5.3.6　农地流转公积金的机构设置与管理模式

结合农村具体实际和农地流转公积金政策性金融服务功能特点,将农地流转公积金的管理运作机构设置为决策、管理执行与监督三大部门,具体如下:

第一,农地流转公积金管理委员会作为决策机构。其成员应由人民政府负责人和农业、财政、金融机构等有关部门负责人,以及由有关专家、人大代表、农民代表共同组成。管理委员会依据有关法律、法规和政策,制定和调整农地流转公积金的运作管理和监督实施计划方案,确定该项公积金的缴存标准,审批该公积金归集、使用计划、增值收益分配方案及执行情况报告。

第二,由农村金融机构下设农地流转公积金管理中心作为管理执行机构。考虑农地流转公积金管理、投资运作的专业性和其政策性特点、保障性功能,由农村金融机构下设农地流转公积金管理中心进行日常管理运作和专门业务代理,可以确保国家及管理委员会相关政策贯彻落实,与相关政策性金融支持与保障服务顺利实施。该管理中心主要负责办理农户农地流转公积金账户的设立、缴存、归还、注销等手续,并承担该公积金的归集、建设、贷款、投资、保值增值以及偿还等一系列金融业务。

第三,由多方主体共同构成农地流转公积金的监督体系。农地流转公积金运作管理的监督体系主要由金融体系中人民银行与银监会,政府部门中财政部、农业部、农地流转公积金管理委员会及审计部门共同构成。与此同时,将管理中心的监管纳入银行监管体系中进行业务监管,以避免监管主体不明、监管方式有限等问题。此外,管理中心应通过多种媒介向社会公众及时公布相关运作数据、信息和政策,将管理运作置于公众监督之下,以增强其公信力。

5.4 农地市场化流转中农地流转公积金制度的运行机制

5.4.1 农地流转公积金对农户农地市场化流转的激励与保障机制

经济学中,对人类行为的标准假设,即理性人都为追求自身利益最大化。按照理性经济人假设,人们通常会按照自身利益需求而采取行动,而不会主动无私地为整个社会(或组织)的目标利益需要考虑,因此必须运用最有效的规则(机制)来激励和约束人们为组织目标服务,而非单纯地通过对意识与精神的要求来约束人们。激励是指使人们达到一种具有自愿采取某种经济活动的内在动力的状态(罗必良,2005)。在农地市场化流转中,农户通常也会按照自身成本与收益是否实现最大化而进行相应的选择,而不会单纯地考虑农地的用途、性质是否被改变,农地利用的效率以及农地生产经营的整体社会效应等,因此需要通过有效的激励机制对农户农地市场化流转及适度规模经营行为进行引导和规范,并激发其参与农地市场化流转的内在动力。而保障机制则是指为管理活动提供物质和精神条件的机制,是为适应社会化大生产和发达商品经济客观需要的一种风险分担和风险管理机制。在激烈的市场竞争中,农地市场化流转也必将存在大量经营风险和失地失业状况,因此客观上需要建立和完善社会化、制度化的保障机制,通过社会的力量来共同分担风险。

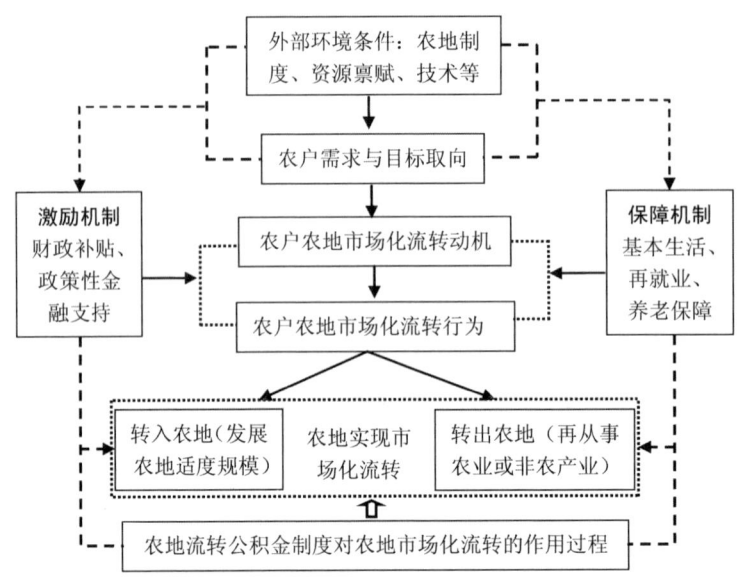

注：图中虚线箭头表示农地流转公积金制度外生的激励与保障机制是在充分考虑农户内在需要和外在环境条件下进行设计的，虚线表示包括或包含关系，实线箭头则表示直接作用关系。

图 5-2　农地流转公积金对农地市场化流转的激励与保障机制

　　针对中国人多地少农地市场化流转的政策目标，农地流转公积金制度设计中建立了农户农地市场化流转的激励与保障机制（如图 5-2 所示）。行为理论认为，人的行为源于动机，而动机的产生则源于人们自身的需求，并且受到外界环境条件的激励或约束。农户对扩大或减小农地经营规模的以获得更大收益的内在需求和外在环境条件决定了农户农地市场化流转的动机，而农地市场化流转动机又决定了农户农地市场化流转行为。其中，农户面临的外在环境条件包括既有的农地制度、资源禀赋、技术条件等。要使新型农业经营主体按照适度规模经营方向发展，同时使转出农户基本权利获得保障，可根据农户的内在需求和农地市场化流转的外部约束条件，在农地流转公积金制度设想中构建出一套激励与保障机制来影响农户农地市场化流转动机的形成。一方面，激励农户将闲置的农地资源向新型农业经营主体集中，并发展多种形式的适度规模经营；另一方面，通过基本生存、再就业及养老等制度保障化解农户流转农地的后顾之忧。

5.4.2　农地流转公积金与农地市场化流转中介平台的互动机制

　　在农村地区搭建统一的农地市场化流转交易平台不仅有利于培育规范的农

地流转市场,还可以与农地流转公积金管理运作形成相互促进的良性互动机制,具体体现在以下两个方面:

(1)农地市场化流转交易平台,可以为农地流转公积金管理运作提供便利化服务。首先,规范有效的农地流转中介服务机构可以为农地市场化流转提供一个便利的交易平台,当这种规范化的农地产权市场形成后,可以在自由交易过程中产生大量的农地流转信息,既可以为农地流转双方提供价格博弈的市场依据,又可以成为农地流转公积金管理运作机构进行农户农地流转公积金缴存和提取政策标准设定的重要参考依据。其次,农地市场化流转中介机构在农地流转交易中提供的农地整理、评估、定价等服务,可以为以农地承包经营权为标的的农地流转公积金政策性贷款业务提供农地市场评估价格、抵押担保等便利化的金融辅助业务服务。以上农地市场化流转平台为农地流转公积金管理运作机构提供的便利化服务,既可以减轻农地流转公积金管理运作的业务负担,又能够实现对农地流转双方的高效、快捷政策性金融服务。

(2)农地流转公积金的有效运作,有利于促进农地市场化流转交易平台开拓更为广阔的农地市场化流转交易市场。农地流转中介机构可代理农地流转公积金贷款的抵押变现业务,在帮助管理中心分担该项公积金抵押贷款业务风险的同时,也使其业务范围得到了拓展。此外,农地流转公积金制度设计中,通过农地市场化流转激励与保障机制构建可以实现对农地流转双方生存、发展权利得到充分保障,一定程度上又可以对农户农地市场化流转行为产生积极促进作用,当更多的农户及其他经营主体参与农地市场化流转中时,农地市场化流转中介平台在增加业务量的同时也将在农地产权交易中更大程度地实现平台价值和作用。

5.4.3 农地市场化流转中农地流转公积金制度运行的监督机制

白钦先和王伟(2005)对政策性金融监督机制进行了界定,是指一国通过政策性金融特别立法的形式,对政策性金融机构进行组织、协调、约束、控制及保障的过程。农地流转公积金制度作为一项具有政策性农地金融服务特征的制度设计,其监督机制设计也需要以现有政策性金融监督机制为依据,并结合这一制度构建的内外部环境和自身特征进行农地流转公积金管理运作的内外部监督机制设计。

内部监督。本书提出的农地流转公积金农村金融机构管理运作模式中,农地流转公积金管理中心作为农村金融机构下设的一个相对独立的业务部门,将纳入其所在农村金融机构的监管体系中,以便于银行对其相关业务进行复核检查、业务过程监督、内审监督以及执法检查等系统化的监管,以避免监管主体不明、监管方式和内容不够细化等问题。由所在农村金融机构内部对农地流转公积金管理运作进行监督,还具有其鲜明的优势。一方面,农村金融机构可以通过现代化网络信息技术对农地流转公积金管理中心运作中各类日常业务数据进行及时、高效的监督审核,运作中相关信息的共享性和时效性成为实现有效内部监督的重要保证。另一方面,农村金融机构监督管理人员通常都具备财务、审计、金融等相关专业知识背景和实践操作经验,因此,能够更加准确、深入地进行农地流转公积金运作业务监督管理。

外部监督。外部监督主体主要包括法律、相关政府机构、农地流转公积金管理委员会及社会公众等。首先,为了使农地流转公积金能够在专门的法律框架内合法运行,保护并制约其最高权力机构农地流转公积金管理委员会成员能够正确有效地行使其最高的决策、监督、管理和协调的职能权力,应在法律上予以明确的定位和规定。其次,是由政府相关部门的领导和权威专家或其他行业人员以及金融机构的高层主要官员组成的农地流转公积金管理委员会,代表公众的利益组合而成的农地流转公积金管理运行最高决策、监督、协调机构,对其业务和运行状况也具有直接监督职能。最后,农地流转公积金制度的政策性决定了其与政府相关职能部门在业务方面有着密切联系,如财政、农业、审计管理部门、央行、银监会等,其中,财政主要是资本金拨付与增补、财力约束和财务监督等。此外,将农地流转公积金管理运作置于公众监督之下,以增强其公信力。建立公众投诉、举报监督机制,使参与农地流转公积金缴存的农户、社会公众及媒体等可以通过多种途径对该公积金运作情况进行监督。

总体而言,农地市场化流转过程中农地流转公积金运行机制如图5-3所示,无论是农地流转公积金对农户农地市场化流转的激励与保障机制,还是其与农地市场化流转中介平台的互动机制,都需要在一定的监督和约束机制下才能实现有效运转,以保障其运行中目标不发生偏离。而农地流转公积金管理中心向农户与农地流转交易中心的业务操作过程,将要受到来自政府有关部门、金融监管部门以及管理委员会的外部监督,最终形成"进有支持、退有保障"的农户农地市场化流转农地流转公积金运作机制。

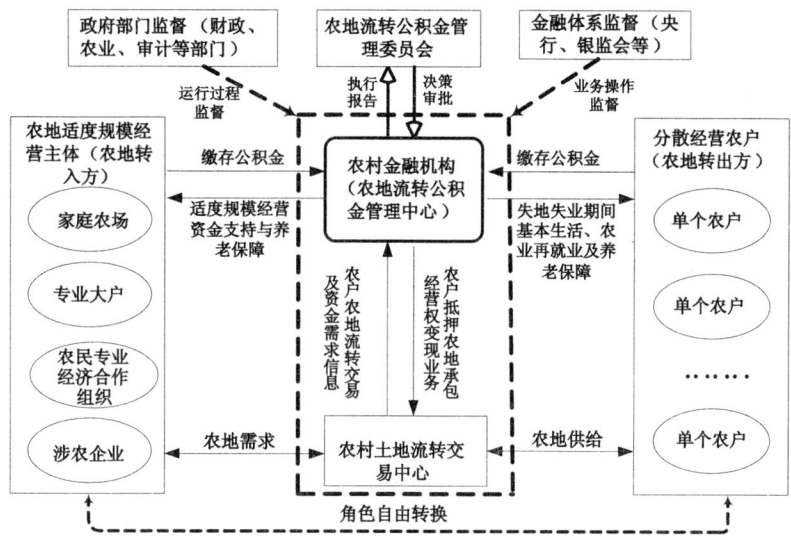

图 5 – 3 农地市场化流转中农地流转公积金的运行机制框架

5.5 小结

本章对农地流转公积金制度构建的总体思路和内容设想进行了系统阐述。首先,明确农地流转公积金制度构建以农地使用权抵押登记、农地使用权抵押贷款合法化及农地市场化流转平台搭建为前提。其次,提出农地流转公积金制度构建以坚持农地用途不变、农民权利保障、鼓励农地适度规模经营及兼顾公平与效率等为原则。在此基础上,从性质、功能定位、资金归集与使用、增值保值等方面对农地流转公积金制度的总体方案进行了阐述。最后,结合具体实践,从农地流转公积金对农地市场化流转双方的激励与保障机制、与农地市场化流转交易平台的互动机制以及其运行的监督机制等方面,构建了农地市场化流转中农地流转公积金制度的运行机制。

第六章

农地流转公积金资金归集及缴存比例测算

在农村地区建立农地流转公积金制度,形成对农户的农地市场化流转政策激励与保障机制,是实现农地适度规模经营和农地资源分配方式转变的一种值得探讨的可能性途径。然而,如何建立一个合理的农地流转公积金多元筹资机制,如何从理论上测算出农地流转公积金合理的缴存比例,是衡量这一制度设计是否具有科学性、可行性及可持续性的又一关键。为此,本章以农地流转公积金资金筹集的理论分析为基础,结合对农地流转公积金参与主体缴存能力的宏观层面分析,构建农户参与农地流转公积金缴存意愿水平的测算模型,并利用条件价值评估法(CVM)获取的农户微观数据,最后运用 Cox 比例风险模型对样本地区农户参与农地流转公积金缴存意愿的影响因素进行实证分析与缴存比例水平测算,为完善该项公积金制度的筹资机制提供现实依据。

6.1 农地流转公积金资金筹集的理论分析框架

6.1.1 农地流转公积金三方共同缴存的理论分析

从公共产品理论视角出发,依据需求被满足的层次水平差异,社会保障品的公共产品性质随着保障项目向高水平层次递进,其外部性逐渐递减,同时私人产品属性递增,个人的缴费动机随之增强。在农地流转公积金制度设想的政策激励与保障机制设计中,一方面,对转入农地发展适度规模经营的农户提供农业经营性补贴和政策性贷款等激励政策;另一方面,对农地转出方提供失地失业期间的基本生活保障金和用于保障其农业再就业的小额政策性贷款,以及对参与农户退休后的补充养老保障。

国家层面,农业的公共产品性质和农民的弱势地位决定了国家需要对转入农地发展适度规模经营行为给予相应的政策性激励,以减小农业生产经营中的正外部性和保障国家粮食安全;而完善对农地转出(退出)方基本生存权利保障是实现农地适度规模化经营的前提,农地流转公积金制度设想针对农地转出方失地失业的生存型农业再就业保障和补充型养老保障,均属于不同层次的社会保障品项目,直接关系到城镇化和农业现代化发展中的社会和谐稳定。因此,建立在农地市场化流转政策激励与保障机制设计基础上的农地流转公积金制度保障内容也同样具有一定的准公共产品性质,这就决定了其生产和消费不能完全由市场机制来解决,需要政府的行政干预,以保障该项公积金的保障产品和服务有效供给,化解农地市场化流转的社会风险。

集体层面,在我国集体所有制经济下,农村集体经济组织是除国家以外对农地拥有所有权的唯一组织单位,村集体不仅承担着农村公共产品供给的职能,同时在农地市场化流转中对集体经济组织中成员的生存、发展权利保障需担负一定的责任。农地市场流转中,集体经济组织与其成员之间的利益关系也是相辅相成的,一方面,集体为成员农户缴存农地流转公积金,这一准公共产品供给方式既可以为农户农地适度规模经营提供资金支持,也为农户离地后的基本生活提供了一定保障,使集体成员的权益得到了有效保障;另一方面,在集体经济组织的激励与保障政策条件下,农户参与农地市场化流转的积极性会提高,有利于活跃村级农地市场,加速村级范围内的农地市场化流转和农业适度规模经营,进而推动集体经济实力的发展壮大。

农户层面,当农户对农地流转公积金的上述激励和保障政策项目产生需求时,其缴费动机也会随之产生,但农户受自身支付能力和水平限制,也无力独自承担,并且在缺少政府补贴激励下,农户参与该项公积金缴存的积极性也会受到影响。

此外,目标导向的内在一致性是三方主体共同参与农地流转公积金缴存的内在原动力。具体表现为(如图6-1所示):微观层面,个体农户家庭参与农地流转公积金缴存的目标取向是实现自身农地经营发展和转出农地的基本生存权利保障;中观层面,以成员农户农地适度规模经营和权利保障的目标实现为前提,追求组织自身的经济发展和壮大;宏观层面,国家在农地市场化流转中要实现农业适度规模经营、粮食安全与农民各项权利得到保障,依赖于农村中每个集体经济组织单元的目标达成。受当前经济发展水平制约,政府财政、集体经济组织或农户个体任何一方主体经济能力都难以负担农地流转公积金的全部运转资金。基于此,建立国家补助、集体资助、农户自助的三方共同分担的多元筹资机制,是农地市场化流转中三方主体目标导向的内在驱动,也是确保农地流转公积金制度设想的激励与保障机制长效运转的重要基础。

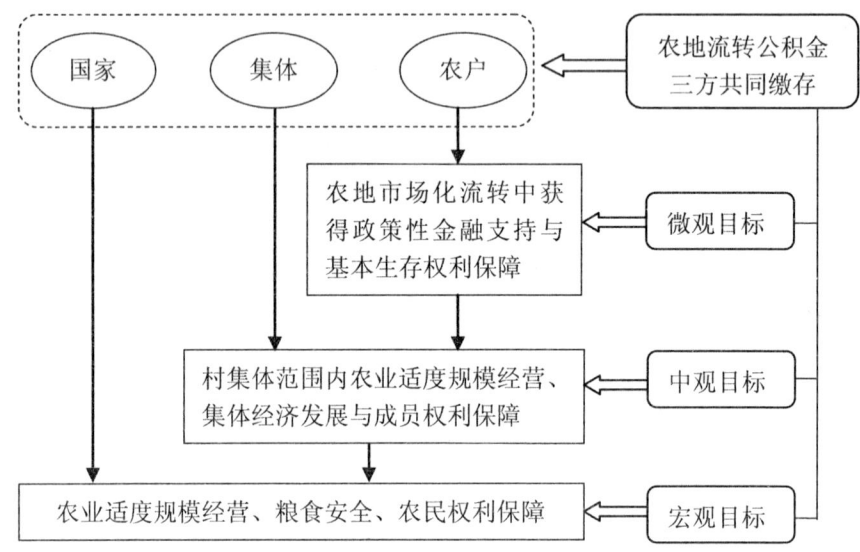

图 6 - 1　农地流转公积金三方共同缴存的目标取向

6.1.2　农户参与农地流转公积金缴存的理论分析

从风险金理论视角分析,农地市场化流转过程中,农地转入方将面临较大规模农地经营的自然风险,农地转入的市场价格、交易及竞争风险,农产品销售、管理等市场经营风险。农户转出或退出方则会面临失去农地的基本生计、农业就业、养老等基本权利实现与保障风险,农地流转的市场价格、交易、竞争风险等。此外,农地流转双方还同时面临着包括农地流转相关政策、管理及产权制度等在内的制度风险,以及公权力过度干预、寻租等风险。然而,作为微观个体的农户家庭,对农地市场化流转的风险抵御和承担能力都十分有限,因此本书假定农户对风险的偏好为厌恶型。其次,假设农地对农户的保障效用水平为 $\overline{Q}$,在农地市场化流转中,农户通常宁愿接受一个确定性的保障效用水平 $\underline{Q}$,而不愿接受一个均值为 $\overline{Q}$ 的随机性保障效用。为了得到确定性的保障效用水平 $\underline{Q}$,农户一般愿意从农地流转或家庭收入中支付一定数额的金钱,用于保障其农地市场化流转后的生产、生活顺利进行。

从风险理论角度分析,这部分用于保障农地市场化流转后生产、生活资金为农户农地流转风险保障金,而从农地流转政策激励与保障机制构建视角,可将这部分资金视为农地流转公积金的农户自筹部分。与风险金相比,农地流转公积金还具有以下优势:不仅可以用于防范农地市场化流转的诸多风险,还可以兼具农地政策性、保障性金融服务功能;将财政政策和金融政策相结合,既实现了对新型农业经营主体的政策倾斜,又保障了农户的基本生存权利,还能够使农地市场化流转中的外部性问题内部化、内部性问题明确化,最终实现农户在农地市场化流转中"出有保障、入有支持"的激励政策与自由选择和基本权利保障。

6.2 农地流转公积金参与主体的缴存能力分析

6.2.1 国家财政缴存能力分析

从国家财政支农总体情况来看,资金投入逐年增加。2007 - 2012 年间,国家财政支农支出总额达 51374.9 亿元,其中 2012 年国家财政用于农业支出达到了12286.6 亿元,是 2007 年的 2.8 倍,年均增幅为 23%,其中财政支农资金占国家财政支出总额比重也从 2007 年的 8.7% 上升至 2012 年的 9.8%。但从国家平均农业补贴水平来看,我国农业补贴水平与发达国家相比仍然偏低,因而农业补贴还有较大的提升空间。以 2007 - 2009 年经济合作与发展组织(Organization for Economic Co - operation and Development,简称 OECD)国家的平均农业补贴率水平为例,平均水平为 21.7%,其中挪威为 61.1%,韩国 62.1%、日本 47.3%、欧盟23.3%,而我国只占 9.1%(朱满德和程国强,2011)。从加入 WTO 以后我国的农业政策来看,目前黄箱政策补贴日益逼近世贸协定下的 8.5% 上限,但不受世贸规则限制的绿箱支持政策还有较大发展空间。从近年来土地财政收入来看,政府土地增值收益获利空间过大,需要通过转移支付来平衡利益关系。根据 1999 - 2011年数据显示,政府土地非税收入占地方财政收入比重从 9.3% 提高至 61.2%(汪利娜,2014),增长了近 52 个百分点。以上数据表明,我国农业财政转移支付水平总体呈上升趋势,且还有较大的增幅空间,而土地财政收入不合理的分配格局亟待通过新的政策性补贴方式进行二次合理化分配。因此,就目前我国财政支农情况来看,已具备进行农民农地流转公积金财政转移支付的能力和空间。

6.2.2　集体经济组织缴存能力分析

农地流转公积金的集体缴存部分资金主要来源于村集体经济组织的收入。根据《村集体经济组织会计制度》(财会〔2004〕12 号)第二十六款规定,村集体经济组织收入主要包括村集体经济组织的经营收入、发包及上交收入、农业税附加返还收入、补助收入及其他收入。从农村集体经济的收入来源构成来看,可将其划分为生产经营性收入和非生产经营性收入两部分。村集体的生产经营性收入主要包括村集体的经营收入、发包及上缴收入、投资收益等,这部分收入相对具有可持续性;而村集体的非生产经营性收入则相对不具有可持续性,主要包括土地征用补偿和财政补助等。

表 6-1　2011-2014 年全国村级集体经济组织收入状况(单位:亿元)

项目	2014 年		2013 年		2012 年		2011 年	
	总额	村均	总额	村均	总额	村均	总额	村均
经营性收入	1405.4	24.0	1411.8	24.0	1366.5	23.2	1310.7	22.2
发包及上交收入	733.4	12.6	735.7	12.5	700.3	11.9	674.4	11.4
投资收益	126.0	2.2	111.3	1.9	98.4	1.7	93.8	1.6
各级财政补助收入	775.7	13.3	692.5	11.8	590.3	10.0	506.5	8.6
其他收入	965.4	16.5	920.5	15.7	820.6	13.9	779.5	13.2
全国村级集体经济组织总收入	4005.9	68.6	3871.8	66.0	3576.1	60.7	3364.9	57.0

数据来源:农业部:《村级集体经济组织收支情况》(2011-2014)。

注:集体经济组织总收入 = 经营性收入 + 发包及上交收入 + 投资收益 + 补助收入 + 其他收入。

从统计数据来看,2011-2014 年全国村级集体经济组织总收入呈逐年上升趋势,但经营性收入比重呈逐年递减,政府补助收入比重有较大浮动增长(如表 6-1 所示)。其中,2014 年全国村级集体经济组织总收入 4005.8 亿元,村均 68.5 万元,比 2011 年增长了 20.4%,其中经营性收入占总收入的比重从 2011 年的 39%,降到 2014 年的 35.1%,下降了 3.9 个百分点;而各级财政补助收入占总收入的比重则从 2011 年的 15.1%,增长到 2014 年的 19.4%,上升了 4.3 个百分点。

2011－2014 年全国村级集体经济组织总支出呈持续小幅增长趋势(如表 6－2 所示),但总体低于其总收入水平。其中,2014 年集体经济组织的经营支出有明显下降,比 2013 年下降 7.3%,而管理费用支出保持平稳增长,2014 年管理费用达到 766.5 亿元,比 2011 年增长 18.3%。

表 6－2　2011－2014 年全国村级集体经济组织支出状况(单位:亿元)

项目	2014 年		2013 年		2012 年		2011 年	
	总额	村均	总额	村均	总额	村均	总额	村均
经营支出	864.4	14.8	937.0	16.0	910.9	15.4	901.0	15.3
管理费用	766.5	13.1	738.1	12.6	701.5	11.9	647.8	11.0
其他支出	1055.5	18.1	992.2	16.9	854.3	14.5	781.5	13.3
全国村级集体经济组织总支出	2686.5	46.0	2667.3	45.4	2466.8	41.8	2330.2	39.6

数据来源:农业部:《村级集体经济组织收支情况》(2011－2014)。

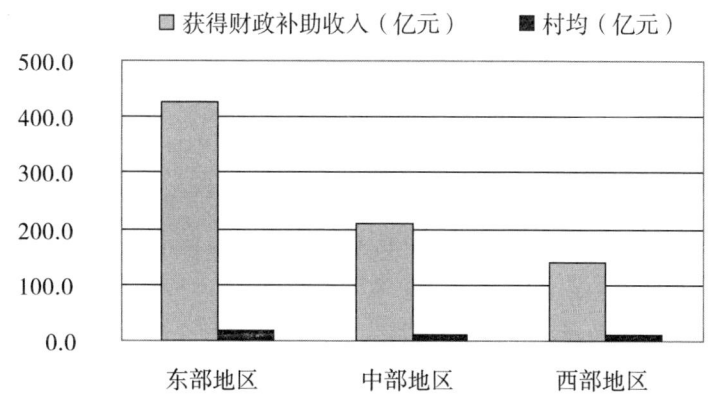

图 6－2　2014 年各地区村集体经济组织获得财政补助收入情况

数据来源:农业部:《村级集体经济组织收支情况》(2014)。

注:图中数据以全部统计 30 个省、区、市(不含西藏)的 58.4 万个村为总样本。

从 2014 年各地区村集体经济组织获得财政补助收入的情况来看(如图 6－2 所示),东部地区农村集体经济组织获得的财政补助收入要明显高于中、西部地区。集体经济组织经营收益状况方面,2014 年集体经济组织经营收益水平低下(如图 6－3 所示)。其中,在被统计的样本村中超过半数村集体经济组织无经营收益,经营收益在0－5万元和5万元以上的比重分别为21.7%、23%。

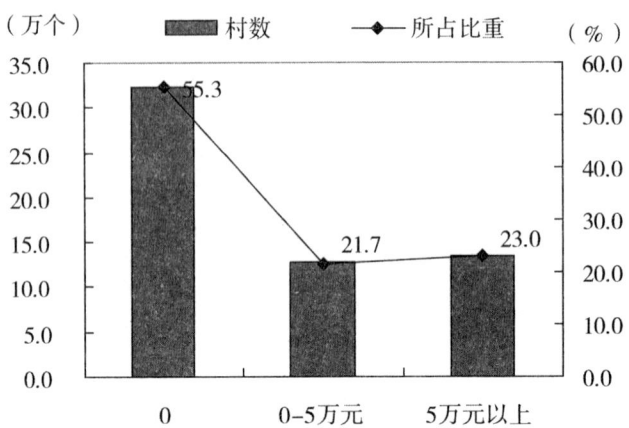

图6－3　2014年村集体经济组织经营收益状况

数据来源:农业部:《村级集体经济组织收支情况》(2014)。

注:图中数据以全部统计30个省、区、市(不含西藏)的58.4万个村为总样本;集体经济组织的经营收益＝经营收入＋发包及上交收入＋投资收益－经营支出－管理费用。

综合以上统计数据可以发现,目前全国大部分地区农村集体经济薄弱,多数农村集体经济处于"空壳"或收入微薄的状况,且农村集体经济组织收入结构中,非生产性经营收入所占比重较高,且半数以上集体经济组织无经营收益,这在一定程度上增加了农地流转公积金集体缴存部分资金来源的不稳定性和不可持续性。尽管各地区农村集体经济水平总体偏低,且地区间存在较大差异,但我国农村产权制度股份制改革的不断推进,将为农地流转公积金集体缴存模式开拓新的筹资渠道。截至2014年底,完成产权制度改革的村4.7万个,占全国总村数的7.8%,其中,已实现产权制度改革的村量化资产总额占村级账面净资产总额的30.7%(农业部经管总站体系与信息处,2015)。结合当前农村集体资产股权化和土地股份合作制改革实践,通过集体资产或农地承包经营权股份量化后的股权集体收益部分中一定比例资金可用于农民农地流转公积金缴存。实践中也有类似做法,如南海模式的土地股份合作制股权收益分配中,就设置了61%的集体积累股作为集体再生产与社员福利等基金部分(王小映,2003);上海市奉贤区拓林镇绿都农业合作社农地股权收益中就提取了不低于10%的公积金用于合作社事业发展保障(于华江和王刚,2011)。

与上述做法不同的是,集体股权收益缴存于农户农地流转公积金账户,不仅可以作为成员农户农地适度规模经营融资的初始本金,还可以作为成员退出农地后的基本生活与养老保障金。此外,相比在村社中的公积金或福利基金设置,集体为农民缴存农地流转公积金还具有以下优势:首先,由农地流转公积金专门管理机构对农民集体股权收益保障金进行管理运作,资金用途管理上更加专业化、科学化,同时可以确保这部分资金落实到农户账户,更加公平、透明;其次,通过农地流转公积金广泛进行资金归集,可以整合当前农地流转市场有限资金量,使其在更大范围和程度上实现对农民农地适度规模经营资金自助与互助,及其退地后基本生活的保障。

6.2.3　农户缴存能力分析

农村居民收入水平一定程度上决定了农户参加农地流转公积金缴存的能力,家庭人均收入水平越高,农户可用于农地流转公积金缴存的资金相对越充足。自2006年中国全面取消农业税以来,农村居民收入状况得到了显著改善,加之近年来出台的一系列支农惠农政策,农民收入呈现多年持续稳定增长趋势。如图6-4所示,农村居民家庭人均纯收入在2005-2014年间一直保持快速增长,依据2005-2014年国民经济和社会发展统计公报数据显示,2014年农村居民人均纯收入已达到9892元,比2005年增长了近3倍,年均增长率达到9.1%。

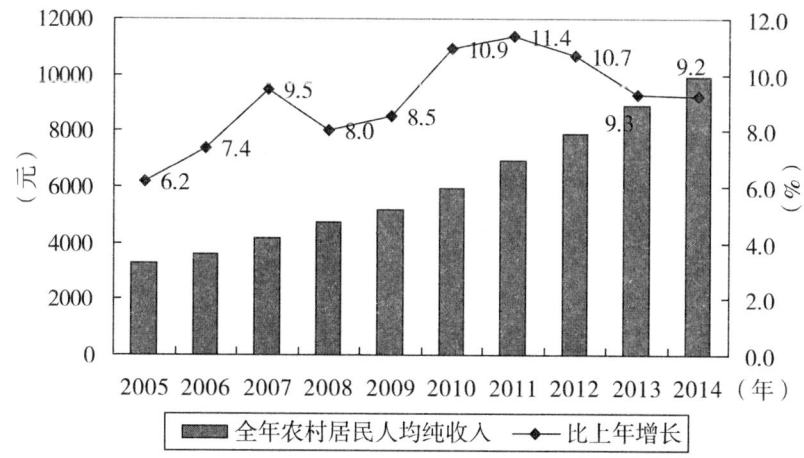

图6-4　2005-2014年中国农村居民人均纯收入及年增长速度

数据来源:国家统计局:《国民经济和社会发展统计公报》(2005-2104)。

表6-3 2005-2014年中国城乡居民人均收支状况对比

年份	农村居民			城镇居民		
	人均纯收入 (元)	人均消费性 支出(元)	支出/收入 (%)	人均可支配 收入(元)	人均消费性 支出(元)	支出/收入 (%)
2005	3255	2555	78.49	10493	7943	75.70
2006	3587	2529	70.50	11759	8697	73.96
2007	4140	3224	77.87	13786	9997	72.52
2008	4761	3661	76.90	15781	11243	71.24
2009	5153	3993	77.49	17175	12265	71.41
2010	5919	4382	74.03	19109	13472	70.50
2011	6977	5221	74.83	21810	15161	69.51
2012	7917	5908	74.62	24565	16674	67.88
2013	8896	6626	74.48	26955	18023	66.86
2014	9892	8383	84.75	28844	19968	69.23

数据来源:国家统计局:《国民经济和社会发展统计公报》(2005-2104)。

注:收入/支出经计算而得。

从城乡居民人均收支的对比来看(见表6-3),2005-2014年城镇居民人均可支配收入和人均消费性支出水平总体显著高于农村居民,城乡居民收支状况还存在明显差距。从收支比例上看,农村居民人均消费性支出占人均纯收入的比例呈波动上升趋势,年均比例在76%左右,而城镇居民这一比重十年间呈总体下降趋势,年均比例约为71%,可见农村居民人均消费性支出占比总体要略高于城镇居民。总体上,城乡居民剩余可支配收入比重差距较小,在不影响农村居民生计的情况下,将其家庭剩余可支配收入中的一定比例资金用于农地流转公积金缴存的条件已具备。

由于各地区之间及同一地区不同农户家庭之间的农村居民收支状况都存在差距,因此需要对不同收入水平农村居民家庭人均收支状况和农地流转公积金缴存能力做进一步分析。农村居民的收入构成中主要包括实物收入和现金收入,其中现金收入可以形成实际购买力或支付能力,因此本书选取农村居民人均总收支和人均现金收支指标进行农户农地流转公积金缴存能力宏观考察。以2012年的数据为例,采用国家统计局的统计标准对农村家庭收入分组方法,按照各占20%的比例,将所有调查农户按照收入水平分成五等。如表6-4所示,中等及以上收入组农村居民家庭人均总收支和现金收支差额均为正值,表明其人均总收支和人均现金收支都有一定结余,而中等偏低户和低收入农户家庭的人均总收入和人均现金收入都略低于人均总支出和人均现金支出水平,收支差额为负值。由此可见,中等偏下户和低收入户农户家庭尚不具备进行农地流转公积金缴存的经济能力,而中等收入户及以上收入水平近60%的农户家庭已经具备了不同程度的农地流转公积金缴存能力。

表6-4　2012年中国不同收入组农村居民家庭人均收支基本情况

项目	高收入户	中等偏上户	中等收入户	中等偏下户	低收入户
人均总收入	25037.18	13171.03	9468.63	6823.00	4878.32
人均总支出	17718.03	10685.38	8402.90	6859.81	6573.27
人均总收支差	7319.15	2485.65	1065.73	-36.81	-1694.95
人均现金收入	23575.41	11851.54	8207.59	5679.72	3948.61
人均现金支出	17130.57	10042.95	7738.08	6188.47	5933.30
人均现金收支差	6444.84	1808.59	469.51	-508.75	-1984.69

数据来源:《中国统计年鉴》(2013)。

此外,从农村居民家庭收入结构来看,家庭收入中较高的非农收入占比,也为农户农地流转公积金缴存奠定了经济基础。《2014年中国农村金融发展报告》显示,2013年,农村居民家庭总收入均值为36560元,其中非农收入占农村家庭总收入的比例为78.3%,而农业收入仅占21.7%。[1] 但由于中、东、西部农村居民收入水平存在明显差距,农民整体收入水平偏低,并且其农业或非农收入来源都具有一定程度上的不稳定性,因而农户农地流转公积金缴存尚不具备进行强制储蓄条件(类似于城镇住房公积金按月扣取工资方式),因而实行自愿缴存方式更符合农村具体实践与民意,同时也有利于降低农地流转公积金制度的实施成本。结合当前农地流转和农地股份制改革实践,农户也可以将其农地流转后的租金收益或承包经营权入股所获得的每年收益分红中一定比例资金用于家庭农地流转公积金

---

[1]　资料来源于中国县域社会经济网(http://www.xyshjj.cn/bz/xyjj/qb/201503/75538.html)。

缴存。为调动农户自愿参与该公积金的积极性,依据经济条件地区财政可按
1:0.5和1:1或者更高比例向农户农地流转公积金账户配套发放补贴资金形式
以鼓励农户参与。

6.3 农户参与农地流转公积金缴存意愿水平的测算模型构建

6.3.1 相关文献回顾

现代化的过程往往伴随着政治上的动荡(塞缪尔·亨廷顿,2008),如拉美国
家城市化滋生大量贫民窟,引发黄赌毒等诸多社会问题与矛盾。中国社会正在经
历着经济快速发展和城市化,超过2亿的农民工在城乡间往返迁移,却没有出现
变化社会中的政治动荡和贫民窟现象,根本原因是均分地权的土地制度,为农民
进城发展提供了物质基础和返乡后的生存保障,使中国农民"进得了城,返得了
乡"。然而,农民为了获得农地稳定的保障,在农村劳动力非农化流转过程中出现
了"人动地不动"的现象,使农村人地矛盾固化(罗必良等,2012),部分农地被闲
置甚至撂荒,农地资源得不到有效利用,也难以实现集中连片流转和适度规模经
营,最终影响农业现代化、城镇化进程。上述问题看似是一个悖论,即固化的人地
关系维护了社会稳定,却阻碍了农地市场化流转,实则是在既有农地制度背景下,
农民基于农地实物性质的保障功能如何向货币化社会保障方式转变的问题。实
现农地保障方式货币化转变,是市场经济发展的客观要求,也是农地生产性功能
得以释放,农村劳动力顺利向城镇转移,农业现代化与城镇化同步协调发展的重
要基础。

学者们针对农地保障方式转变问题进行了理论与实践的路径探讨。第一种
思路是"土地换社保",如卢海元(2003)提出"土地换保障"的思路来妥善解决失
地农民就业与社会保障问题;郑雄飞(2009,2010)分别从他物权和资源角度,论证
了"土地换保障"的合法性,同时又指出基本保障不可换,补充保障可以换;但在当
前相关法律法规尚不健全完善的条件下,有可能成为损害农民权益的"另类"途径
(王瑞雪,2007)。第二种思路是"以农地资本化促农地保障方式转变",农地资本
化的本质是农地所有权资本化(葛扬,2007),主要形式包括租赁、股份合作、信
托、证券等(黎翠梅,2007)。其中,农地股份合作制被认为是实现农地适度规模经

营和农民利益保障的有效途径(肖端,2013),但其较高的实施成本(王小映,2003),对成员自由退出权、股权转让流通等诸多条件限制(钱忠好和曲福田,2006),及农地股权委托–代理关系中的道德风险问题(刘愿,2008)等都决定了这一制度并不具有普适性。

　　上述以农地资本化方式来实现农地实物资产价值的货币化流通的思路,为农地实物性保障最终向社会化、制度化保障的变迁创造条件,但受当前地区经济发展水平和农地产权制度制约,通过农地资本化来实现农地保障方式转变,短期内难以全面实现。借鉴城镇住房改革中住房实物分配向货币化分配方式转变的成功经验,结合农村土地流转具体实践,本书提出的农地流转公积金制度设想是解决农地市场化流转和农地保障方式转变的一种值得探讨的可能性途径。其核心思想是通过国家、集体、农民共同缴存农地流转储蓄金的形式,促进农地资源配置逐步向市场化、货币化转型,并以"退有保障、进有支持"为基本思路进行农户农地流转政策激励与保障机制构建。然而,在农地流转公积金制度设想中,作为重要参与主体的农户,其农地流转公积金缴存意愿水平如何?在三方分担的缴存机制下,农户愿意负担的缴存比例是多少?农户的缴存意愿受到哪些因素的影响?对上述问题的回答成为考量这一制度设想是否具有可行性的关键。

　　梳理现有文献发现,学者们主要对住房公积金、农业保险、新型农村合作医疗等相关保障制度的支付意愿、缴费问题进行了研究。在住房公积金制度缴费问题上,肖作平和尹林辉(2010)运用全国34个大中城市组成的平衡面板数据实证分析了影响我国住房公积金缴存比例的主要因素;夏卫兵和张攀红(2013)利用广州市2011年单位和职工抽样调查数据,实证分析了广州市住房公积金缴存单位和个人的缴存行为与住房公积金缴存额之间的关系。在农业保险缴费问题上,满秀宁等(2006)和于洋等(2011)分别以新疆玛纳斯河流域棉花保险和辽宁省盘山县水稻保险为例,采用Cox比例风险模型对农户在不同保障水平下农业保险制度的支付意愿及其影响因素进行了实证分析。在新农合支付意愿问题上,陈华(2011)利用未定权益估值法,采用Cox比例风险模型估计出了影响农民对新农合支付意愿的主要影响因素,并测算了两种不同的新农合补偿方案下农民的支付意愿值。

　　已有相关保障制度的支付意愿研究,为本书提供了重要参考与借鉴,但还存在以下不足:第一,缺少对现有公积金制度的支付意愿和缴存比例测算研究,特别是农地流转公积金制度的缴存意愿研究还是空白。第二,已有CVM方法多用于以消费者对某项非市场商品的评价或消费意愿研究,如生态环境价值、农业或医疗保险费用等,将具有特定保障功能的公积金作为准公共物品属性,即非市场商品,采用CVM进行参与主体支付意愿的研究不足。基于此,本书采用多界二分选择问卷方式的条件评价法(CVM)获取了9省27个县(区、市)的农户问卷调查数据,并将农户农地流转公积金缴存意愿水平分为横向、纵向两个维度指标,即农户意愿缴存占三方共同缴存的比例与农户意愿缴存占家庭年人均纯收入的比例,利用Cox比例风险模型分别对上述两个维度指标的影响因素进行实证分析及缴存比例测算,从微观农户缴存层面深入探讨了农地流转公积金制度的可行性,为开拓农地保障方式转变的解决思路和完善农地流转公积金制度设想提供了有益参考。

6.3.2　测度指标选取

依据本书所要探讨的问题,并结合上述理论分析,本书将农户农地流转公积金缴存意愿水平分为横向和纵向两个维度指标进行测度,以便更加清晰地反映农户主观缴存意愿水平。

首先,将农户意愿缴存占三方共同缴存的比例作为农户农地流转公积金缴存意愿水平的横向测度指标。其主要原因是:农地流转公积金制度设想的资金来源主要由国家、集体和农户三方缴存构成,如何确定三方在该项公积金缴存中的比例是其中的一个关键问题,这直接关系到资金来源的可行性和稳定性;基于理性经济人假设,在农地流转公积金缴存意愿征询中,理性农户会根据自身及外部条件,在其自身缴存农地流转公积金占三方共同缴存的比例中,做出符合自身效用最大化的决策。因此,从参与主体农户视角出发,征询农户在农地流转公积金三方共同缴存中意愿缴存的比例水平,可以为合理确定农地流转公积金三方共同缴存比例提供参考依据。

其次,将农户意愿缴存占家庭年人均纯收入的比例作为农户农地流转公积金缴存意愿水平的纵向测度指标。主要出于以下原因:在现有产权制度下,农地资源的配置方式是以家庭为单位由农户承包经营,并且农业具有生产周期长、见效慢、经营收益波动性大等特点,这就决定了农地流转公积金采取按农民个人或按农业经营收益逐月缴存的方式不具有现实可行性,以家庭为单位逐年缴存的方式更为合理;而家庭年人均收入水平是综合反映农户家庭年度经济水平的重要指标,依据家庭年人均纯收入水平进行相应比例的农地流转公积金农户缴存意愿水平征询,一方面,便于农户根据自身经济状况,直观地做出符合自己效用最大化的意愿缴存水平的选择;另一方面,有利于扩大农户农地流转公积金资金归集范围,不局限于农地承包经营权流转收益或农业生产经营收入领域,也不局限于仅从事农地经营活动的农户家庭。

6.3.3 研究假设与变量选取

效用最大化是理性农户参与农地流转公积金缴存意愿水平的行为决策目标,而农户参与农地流转公积金缴存意愿又会受到农户户主及家庭特征、农地流转风险认知、对农地流转公积金制度的评价及地区特征等因素的不同方向和程度影响。据此,本书提出如下研究假设:

假设1:在户主特征变量中,户主受教育程度正向影响农户农地流转公积金缴存意愿,而户主年龄的影响方向不确定。

户主通常在以家庭为单位的经济决策中起主导作用,因此农户户主的基本特征一定程度上会影响农户农地流转公积金缴存意愿水平。户主受教育程度影响着农户对农地转入、转出的风险认知和对农地流转公积金制度设想保障内容的理解程度。一般来说,户主受教育程度越高,越容易形成农地市场化流转风险保障意识,对农地流转公积金制度的保障功能作用和重要性的理解程度更高,因而其农地流转公积金缴存意愿可能更强。理论上,较为年轻的户主,对农地流转公积金制度设想这一新事物的认知和接受能力相对较强,因而其参与农地流转公积金缴存的意愿可能较高。但户主年龄越大,对农地流转中的风险抵御能力可能相对越低,风险偏好越倾向于厌恶型,越希望通过农地流转公积金制度获得农地市场化流转的风险保障,因而参与农地流转公积金缴存的意愿可能越强。所以,户主年龄对农户参与农地流转公积金缴存意愿的影响尚不明确。

假设2:在农户家庭特征变量中,家庭年人均纯收入、家庭农业收入占比、家庭农地经营面积与农地经营资金借贷需求等变量对农户农地流转公积金缴存意愿具有正向影响。

家庭年人均纯收入是反映农户农地流转公积金缴存能力的重要指标。家庭年人均纯收入水平越高,农户可支配收入也就越多,用于抵御农地市场化流转风险的保障资金相对越充足,因而其农地流转公积金的缴存意愿也会越高。农业收入占家庭总收入的比重一定程度上可以反映农户对农地经营保障作用的依赖程度。通常,家庭农业收入占比越高的农户,对农地保障作用的依赖程度就越高,当农地保障形式能够应对现有各种风险时农民会认同原有的保障形式,而当农户失去农地或面临更大风险时则会对新的保障形式提出要求(耿永志,2011)。因此,当农地流转公积金制度设想能够满足其农地市场化流转的风险保障需求时,农户缴存意愿也相对较高。家庭农地经营面积越大的农户,农地经营风险和资金需求也相对越大,对农地流转公积金提供的农地适度规模经营农业经营性补贴和政策性贷款等内容的需求越强,为获得上述政策保障,农户参与农地流转公积金缴存的意愿也越高。在当前农村正规金融机构对农地流转及适度规模经营资金借贷支持相对有限的情况下,有农地经营资金借贷需求的农户,更希望通过农地流转公积金获得转入农地的经营性补贴、政策性贷款和转出农地后的小额政策性贷款支持,其农地流转公积金缴存意愿可能更高。

假设3:在农地流转风险认知变量中,农户对转入和转出农地的风险认知正向影响其农地流转公积金的缴存意愿,参加农业保险和新农保的经历负向影响农户农地流转公积金缴存意愿。

由于农户个体间经济社会条件和风险偏好存在差异,因而其对农地流转中的风险认知也有所不同。对转入农地扩大经营规模或转出(退出)农地后失业或基本生活、养老等存在风险顾虑的农户,更希望获得农地流转公积金的制度化保障,因而农地流转公积金的缴存意愿可能越强烈。而参加了农业保险和新农保制度的农户,农地生产经营中的风险与老年基本生活一定程度上得到了保障,相比没有参加这两项保险的农户,他们对农地流转公积金的保障功能需求程度可能较弱,因而参与农地流转公积金缴存的意愿可能更低。

假设4:在农户对农地流转公积金制度的评价及地区特征变量中,农户对该制度保障内容是否满意、对该制度在所在村试点的态度和地区经济发展水平正向影响农户农地流转公积金的缴存意愿。

农户对农地流转公积金制度的评价主要包括该制度的保障内容和实践运行两个层面:农户对这一制度保障内容的满意度越高,说明该制度保障内容设想越符合农户的利益诉求,其参与该项公积金缴存的意愿就越高;而农户对该制度在所在村试点的态度,反映了农户对该制度在实践运作中的支持程度,农户对这一制度在所在村试点表示越支持,说明农户参与该项公积金缴存的意愿可能越高。地区经济发展水平反映了地区间农户的缴存能力和收入水平的差异,地区经济发展水平越高,代表所在地区农村居民人均收入水平越高,农户农地流转公积金缴存能力和意愿可能相对越强。

表6-5　变量的含义与描述性统计分析结果

变量名称	变量定义	均值	标准差	预期方向
是否愿意缴存农地流转公积金	否=0；是=1	0.657	0.475	
农户意愿缴存占三方共同缴存的比例	观测值(%)	17.320	15.103	
农户意愿缴存占家庭年人均纯收入的比例	观测值(%)	6.224	6.375	
户主特征				
户主年龄	实际观测值(周岁)	50.030	10.759	+/-
户主受教育程度	小学及以下=1；初中=2；高中及以上=3	1.746	0.733	+
家庭特征				
家庭年人均纯收入的自然对数	2013年全年家庭人均收入的自然对数	8.864	0.847	+
家庭农业收入占比	2013年农业收入/家庭总收入	0.403	0.231	+
家庭农地经营面积	实际值(亩)	8.885	18.342	+
农地经营资金借贷需求	否=0；是=1	0.383	0.486	+
农地流转风险认知				
农户转入农地的风险认知	您对转入农地扩大经营规模是否存在风险顾虑？否=0；是=1	0.553	0.498	+
农户转出农地的风险认知	您是否担心农地转出(退出)后失业或基本生活和养老无保障？否=0；是=1	0.673	0.469	+
是否购买农业保险	否=0；是=1	0.361	0.481	-
是否参加新农保	否=0；是=1	0.629	0.484	-
对农地流转公积金制度设想的评价				
对该制度保障内容是否满意	1=非常不满意；2=比较不满意；3=一般；4=比较满意；5=非常满意	3.496	1.075	+
对该制度在所在村试点的态度	0=不支持；1=支持	0.677	0.468	+
地区特征				
地区经济发展水平	县(区)人均地区生产总值；2万元以下=1；2万-4万元=2；4万元以上=3	1.905	0.691	+

注：①除受访农户户主年龄、家庭农业收入占比、家庭农地经营面积、家庭年人均纯收入

的对数为连续变量外,其余变量为分类变量,因此进行哑变量化。②二分类变量的对照组均为 =0;多分类变量的对照组均为 =1。

结合本书拟解决的问题及研究假说,从影响农户农地流转公积金缴存意愿的五个方面因素进行模型的自变量选取,并将变量的描述性统计归纳于表 6 – 5。

6.3.4 问卷设计、数据来源及样本描述

(1)问卷设计。条件价值评估法(Contingent Valuation Method,CVM)是一种用于衡量不能够进行直接市场交易的商品或服务价值的研究方法,有利于为相关公共政策制定提供决策依据。因此,本书通过构建虚拟的农地流转公积金制度的市场环境,采用 CVM 获取农户对农地流转公积金的缴存意愿(WTP)数据,有利于为探索这一制度设想的可行性及缴费水平设定提供决策依据。为使 CVM 运用达到较好效果,本书的调查问卷借鉴相关支付意愿问题研究经验,并结合本书所要解决的问题,设计了农户农地流转公积金缴存意愿的 CVM 问卷由四个部分组成:(1)户主及农户家庭特征情况,包括户主年龄、户主受教育程度、户主职业、家庭年人均纯收入水平、家庭农地经营面积及地区经济发展水平等,主要是为了了解样本农户的户主及其家庭的基本信息。(2)受访者对农地流转的风险认知,包括农户转入的风险认知和转出农地的风险认知、是否购买农业保险、是否参加新农保等,目的在于唤起被调查者对农地流转的风险保障意识。(3)受访者对农地流转公积金制度的评价①,包括农户对该制度保障内容的满意度,以及是否支持该制度所在地区试点,目的在于引出本次调查所要展开的核心话题。(4)价值引导部分,采取多界二分式中的单向递减询价模式,询问受访者对农地流转公积金的缴存意愿水平。具体步骤为:首先在受访者回答有参与农地流转公积金缴存意愿的情况下,询问在农户意愿缴存占三方缴存的比例和占家庭年人均纯收入比例的最高比例值上是否愿意缴存,若其回答"愿意",即停止询问;否则继续询问在次高的缴存

---

① 由于农地流转公积金制度设想尚在理论探索阶段,因此在农户意愿征询中,首先向农户解释说明这一制度设想的内容,具体解释为:"农地流转公积金制度(类似于城镇住房公积金)是由国家、集体和农户三方共同缴存的农地流转储蓄保障金,该公积金的资金主要用于农地流转、农地适度规模经营与农户转出(退出)农地基本生存权利的保障,所有权归农户。"调查过程中,为便于农户理解,针对样本农户流转具体情况,对农地流转公积金的功能作用再做进一步解释说明。

比例上农户是否愿意,直至受访者回答"愿意"或所有缴存比例值被询问完毕为止。根据课题组于 2014 年 6 月在陕西省杨凌示范区先后进行的两次问卷与访谈相结合的预调查,结合随机抽取的约 30 户农户的调查结果,对农户农地流转公积金缴存比例值进行了多次修正,最终将农户缴存农地流转公积金占三方缴存的比例值确定为:50%、40%、30%、20%、10%,农户缴存农地流转公积金占家庭年人均纯收入的比例值确定为:25%、20%、15%、10%、5%。

表 6-6 样本特征描述

	分类	样本数(个)	比例(%)		分类	样本数(个)	比例(%)
户主性别	男	470	94.8	2013年家庭年人均纯收入	5000 元以下	123	24.8
	女	26	5.2		5000-10000 元	102	20.6
户主年龄	35 岁及以下	32	6.5		10000-15000 元	128	25.9
	36-45 岁	131	26.4		15000-20000 元	63	12.7
	46-55 岁	186	37.5		20000 元及以上	30	6.0
	56 岁及以上	147	29.6	家庭农地经营面积	10 亩以下	392	79.0
户主受教育程度	小学及以下	212	42.7		10-30 亩	75	15.2
	初中	198	39.9		30-50 亩	13	2.6
	高中及以上	86	17.3		50 亩及以上	16	3.2
户主职业	农业	175	35.3	家庭规模	3 人以下	39	7.9
	兼业	187	37.7		3-5 人	379	76.4
	非农业	134	27.0		5 人以上	78	15.7

(2)数据来源。课题组于 2014 年 7 月至 9 月以及 12 月分别对东部(山东省、河北省)、中部(河南省、山西省)、西部(内蒙古自治区、陕西省、广西壮族自治区、重庆市、甘肃省)共 9 个省(区、市)27 个县(市、区)[1]展开了农户问卷调查,以反映不同自然条件和经济、社会发展水平下农户对农地流转公积金的缴存意愿水平。为确保调研数据的真实可靠性,课题组对参与调研人员进行了问卷调查方法、内容的系统培训。按照经济发展水平高、中、低,采取分层与随机抽样相结合

---

① 27 个县(区)同前文表 4-1 所示。

的方法,在省(区、市)、县(市、区)和村中进行逐级抽取样本。此次调查共发放问卷 540 份,回收有效问卷 496 份,其中东部省份 107 份,中部省份 115 份,西部省份 274 份。

(3)样本基本情况。从样本特征(见表 6 - 6)来看,户主以男性为主的样本农户占绝大多数(94.8%);样本农户户主年龄以 46 岁及以上的中老年人为主(67.1%);近83%样本农户户主受教育程度在初中及以下水平;78%样本农户户主职业以农业和兼业为主;近 81% 受访农户 2013 年家庭人均纯收入水平在 1.5 万元以下;家庭农地经营面积在 10 亩以下的受访农户占79%;近76%样本农户的家庭规模在 3 - 5 人。以上样本特征情况表明,此次调查农户样本数据具有一定的代表性。

6.3.5 Cox 比例风险模型构建

本书通过多界二分法获取的农户缴存意愿比例的区间数据,类似于生存分析法(survival analysis)中的删失数据(censored data),而 Cox 比例风险模型则是生存分析中可以有效处理和分析多界二分法得到的截尾数据的一种半参数模型。Cox 比例风险模型最早由英国统计学家 D. R. Cox 于 1972 年提出,由于该模型在进行生存分析时,无须事先确定农户支付意愿分布类型,而可直接分析受访者支付意愿与影响因素的关系,An(2000)和 Michael(2000)均认为其具有灵活的应用性。基于此,本书采用 Cox 比例风险模型实证分析农户农地流转公积金缴存意愿的影响因素。

根据二分法 CVM 问卷调查获取的 WTP 数据与生存分析数据的对应性,构建农户农地流转公积金缴存意愿 WTP 数据的 Cox 半参数比例风险模型。风险函数的一般表达式为:

$$h(wtp) = \lim_{\Delta wtp \to 0} \frac{Prob(wtp - \Delta wtp \leq wtp | p \geq wtp - \Delta wtp)}{\Delta wtp} \quad (1)$$

式(1)中,风险函数 $h(wtp)$ 表示农户对农地流转公积金缴存意愿为某一缴存比例值 p 的概率,是其缴存意愿在区间 $[wtp - \Delta wtp, wtp]$ 上愿意参与缴存,而在 wtp 水平上不愿意参与缴存的条件概率极限。假设农户 i 在支付水平 wtp 上不愿意缴存农地流转公积金的影响因素向量为 $X_i = (x_{i1}, x_{i2}, \cdots, x_{in})$,则农户在缴存水平 wtp 上的风险函数可以表示为:

$$h_i(wtp_j, X_i, \beta_i) = h_0(wtp_j) \cdot \exp(\beta_i X_i) \quad (2)$$

（2）式中，wtp_j 表示农户对农地流转公积金的意愿缴存水平，$j=1$ 时，表示农户意愿缴存农地流转公积金的金额占三方共同缴存的比例，$j=2$ 时，表示农户意愿缴存农地流转公积金的金额占家庭年人均纯收入的比例；$h_0(wtp_j)$ 为影响因素取值为 0 时的基线风险函数；$\beta_i=\beta_1,\beta_2,\cdots,\beta_n$ 表示影响因素向量 X_i 的估计系数向量，表示 X_i 每变化一个单位所引起的在缴存比例为 wtp 上农户拒绝缴存的相对风险度（e^β）改变倍数的自然对数，该系数符号与缴存意愿呈负相关关系，即 $\beta_i>0$ 时表明该影响因素变量取值的增加，会减少农户农地流转公积金缴存意愿，反之，农户缴存意愿增加。

假设 b_i^k 为在第 k 个区间内农户 i 的农地流转公积金意愿缴存水平，由每个区间内的风险函数与生存函数呈对偶关系可知：

$$h(b_i^k,X,\beta)=1-\exp\{1-\int_{b^{k-1}}^{b_i^k}h(b,X,\beta)db\}=1-\exp\{-\exp(\beta X)\int_{b^{k-1}}^{b_i^k}h_0(b)db\}$$

（3）

令 $\gamma=\ln\int_{b^{k-1}}^{b_i^k}h_0(b)db$，并假设农户意愿缴存在区间 $[b^{k-1},b^k]$ 以外的概率为 $1-h_b$，则第 i 个农户在第 k 个区间内相对风险度的似然函数为：

$$L=hb\prod_{b=i}^{k-1}(1-hb)=[1-\exp(X\beta+\gamma)]\prod_{b=i}^{k-1}[\exp(-\exp(X\beta+\gamma))]\qquad(4)$$

令 $f_i=1$ 表示完整区间样本，$f_i=0$ 表示右侧删失样本，则总体样本的相对风险度的对数似然函数为：

$$LnL=\sum_{i=1}^m f_i\{Ln[1-\exp(-\exp(X\beta+\gamma))]-\prod_{b=i}^{k-1}\exp(X\beta+\gamma)\}\qquad(5)$$

6.4 农户参与农地流转公积金缴存意愿的影响因素分析

6.4.1 农户参与农地流转公积金缴存的意愿水平分布

（1）农户农地流转公积金意愿缴存比例分析。表 6-7 中，65.7% 的样本农户农地流转公积金缴存意愿比例大于 0，表明样本地区多数农户有参与该项公积金缴存的意愿。样本农户意愿缴存农地流转公积金的金额占三方共同缴存的比例分布主要集中在 20%-40%，约占样本总数的 44%；而农户意愿缴存农地流转公积金的金额占家庭年人均纯收入的比例则集中分布在 5%-15%，占样本总数的近 50%。

表6-7 农户参与农地流转公积金缴存意愿水平的分布

农户缴存意愿区间(%)	农户缴存占三方共同缴存的比例		农户缴存意愿区间(%)	农户缴存占家庭年人均纯收入的比例	
	样本数(人)	频率(%)		样数(人)	频率(%)
0	170	34.3	0	170	34.3
0~10	5	1.0	0~5	36	7.2
10~20	48	9.7	5~10	131	26.4
20~30	144	29.0	10~15	113	23.8
30~40	74	14.9	15~20	21	4.3
40~50	39	7.9	20~25	14	3.2
50~100	16	3.2	25~100	11	1.8
合计	496	100.0	合计	496	100.0

出现上述结果的原因是,一方面,样本农户出于理性考虑总是希望国家和集体担负其农地流转公积金缴存中的较大比例,从而使自己支付的成本最小化,获得农地流转风险保障效用最大化;另一方面,当样本农户在对农地流转公积金制度保障内容产生实际需求时,为了满足这一需求农户会根据自身家庭经济、社会状况,也会做出其缴存能力范围内的最大缴存比例选择。

(2)农户不愿意参与农地流转公积金缴存的原因分析。意愿问卷调查中,对34.3%受访农户支付意愿水平为0值的原因进行了询问(见表6-8)。其中,家庭收入低而无缴存能力、对该公积金制度能否有效实施存在顾虑和担心家庭农地经营面积较大而缴存费用过高是样本农户不愿意参与该项公积金缴存的主要原因。少数样本农户由于不愿意流转农地或流转后资金和养老、基本生活有保障,而认为没有必要缴存农地流转公积金。

表6-8 农户缴存意愿水平为0值的原因

缴存意愿为0值原因	样本数(人)	频率(%)
家庭收入低,没有缴存能力	48	28.2
家庭经营农地面积较大,担心缴存费用太高	39	22.9
担心农地流转公积金制度设想内容能否有效实施	34	20.0
不愿意流转农地,认为没有缴存必要	21	12.4

缴存意愿为0值原因	样本数（人）	频率（%）
认为转出农地后基本生活和养老有保障	18	10.6
认知适度规模经营资金充足,且风险有保障	6	3.5
其他	4	2.4
合计	170	100.0

6.4.2 农户意愿缴存占三方共同缴存比例的影响因素分析

根据前文设定的农户农地流转公积金缴存意愿水平的两个维度测度指标,本书采用 Stata12.0 统计软件分别对农户意愿缴存占三方共同缴存的比例(WTP1)和其占家庭年人均纯收入的比例(WTP2)的影响因素进行了 Cox 比例风险回归分析。重点考察了农户户主及家庭特征、农地流转的风险认知、对农地流转公积金制度的认知态度及地区特征等因素对农户农地流转公积金缴存意愿的影响。两个模型检验结果显示均通过了联合显著性[①]和多重共线性检验[②]。

从农户意愿缴存占三方共同缴存的比例设定下农户缴存意愿的 Cox 比例风险模型的回归结果(见表6-9)来看,对数似然函数值为 -1512.63,似然比的卡方统计量为 214.13,且在 1% 的水平上显著,表明模型拟合结果良好。

---

① 两个模型的联合显著性结果分别为 $F(16,477) = 172.47(\text{Prob} > F = 0.0000)$,$F(16,477) = 97.28(\text{Prob} > F = 0.0000)$,P 值均小于 0.01,表明两个模型在 P = 0.01 的水平上通过了显著性检验。

② 两个模型中自变量的 TOL 值均大于 0.1,VIF 值均小于 10,说明自变量之间不存在明显的多重共线性问题。

表6-9 Cox比例风险模型回归结果:农户意愿缴存占三方共同缴存的比例(WTP1)

	自变量	回归系数	标准误	风险率	95%的置信区间
农户户主及家庭特征	户主年龄 户主文化程度(对照组:小学及以下)	-0.0020	0.0088	0.9981	[0.9809;1.0155]
	初中	-0.2387	0.2187	0.7877	[0.5131;1.2091]
	高中及以上	-0.6333**	0.2485	0.5308	[0.3262;0.8639]
	家庭年人均纯收入的自然对数	-0.0278	0.1266	0.9725	[0.7588;1.2464]
	家庭农业收入占比	0.6295**	0.2773	1.8767	[1.0898;3.2318]
	农地经营面积	-0.0066**	0.0033	0.9934	[0.9871;0.9998]
	农地经营资金借贷需求	-0.3225**	0.1476	0.7243	[0.5424;0.9672]
农地流转风险认知	农户转入农地的风险认知	-0.7214***	0.2024	0.3175	[0.2135;0.4721]
	农户转出农地的风险认知	-0.4562	0.8184	0.6337	[0.1274;3.1512]
	是否购买农业保险	0.0721	0.1414	1.0748	[0.8146;1.4180]
	是否参加新农保	0.0914	0.1904	1.0957	[0.7545;1.5913]
对农地流转公积金制度设想的评价	对该制度保障内容是否满意(对照组:非常不满意)				
	比较不满意	0.5139	0.7503	1.6717	[0.3842;7.2749]
	一般	-0.8098	0.5563	0.4450	[0.1496;1.3239]
	比较满意	-0.2843**	0.1217	0.2768	[0.0996;0.7696]
	非常满意	-0.5846***	0.2359	0.2050	[0.0717;0.5862]
	对该制度在所在村试点的态度	-1.0101***	0.3436	0.3642	[0.1857;0.7142]
地区特征	地区经济发展水平(对照组:2万元以下)				
	2万-4万元	-0.4151	1.0063	0.2429	[0.0338;1.7458]
	4万元以上	-0.8421*	0.4149	0.1585	[0.0217;1.1583]

N=496 Log likelihood = -1512.6273 LR chi2(18)=214.13 Prob > chi2=0.0000

注:***、**和*分别表示该系数估计值在1%、5%和10%的统计水平上显著。

(1)户主特征情况的影响。农户户主文化程度中,高中及以上水平的农户在

5%的水平上具有统计显著性,且回归系数为负,表明户主文化程度在高中及以上水平对农户意愿占三方共同缴存比例下的农户农地流转公积金缴存意愿具有显著的正向影响,与假设相符。具体而言,受访者农户户主文化程度在高中及以上水平的,每提高1个层次,农户对农地流转公积金缴存意愿的相对风险度降低63.33%,意愿缴存水平提高63.33%。农户户主在高中及以上的文化程度,与小学及以下文化程度相比,对新制度设想保障作用的理解和认知能力更强,更能够认识到在三方共同缴存中自身获得保障的同时应该履行的义务,因而三方共同缴存中自身意愿缴存的所占比例相对更高。

(2)农户家庭特征情况的影响。家庭农业收入占比、农地经营面积和农地资金借贷需求变量均在5%的水平上显著,家庭农业收入占比对农户农地流转公积金缴存意愿具有显著负向影响,与假设相反,而后两个变量对农户农地流转公积金缴存意愿具有显著正向影响,与假设一致。一般情况下,农业收益相对于非农收益更低,家庭收入中农业收入占比越大,表明家庭总体收益水平越低,在家庭收入水平较低的情况下,农户缴存农地流转公积金的能力和意愿也相对越低,因而农业收入占家庭总收入比重较高的农户,在三方共同缴存中意愿承担的缴存比例相对越低。家庭农地经营面积和农地经营借贷需求越大的农户,农地经营风险和资金需求越大,以农地流转公积金制度设想的风险保障和政策性金融服务需求更强烈,因而更愿意在该项公积金缴存三方共同缴存上自身承担更大比例。

(3)农户农地流转风险认知情况的影响。农户转入农地的风险认知变量在1%的水平上通过了显著性检验,并且对农户农地流转公积金缴存意愿具有显著的正向影响,与预期相符。认为转入农地存在风险的农户,更希望通过农地流转公积金获得农地适度规模经营的农业经营性补贴和政策性贷款支持,以降低扩大规模后的经营风险及解决资金短期问题,因而在三方共同缴存中自身意愿缴存占比更高。而农户转出农地的风险认知变量的正向影响不显著,可能的原因是在农户意愿缴存占三方共同缴存的比例支付意愿考量中,相比转出农地的基本生活与养老风险保障,农户更侧重考虑农地流转公积金对其转入农地进行适度规模经营的保障与政策优惠。是否参加农业保险和新农保制度对农户参与农地流转公积金缴存意愿的负向影响并没有通过显著性检验,可能的原因是:从调查结果来看,受访农户中农业保险的参保率仅占36%,参保率相对较低,这主要是农业自然风险在影响农户正常生活的各种因素中并不显著等因素使得中国农业保险需求不旺盛(张跃华等,2007)。此外,当前的农业保险政策补贴难以对农户农地适度规模行为形成有效的政策激励作用,也难以满足农户农地适度规模经营风险多元化的保障需求,因此是否参加农业保险变量对农户农地流转公积金缴存意愿没有形成显著影响。受访农户新农保参保率为63%,尚未实现农户养老保障的全面覆盖且整体保障水平较低,一方面,由于新农保政策试点过程中由于信息不对称和逆向选择等问题影响了参保率的提高(常芳等,2014);另一方面,农户受内部和外部双重约束,采取象征性参保缴费的策略,绝大多数农民选择了最低档次缴纳养老保险费(聂建亮和钟涨宝,2014),而农地流转公积金制度保障内容设想中基于农地流转双方农户的退休养老保障功能不仅能够对新农保政策形成有益补充,还能够对农户农地流转中的适度规模经营、农业再就业等进行财政补贴和政策性金融扶持,因而是否参加新农保变量对农户农地流转公积金缴存意愿影响不明显。

(4)农户对农地流转公积金制度设想评价情况的影响。农户对该制度保障内容的满意度变量中,以非常不满意为对照组,比较满意和非常满意类别分别在5%、1%的水平上通过了显著性检验,表明农户对农地流转公积金制度保障内容满意程度越高,在三方缴存中愿意缴存的比例相对越高,农地流转公积金缴存意愿越强。对该制度在所在村试点的态度变量在1%的水平上通过了显著性检验,并且显著地正向影响着农户农地流转公积金缴存意愿。农户对农地流转制度在所在村试点表示态度越支持,表明农户对该制度设想的需求越迫切,参与该制度缴存的意愿越强,因而在三方缴存中自身愿意承担的比例越高。

(5)地区特征情况的影响。地区经济发展水平变量中,所在县(区)人均地区生产总值在4万元以上类别变量在10%的水平上通过了显著性检验,说明与所在县(区)人均地区生产总值在2万元以下的样本农户相比,地区经济发展水平指标在4万元以上类别的样本农户意愿缴存占三方共同缴存的比例更高,缴存意愿更强。其原因是,经济发展水平较高的地区,农户整体经济状况相对更好,在具有相同的农地流转公积金制度保障内容需求下,其缴存能力更强。

6.4.3 农户意愿缴存占家庭年人均纯收入比例的影响因素分析

农户意愿缴存占家庭年人均纯收入水平的比例下农户缴存意愿的 Cox 比例风险模型的回归结果中(见表 6-10),对数似然函数值为 -1525.70,似然比的卡方统计量为 203.78,且在 1%的水平上显著,表明模型拟合结果良好。

(1)户主特征情况的影响。农户户主年龄在10%的水平上具有统计显著性,且回归系数为负,表明年龄对农户农地流转公积金缴存意愿具体显著正向影响,与假设一致。具体而言,农户年龄每增加 1 岁,农户农地流转公积金缴存意愿的相对风险度降低 1.6%,农户意愿缴存占家庭年人均纯收入的比例水平提高 1.6%。可能的原因是年龄较大的农户户主,由于体力和精力呈下降趋势,未来从事农地经营将更力不从心,在精力不足的情况下进行农地流转的可能性更大,然而年龄较大的农户抵御农地流转风险的能力相对更弱,更倾向于风险厌恶型,为获取农地流转中的基本权利保障,意愿支付家庭人均收入中的更高比例进行该项公积金缴存。

(2)农户家庭特征情况的影响。家庭年人均纯收入水平的自然对数变量在 1% 的显著性水平上对农户农地流转公积金缴存意愿具有显著正向影响,符合原假设。农户家庭人均收入水平的对数每增加 1 个单位,农户农地流转公积金缴存意愿的相对风险度降低 39.8%,农户意愿缴存占家庭年人均纯收入的比例水平提高 39.8%。这是因为农户家庭人均收入水平越高,说明其农地流转公积金缴存能力越强,在对该制度保障内容有需求的情况下,愿意缴存该项公积金的金额占家庭人均收入的比例相对越高。

(3)农户农地流转风险认知情况的影响。农户转入、转出农地的风险认知变量均在 1% 的水平上通过显著性检验,且系数均为负,说明农户转入、转出农地的风险认知对其农地流转公积金缴存意愿具有显著正向影响,与假设相符。农户对转入农地发展适度规模经营和转出农地后失业或基本生活和养老无保障等风险的顾虑越大,就越希望通过农地流转公积金制度获得财政补贴、政策性金融扶持和失地失业期间的基本生活、养老等保障,以降低和分散农地流转中的风险,因而该项公积金的缴存意愿更强,自身意愿缴存占家庭收入的比例相对越高。

表6－10　Cox 比例风险模型回归结果：农户意愿缴存占家庭年人均纯收入的比例（WTP2）

	自变量	回归系数	标准误	风险率	95%的置信区间
农户户主及家庭特征	户主年龄 户主文化程度（对照组：小学及以下）	－ 0.01647 *	0.0088	0.9837	［0.9669；1.0007］
	初中	－ 0.3909 *	0.2181	0.6764	［0.4412；1.0372］
	高中及以上	－ 0.5881 **	0.2544	0.5554	［0.3373；0.9144］
	家庭年人均纯收入的自然对数	－ 0.3980 ***	0.1286	0.6717	［0.5220；0.8643］
	家庭农业收入占比	0.1759	0.2783	1.1924	［0.6911；2.0571］
	农地经营面积	－ 0.0032	0.0030	0.9968	［0.9909；1.0027］
	农地经营资金借贷需求	－ 0.2269	0.1464	0.7970	［0.5981；1.0619］
农地流转风险认知	农户转入农地的风险认知	－ 0.8120 ***	0.1930	0.4440	［0.3041；0.6480］
	农户转出农地的风险认知	－ 0.7382 ***	0.3565	0.0647	［0.0099；0.4217］
	是否购买农业保险	－ 0.0433	0.1406	0.9577	［0.7270；1.2614］
	是否参加新农保	0.0781	0.1991	1.0813	［0.7319；1.5975］
对农地流转公积金制度设想的评价	对该制度保障内容是否满意（对照组：非常不满意）				
	比较不满意	－ 0.8217	0.7944	0.4397	［0.0927；2.0860］
	一般	－ 0.2757	0.5487	0.7590	［0.2590；2.2248］
	比较满意	－ 0.8988 *	0.4257	0.4071	［0.1453；1.1406］
	非常满意	－ 0.1913 **	0.0417	0.3038	［0.1051；0.8784］
	对该制度在所在村试点的态度	－ 0.1860 ***	0.0824	0.3055	［0.1443；0.6464］
地区特征	地区经济发展水平（对照组：2万元以下）				
	2万－4万元	－ 0.6357 *	0.2559	0.1332	［0.7884；3.4234］
	4万元以上	－ 0.0732	0.9654	0.9249	［0.4409；1.4029］

N ＝496　Log likelihood ＝ － 1525.6966　LR chi2（18）＝203.78　Prob ＞ chi2 ＝0.0000

注：＊＊＊、＊＊和＊分别表示该系数估计值在1%、5%和10%的统计水平上显著。

（4）农户对农地流转公积金制度设想评价情况的影响。对该制度保障内容持比较满意和非常满意类别变量分别在 10% 和 5% 的水平上对农户农地流转公积金缴存意愿有显著正向影响,与假设一致。农户对农地流转制度保障内容满意程度越高,说明该制度保障内容设计越符合其利益诉求,其意愿缴存占家庭收入的比例越高。对该制度在所在地区试点的态度变量在 1% 的水平上对农户农地流转公积金缴存意愿有显著正向影响,这也印证了前提假设。农户对该制度在所在村试点的态度表示越肯定,既反映了农户对农地流转公积金制度设想的主观认可,同时也说明了农户在实际中希望参与该项制度的意愿,该因素有利于提高农户意愿缴存占家庭年人均纯收入的比例水平。

(5)地区特征情况的影响。所在县(区)人均地区生产总值在 2 万 - 4 万元类别变量在 10% 的水平上通过了显著性检验,说明相比这一指标 2 万元以下的地区样本农户,地区经济发展水平指标 2 万 - 4 万元类别的样本农户意愿缴存占家庭年人均纯收入的比例更高。地区经济发展水平越高,农户的收入水平相对较高,收入中可用于农地流转公积金缴存的消费支出部分越充足,农户意愿缴存的农地流转公积金占家庭年人均纯收入的比例就越大。

6.5　农户农地流转公积金缴存意愿水平测算与可行性分析

6.5.1　样本农户缴存意愿水平测算与可行性分析

农户农地流转公积金缴存意愿的累积生存函数和累积危险函数如图 6-5 至图 6-8 所示,由这 4 个图形可见:农户意愿缴存占三方共同缴存的比例(WTP1)和农户意愿缴存占家庭年人均纯收入的比例(WTP2)的累积生存函数均为单调递减函数,随着意愿缴存比例水平的增加,累积生存率即支付概率呈递减趋势;而WTP1 和 WTP2 的累积风险函数均为单调递增函数,随着意愿缴存比例水平的提高,拒绝缴存的累积风险率即拒绝支付概率也逐渐增大。根据 WTP1 和 WTP2 的Cox 比例风险模型与累积生存函数,采用线性内插法①求得 WTP1 和 WTP2 的中位

---

① 线性内插法是求得中位生存期精确值的一种计算方法;具体而言,主要是通过找出与生存率 50% 相邻的上下两个生存率及其生存时间,并利用线性比例关系求解中位生存期。

生存期(The median duration)①,即受访农户意愿缴存占三方共同缴存的平均比例和占家庭年人均纯收入的平均比例分别为25%、10%。由样本农户2013年家庭人均纯收入均值9563.38元,可估算出样本农户农地流转公积金年平均意愿缴存金额为956.34元,月平均意愿缴存金额则约为80元,进而测得每个农户家庭年农地流转公积金三方共同缴存总额为3825.36元。

以2013年底全国流转出承包耕地农户人数5261万户为例②,假设农地流转出农户均参与了农地流转公积金缴存,则依据测算的样本农户意愿缴存比例,可估算出2013年国家和集体共同需为参与农户缴存的农地流转公积金为1509.39亿元,而2013年全国财政收入为129209.64亿元,财政支出为140212.1亿元,估算的农地流转公积金国家和集体缴存部分资金占财政收入的1.17%,占全国财政支出的1.08%。按照这一标准进行农地流转公积金的国家财政转移支付,并非完全是增加额外财政负担,在财政转移支付能力与黄箱政策空间有限的情况下,可通过以下方式加以实现。

首先,整合现有黄箱政策中的补贴项目,通过农地流转公积金方式进行补贴发放。可将黄箱政策措施中功能重复的补贴种类整合,例如功能重复的良种补贴与直补粮食项(冯海发,2015),对其中与产量、面积、牲畜数量挂钩的以促进农业适度规模经营为目标的部分补贴项目,如粮食类补贴、农机具购置补贴、农资综合补贴等,可以通过农地流转公积金账户向农户发放,在不突破黄箱政策上限的同时提高补贴资金利用效率。

其次,转变传统农业补贴方式,借势绿箱政策以促进农地市场化流转和农业适度规模化发展。按照"谁种地,谁得补贴"的原则,将过去按承包地面积计发补贴的方式转变为按粮食产量或播种面积进行补贴,并通过农地流转公积金农户专门账户进行发放,促进农户增收同时实现对适度规模经营主体的激励与导向作用。

而采取农地流转公积金发放补贴的方式具有以下优势:第一,将部分农业补贴通过该项公积金发放,有利于整合与缩减相关补贴的配套管理机构与编制,从而减小财政开支,提高财政补贴资金利用效率;第二,该项农地流转公积金针对农

---

① 中位生存期又称半数生存期,即当累积生存率为0.5时所对应的生存时间,表示恰好有50%的个体有缴存意愿的支付水平,是描述缴存意愿水平集中趋势的指标;通常,中位生存期越大,表示农户的缴存意愿水平越高。

② 2013年底全国流转出承包耕地农户人数:参见农业部经管司发布的《2013年农村土地承包经营及管理情况》的统计数据。

地市场化流转双方不同发展需求进行明确到户的政策补贴发放方式,既可以使农业补贴更有效地激励与培育新型农业经营主体发展,又能够兼顾转出地农户的基本权利保障,从而实现农村剩余劳动力向非农领域与城镇地区的顺利转移。

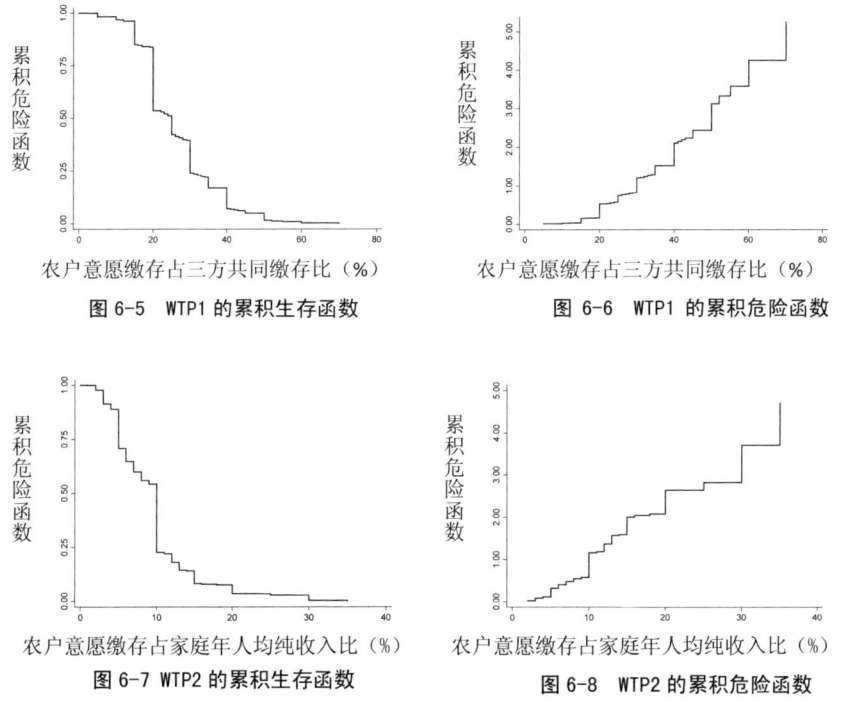

图 6-5　WTP1 的累积生存函数　　　　图 6-6　WTP1 的累积危险函数

图 6-7 WTP2 的累积生存函数　　　　图 6-8　WTP2 的累积危险函数

6.5.2　样本地区农村居民缴存水平测算与可行性分析

依据前文累计概率模型估算的样本农户意愿缴存占家庭年人均纯收入的平均比例值,结合被调查的 9 省(市、区)2013 年农村居民统计水平数据,对样本地区农村居民的整体缴存能力进行估算。

表 6-11　2013 年样本地区农村居民农地流转公积金缴存能力测算

地区	农村居民人均纯收入(元/年)	农村居民人均收支结余(元/年)	农村居民人均纯收入的10%(元/年)	农村居民人均纯收入的10%占农民人均收支结余的比值(%)
山东	10619.9	3227.2	1061.99	33

地区	农村居民人均纯收入(元/年)	农村居民人均收支结余(元/年)	农村居民人均纯收入的10%(元/年)	农村居民人均纯收入的10%占农民人均收支结余的比值(%)
河北	9101.9	2967.8	910.19	31
河南	8475.3	2847.6	847.53	30
山西	7153.5	1340.8	715.35	53
内蒙古自治区	8595.7	1327.4	859.57	65
陕西	6502.6	778.4	650.26	84
广西壮族自治区	6790.9	1585.3	679.09	43
重庆	8332	2535.6	833.2	33
甘肃	5107.8	258.2	510.78	198

注:样本9省(区)农村居民人均纯收入及农村居民人均收支结余数据根据《中国统计年鉴》(2014)整理所得。

　　如表6-11所示,从样本地区农村居民人均纯收入水平来看,2013年山东省农村居民人均纯收入水平最高,已超过1万元,而陕西、广西壮族自治区及甘肃省农村居民人均纯收入较低,在5000-7000元,其他地区在7000-1万元。从样本地区农村居民人均收支结余状况来看,仅陕西和甘肃两省农民人均收支结余小于1000元,其他省(市、区)均超过1000元,其中山东省这一水平最高。根据估算的样本农户意愿缴存农地流转公积金的金额占家庭年人均纯收入的10%这一平均比例值,测算样本省份(区)农村居民缴存农地流转公积金缴存金额,即样本地区农村人均居民纯收入的10%。衡量这一缴存水平是否合理,需要考察该比例下农村居民农地流转公积金缴存金额占农村居民人均收支结余的比值,若比值大于1,说明该比例下的农地流转公积金缴存金额已超出了农户支付能力范围,当比值小于或等于1时,表明农户有能力缴存,该比值越小,表明农户的支付能力相对越强。从样本地区情况来看,山东、河北、河南及重庆地区农村居民人均的10%占其人均收支结余的比重较低,均在30%左右,按照农村人均居民纯收入的10%进行农地流转公积金缴存,在不影响农户生计的情况下,完全在农户支付能力范围内;山西、内蒙古自治区、广西壮族自治区农村居民人均纯收入的10%占所在地区农村居民人均收支结余的比重较高,在

40%－70%,尚处于农户可支付能力范围内;陕西地区的这一比例已达到84%,尽管仍在农户缴存能力范围内,但这一比例已占据了该地区农村居民人均纯收入的绝大多数比重;甘肃地区农村居民人均纯收入的10%占农民人均收支结余的比重超出该地区农村居民人均收支近2倍,说明按照这一比例水平进行农地流转公积金缴存,比重过高,已完全超出了农户缴存能力范围。

根据以上结果,得出以下主要结论:前文测算的样本农户意愿缴存农地流转公积金10%的平均比例值,与样本农户家庭年人均纯收入水平相适应;而就样本地区整体而言,由于各省(区)农村居民人均收入水平和人均可支配水平存在显著差异,按照这一比例进行样本地区农村居民的农地流转公积金缴存水平测算的结果,并不适用于各个地区;鉴于我国地区经济发展的不均衡现状,应采取梯度化农户农地流转公积金缴存比例。对于地区农村居民人均纯收入和人均收支结余较高地区,如山东、河北,农户的支付能力相对较强,因而能够将家庭人均收入中的更高比例用于农地流转公积金缴存;而经济发展水平较低地区,如陕西、甘肃,农户家庭人均收入中可用于农地流转公积金缴存的比例也相对较低。因此,农户农地流转公积金缴存比例的确定需要根据所在地区农村居民人均收入和农村居民人均收支结余状况进行相应调整,使这一缴存比例符合多数农户的缴存能力水平。

6.6　小结

本章从农地流转公积金三方缴存主体出发,构建农地流转公积金资金筹集的理论分析框架,并对农地流转三方缴存主体的实际缴存能力进行了宏观层面分析。在此基础上,从微观农户层面,对农户农地流转公积金缴存意愿水平进行了测算模型构建与实证分析。

实证研究中,采用条件价值评估(CVM)获取了9个省(市、区)农户数据,并利用Cox比例风险模型,分析了农户农地流转公积金缴存意愿的影响因素。分析结果表明:第一,65.7%的样本农户农地流转公积金意愿缴存比例大于0,表明样本地区多数农户对该制度的保障内容有实际需求且愿意参加该项公积金缴存。第二,户主受教育程度为高中及以上类别、家庭农地经营面积、农地经营资金借贷需求、农户转入农地的风险认知、对该制度保障内容设想为比较满意和非常满意类别、对该制度在所在村试点的态度及县（区）人均地区生产总值4万元以上类别等变量对农户意愿缴存占三方共同缴存的比例有显著的正向影响，而家庭农业收入占比对其呈显著的负向影响。第三，户主年龄、户主受教育程度在初中和高中及以上类别、家庭年人均纯收入的自然对数、农户转入农地的风险认知、对该制度保障内容设想为比较满意和非常满意类别、对该制度在所在村试点的态度及县（区）人均地区生产总值在2万元及以上类别等变量对农户意愿缴存占家庭年人均纯收入的比例有显著的正向影响。第四，利用累计概率模型，测算出受访农户意愿缴存占三方共同缴存和占家庭年人均纯收入的平均比例分别为25%、10%，并估算样本农户农地流转公积金年平均意愿缴存金额为956.34元，由此可得农地流转公积金三方共同缴存总额为3825.36元。第五，基于累计概率模型测算的样本农户意愿缴存农地流转公积金10%的平均比例值，与样本农户家庭年人均纯收入水平相适应的，但就整个样本地区而言，由于农村地区经济发展的不均衡，具体缴存比例应根据地区经济发展水平、农村居民人均收入水平和人均可支配水平等情况而定。

　　基于上述研究结论，从完善农地流转公积金制度设想的缴存机制设计方面提出如下思考：第一，准确定位农地流转公积金重点缴存和推广对象。鼓励户主受教育程度较高、家庭农地经营面积较大、农地经营借贷需求较强和县（区）人均地区生产总值4万元以上的农户，在农地流转公积金三方共同缴存中适度提高自身缴存比例。同时，鼓励户主年龄较大且受教育程度较高、家庭年人均纯收入较高和县（区）人均地区生产总值在2万元及以上的农户，适度提高其农地流转公积金缴存金额在家庭年人均纯收入中的比例。第二，实行梯度化的农地流转公积金农户缴存档次标准。以样本地区农户农地流转公积金年平均意愿缴存水平为参照，根据地区经济发展水平和农户家庭人均收入水平的差异，设定梯度化的缴存档次标准，可以满足不同经济条件的农户对农地流转公积金的保障需求，使该制度设想在实践运行中惠及更为广泛的农户群体。第三，采取多缴存、多受益的原则，依照不同缴费档次，提供差别化的农地流转公积金补贴。这样可以有效调动农户参与农地流转公积金缴存的积极性，同时兼顾农地流转公积金制度设想在实践运行中的公平与效率。第四，增强农户对农地市场化流转的风险保障意识，提高农户参与农地流转公积金缴存意愿。在实践探索中进一步完善农地流转公积金制度保障内容设计，以提高农户对农地流转公积金制度的满意度和试点支持度，使更多农户自主、自愿地参与农地流转公积金缴存。

第七章

农地流转公积金资金使用及政策性贷款定价

从国家、集体与农户三方中归集的农地流转公积金资金,如何进行合理的分配使用将直接关系到该项公积金制度激励与保障功能作用的实现。本章将以前文第五章中关于农地流转公积金资金户头分类管理使用设计思路为前提,结合农户农地市场化流转实际和国家现行政策,对农地流转公积金三个户头资金使用原则、方式、条件等内容做进一步细化,使该项制度在实践中更具有可操作性。

农地流转公积金资金使用的总体框架如图7-1所示:首先,对失地失业农户与农地适度规模经营概念进行初步界定,以便明确生存型和发展型保障账户的补贴和贷款资金的使用对象及条件;其次,按照农地流转公积金账户资金使用方式,分为直接使用和间接使用,其中直接使用方式包括该公积金生存型保障金、发展型农地经营性补贴及养老型保障金的使用,而间接使用方式则为以生存型保障为基础的小额政策性贷款和以发展型保障为基础的农地适度规模经营政策性贷款;最后,本书在对农地流转公积金政策性贷款的流程、贷后管理、还贷方式进行限定的基础上,着重对农地流转公积金贷款定价指标体系及模型进行了构建,以使该项公积金的激励与保障功能在资金户头分类管理与合理化使用中得到充分发挥。

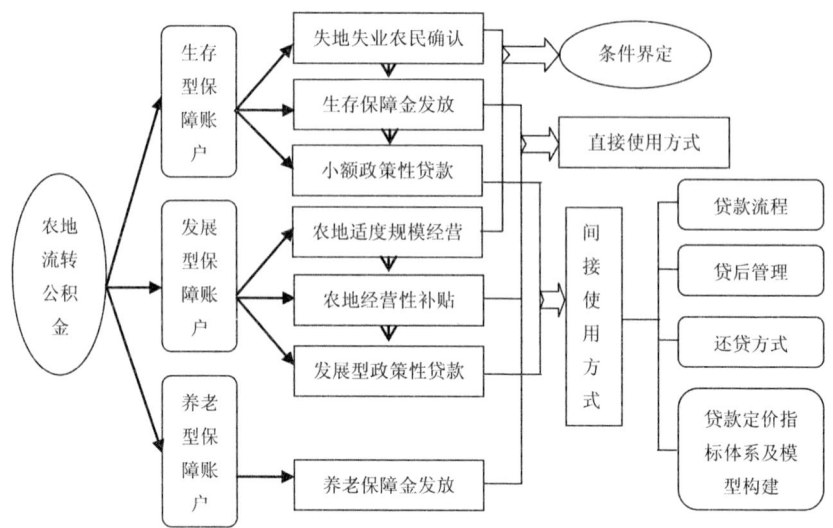

图 7 - 1　农地流转公积金资金使用总体框架

7.1　农地流转公积金资金使用原则、条件及方式

7.1.1　农地流转公积金使用原则

借鉴住房公积金缴存与使用中的理论与实践经验,并结合农村具体实践,为确保从三方缴存主体归集的农地流转公积金资金得到公平合理使用,应坚持普惠、权责对等和资金合理化配置等原则。

(1)普惠原则。按照自主、自愿的缴存方式所归集的农地流转公积金,是农户农地市场流转、适度规模经营及配套的保障储备金,其核心目标是实现对农地市场化流转双方进行政策激励与保障。为了实现这一目标,农地流转公积金在政策性贷款和保障性资金使用中,也需要尽量覆盖所有参与农地市场化流转的农户,即实现农地流转公积金资金使用的普惠原则,让所有参与成员都能通过该项公积金享受到基于农地的货币化福利保障。

(2)权责对等原则。农地流转公积金具有互助性的特点,参与成员为获得其他参与成员提供的互助贷款资金支持,既有按时缴纳该项公积金的义务,也有按贡献大小享受该公积金的不同额度互助资金贷款的权利,即农地流转公积金缴存与使用应符合权责对等原则。在符合该原则前提下,根据参与成员缴存贡献确定贷款额度大小,缴存贡献涉及农地流转公积金年缴存额度、贷款之前的缴存年限、贷款年限和还清贷款之后的缴存年限等因素,因此,在该项公积金使用中应综合评价各成员的互助贡献大小,并据此确定合理的贷款额度。此外,农村居民家庭人均纯收入作为衡量农户农地流转公积金缴存能力的重要参考依据,还需根据农村居民家庭人均纯收入的变化进行该项公积金缴存额度的适度调整,在权责对等原则中,农村居民家庭人均纯收入的增长意味着缴存额度和贡献度的增加,因此贷款额度也应随之调整。

(3)资金合理化配置原则。农地流转公积金缴存额度和参与缴存人数也直接决定该项公积金的资金使用发放水平。当参与缴存人数比例较低时,农地流转公积金政策性贷款发放的比例和额度也需要相应降低,以防止过度使用导致资金不足;当参与该项公积金缴存人数及规模逐渐增长时,该项公积金的资金使用也可适度放宽,以提高其流动性,避免资金大量沉淀,使其功能作用难以得到有效发挥。

7.1.2　农地流转公积金使用条件

为确保农地流转公积金资金用途的专用性,及其生存型、发展型及养老保障型功能作用发挥,本书对农户农地流转公积金使用情况进行如下限定:

(1)缴存期限及提取额度限定。资金的适度积累是确保农地流转公积金提取和贷款业务顺利进行的前提,因此参与成员需在提取和贷款前进行一定年限的农地流转公积金连续缴存。可根据农户缴存方式不同进行相应的贷款前缴存期限的限定,对于按年缴存的情况,考虑农地流转公积金合理的贷款条件可设定为参与成员贷款前至少进行一年及以上的缴存;对于按月缴存的地区或农户,可将这一标准适当降低至连续缴存六个月及以上,具体需依据实际情况而定。此外,在农地流转公积金运行初期,为确保农户在提取其农地流转公积金个人账户资金时,不至于影响到其他成员互助贷款资金的发放,以及降低农地流转公积金政策性贷款风险,参与成员通过该项公积金贷款时,可提取该公积金账户积累额的一半及以下比例资金。总体而言,缴存期限和提取额度需要根据农地流转公积金总体资金归集及使用状况、参与农户的互助贡献大小等因素而定,初期阶段资金归集较为有限,可适当提高贷款的缴存期限、降低提取额度,当该项公积金资金累计达到可以正常运转或资金略有沉淀时,贷款的缴存期限和提取额度均可适当放宽。

(2)使用用途限定。根据农地流转公积金保障功能定位,确保该项公积金资金的专业性,将其使用用途主要限定为用于农地流转租金支付或农地生产经营投资,用于偿还农地流转公积金政策性贷款以及失地失业期间领取农地流转公积金的基本生活保障金。

(3)退出条件。为保障农地流转公积金资金运转稳定性和持续性,需对参与农户退出农地流转公积金的条件加以限定。本书结合农村具体实践,将参与农户农地流转公积金的退出条件限定在以下情况:第一,转入非农产业劳动者按照国家法定单位(企业)职工离退休年龄离退休的,或永久性放弃农地承包经营权,且领取到城镇职工"五险一金"的人员,可一次或分期提取其农地流转公积金账户余额资金;第二,完全丧失劳动能力,并与单位终止劳动关系的;第三,参与农户及家庭成员因重大疾病或发生重大伤害事故导致家庭生活艰难的;第四,从事农业生产经营活动的农户参照国家法定单位(企业)职工离、退休年龄标准达到离、退休年龄的(参照城镇居民退休年龄标准);第五,出境定居的;第六,其他可以提取的特殊情况,需通过农地流转公积金管理委员会审核;第七,符合前六种情况的,还需偿还农地流转公积金贷款本息。此外,在以上情况下,全部提取农户农地流转公积金账户资金的,应当同时注销其农地流转公积金账户。

(4)继承及其他情况。参与农地流转公积金缴存农户在死亡或者被宣告死亡的情况下,其法律继承人、受遗赠人均可继承或提取其农地流转公积金个人账户内资金;对于既无继承人也无受遗赠人的情况,可将农户农地流转公积金账户内的存储余额纳入农地流转公积金的增值收益中。

7.1.3　农地流转公积金使用方式

7.1.3.1　直接使用方式

(1)保障金发放。农地流转公积金资金使用中保障金的发放方式主要包括两种:失地失业期间基本生活保障金和退休后的养老保障金。农地生产经营不仅仅是农村居民的重要物质生活保障基础,也具有就业保障的功能,因此当农户将农地长期出租的过程中,也可能面临失地失业的状况。但从现行社会保障制度来看,我国城镇地区自1998年《失业保险条例》颁布以来,城镇企事业单位职工就获得了失业保险基金对其失业期间基本生活的保障,相比之下,农村地区目前还尚未建立对农户失业的基本生活保障制度。鉴于此,本书在农地流转公积金资金使用方式设计中,将该项公积金的生存性保障账户中一定比例资金,用于农户在失地失业期间的基本生活保障金发放。这样一来,既是对现行农村社会保障体系的有益弥补和完善,也为农户参与农地市场化流转的失业风险提供了最基本的保障。

此外,尽管新型农村养老保障制度已基本建立,但由于其覆盖范围仍相对有限,且整体保障水平偏低,与城镇居民相比还存在较大差距。因此,参与农地流转公积金缴存的农户,在缴存期满后,达到法定城镇职工退休年龄即可将其农地流转公积金账户剩余资金分期或一次性领取作为养老保障金。这样做,既是对现行新农保制度的有益补充,也是对农户基于农地货币化的养老福利保障。

(2)经营性补贴。目前,在国家农业政策补贴项目中,尚未将农地流转补贴(或称为农地适度规模经营补贴)列入其中。2014年,"中央一号"文件中明确指出:有条件的地方,可对流转土地给予奖补。尽管一些地方政府为促进农地流转和农业适度规模经营,进行了农地流转补贴政策的实践探索,但缺乏规范、合理的补贴发放方式,现行的一些地区土地流转补贴方式不仅难以达到政策既定目标,还有可能导致低效率的农地规模化经营,过度的行政干预甚至还有可能损害农户利益和影响粮食安全。本书农地流转公积金制度的激励机制设计中,将农地流转公积金发展型保障账户中一定比例资金用于农户农地适度规模经营的经营性补贴资金发放。一方面,通过规范化的发放标准、程序设计,有利于确保农地流转及适度规模经营补贴发放的公平合理性;另一方面,采取直接补贴与间接补贴相结合的发放方式,有利于协调农户农地生产经营的自身利益和国家整体农业现代化发展的长远利益诉求。

7.1.3.2 间接使用方式

(1)以奖代补。从已有实践来看,"以奖代补"方式在我国部分地区的农地确权、市场化流转及集约化经营等激励政策实践探索中均得到较好运用。甘肃省为促进农村土地承包经营权规范有序流转和发展多种形式的规模经营,2011年出台了《甘肃省省级农村土地承包经营权流转以奖代补资金管理暂行办法》(甘财农〔2011〕94号),主要对农村土地流转的服务机构建设,以及达到该地区农地经营规模和流转期限的经营主体给予以奖代补方式的资金扶持。2012年,广东省为推进集体土地确权颁证工作,省级财政通过转移支付对该地区87个县采取"以奖代补"的方式,对每一个完成发证任务的经济合作社给予500元资金奖励。2014年,广西出台了《自治区"小块并大块"耕地整治以奖代补专项资金管理暂行办法》,

对在该区域内开展以田(地)块归并平整、土地经营权流转和田(地)块配套基础设施建设等,达到政策规定标准和条件的农业经营主体给予财政资金奖补。此外,贵州省采取"以奖代补"方式推进小额贷款试点,主要利用中央财政贴息资金直接补贴贫困农户或者发放贷款的金融机构(人民银行贵阳中心支行课题组,2007),以调动金融机构参与小额贷款试点的积极性,同时为贫困农户获得贷款支持创造条件。

农地流转公积金制度采取"以奖代补"的资金使用方式,有利于实现农业补贴"绿箱"化目标。农地流转公积金"以奖代补"方式主要是指对能够达到该项公积金政策预期目标农地经营产量或面积等条件的参与农户和提供相关金融服务的代理机构,进行的一项事后补贴奖励的政策激励方式,这种方式既可以增加农户收入、保障粮食安全,又可以提高"绿箱"政策效能。"以奖代补"的资金使用方式还可以成为农户和农村金融机构参与农地流转公积金缴存与业务代理的有效激励与约束条件。激励层面,将国家和集体缴存的部分资金通过奖励方式向参与农户的专项账户中进行相对应额度的补贴资金发放,可以调动农户参与农地流转公积金缴存的积极性,以扩充该项公积金运作资金。此外,"以奖代补"方式也可以激励农村金融机构参与并有效地进行农地流转公积金专项业务代理,使该项公积金的激励与保障机制在专业管理运作中得以持续运转。约束层面,农户或农村金融机构要获得农地流转公积金"以奖代补"的补贴资金,就需要先达到农地流转公积金运作中政策所预期的目标或要求,如对农户农地流转公积金缴存额度和期限的规定,对农村金融机构代理农地流转公积金业务的绩效水平考核等,这些条件将成为对农户与金融机构的参与约束条件,使其朝着该项公积金政策目标所指向的方向行动。总体而言,农地流转公积金"以奖代补"的资金使用中,一方面,需要兼顾参与农户的利益、金融机构经营可持续性和财政可承受能力;另一方面,"奖补资金"需要实现对参与农户、承贷金融机构的激励作用。

(2)政策性贷款。通常,农户主要贷款方式包括信用贷款、担保贷款、资产抵押贷款及贴现贷款等。而现实中,由于农户的收入比较低,自然灾害和市场风险也会造成农户收入进一步的不确定性,这使得多数农户在金融机构的信用等级中评分较低,农户既无法找到符合条件的担保人,又拥有很少能够被金融机构认可的有效贷款抵押品(陈建新,2008)。从农户的资产构成来看,农户手中有用的货币资金和长期投资的规模很小,而其余固定资产、无形资产和生物资产成为农户进行抵押贷款的抵押物,其中农地承包经营权是农户所拥有的资产中,最为普遍和最为重要的资产之一。随着我国农村土地产权制度的逐步变迁,农户作为农地使用权主体涵盖的各项权利也逐渐被明确界定,农村土地产权已具备了作为与农村金融机构进行贷款交易的标的条件(肖诗顺和高锋,2010)。因此,本书农地流转公积金制度的政策性贷款设计将重点以农地承包经营权为抵押担保的贷款方式为主,确保多数从事农地生产经营的农户都能够获得该项公积金的政策性金融支持。

关于政策性贷款,学者们也对此进行了不同界定。彭毛字(1998)认为政策性贷款是为实施某项政策而设定的贷款,因而在实施中应以政策为导向,贷款自身权益也将受到相应的政策保障。管守安和张宇润(1999)将其解释为是由国家规定投向或根据国家计划而由银行发放的贷款。在《中国农业发展银行政策贷款管理办法》第二条与第三条中就指出,政策性贷款是指为鼓励与支持客户执行国家及地方宏观调控任务,政府给予参与客户相应利息、费用、损失等补贴的贷款,政策性贷款的发放和管理应遵循政策指导、严格准入、落实补贴和分类管理原则。

农地流转公积金作为一项具有农地货币化福利保障与政策性金融服务性质的制度安排,该公积金贷款也具有鲜明的政策性贷款特性。首先,农地流转公积金是一项互助性农地流转储蓄金,只有按规定履行缴存义务的农户,才有权利使用该项公积金进行贷款;其次,农业的公共产品属性及农地适度规模经营的政策目标,决定了国家应对农户进行农地适度规模经营或农户再就业等生产经营中使用农地流转公积金贷款的情况,实行低息政策优惠,其贷款的利率应明显低于商业贷款利率;最后,农地流转公积金贷款具有特定政策性用途,建立农地流转公积金制度的目的是为促进农户农地市场化流转提供有效激励与保障政策,以实现农地适度规模化经营和农户生产发展权利保障,因而农地流转公积金贷款只能用于农户农地流转交易、农地生产经营投资,不能用于其他用途,这充分体现了农地流转公积金的政策指定性和资金专用性。而这种资金用途限定,也表明了农地流转公积金政策性贷款是一种生产性贷款,具有明确的资金投向和未来还贷的资金来源,有利于降低金融机构的贷款风险。实践中,农地流转公积金制度的政策性贷款设计应立足于现行的农村金融政策,同时与现行农村金融政策目标、内容相契合。近年来,从"中央一号"文件关于农村金融服务政策的有关内容来看,鼓励创新"三农"金融服务,综合运用财政税收、货币信贷等措施,推动金融资源向"三农"倾向,是长期坚持的农村金融服务宏观政策指向。

结合上述现行农村金融政策,及农地流转公积金制度设想的核心目标,其政策性贷款设计主要包括两个方面:第一,对转出地失业后再次转入农地的农户提供小额政策性贷款,以实现对农户农地市场化流转的农业再就业保障。第二,针对农地市场化流转中转入农地发展适度规模经营的农户,提供政策性贷款支持,以促进我国农业适度规模经营发展总体目标的实现。在激励方式上,可综合运用奖励、补贴和税收优惠等政策工具,以实现对农地市场化流转中农户农地适度规模经营行为的有效激励与引导作用;在保障方式上,小额政策性贷款既可以为农户转出农地提供农业再就业保障,又不会对该项公积金使用形成较大资金供给负担。

7.2　农地流转公积金生存型保障资金使用

7.2.1　失地失业农民的确认

从已有文献来看,学术界及政策文件中尚未对"失地失业"农民做出明确界定,学者们主要对"失地农民"的概念进行不同界定。雷寰(2005)指出,失地农民是指在农村城镇化进程中,大量农用地被城乡建设征占,所产生的失去土地集体所有权或承包经营权的农业人口。杨涛、施国庆(2006)及戴中亮(2010)认为,由于非农建设用地导致部分或全部失去土地使用权的农民即为失地农民。丛旭文(2013)则强调,失地农民是因征地而失去原有经济组织农用地的承包经营权,但同时又未被纳入城镇社会保障体系的农民。在《关于切实做好被征地农民社会保障工作有关问题的通知》(劳社部发〔2007〕14号)文件中,将因农地被征用而失地的这一类群体表述为"被征地农民"。从上述失地农民概念的解释来看,农户失地的原因主要是农地被征用或农地用途性质发生改变的情况,失去的农地权利既包括承包权,也包括经营权或使用权。

我国并未使用国际惯用的失业概念,即具有劳动能力的劳动力资源较长时期处于非自愿性闲置状态。2003年,在《浙江省城乡统筹就业试点工作标准》中首先提出了"失业农民",该标准在综合考虑就业时间、收入水平基于生产资料拥有情况等,将其定义为:由于土地被征用而失去土地承包经营权证,且被确定为征地安置对象仍未就业的,或月平均收入低于当地农村最低生活保障标准的劳动者,被视为失业。同时规定,劳动者本人有从事更多时间有报酬劳动愿望,但实际每周劳动时间 1 小时以上、40 小时以下的,视为不充分就业。在 2006 年国家劳动和社会保障部下发的《关于印发〈劳动保障统计报表制度〉的通知》中明确指出,我国的失业人口登记还仅限于城镇范围,农村失地失业农民尚未计入失业人口中,失业农民也未获得相关政策性保障。关于"失业农民",徐鼎亚(2008)给出的定义是在工业和城镇化不断加快的过程中,失去土地又没有找到工作的成员。

综上所述,在学者们已有研究的基础上,结合本书研究视角,将"失地失业农民"界定为:在农地市场化流转过程中,将绝大多数或全部农地流转出后,在一定时期内,无地可种又有劳动能力和劳动意愿,而未实现农转非或再就业的农民。具体而言,在农地市场化流转后,具备如下条件的可认为是失地失业农民:第一,具有农业户口的家庭,人均耕地面积少于 0.3 亩;第二,平均收入低于当地农村最低生活保障水平的;第三,有劳动能力和劳动意愿而未实现再就业;第四,有从事更多时间有报酬劳动愿望但每周劳动时间 1 小时以上、40 小时以下。

7.2.2 农地流转公积金生存型保障金

农地流转公积金生存型保障金主要是针对参与该项公积金缴存,且符合上述失地失业条件的农户,在失地失业期间提供的基本生活保障资金。本书参考和借鉴国务院颁发的《失业保险条例》中城镇居民失业保险基金领取的相关规定,结合农村具体实践,对农地流转公积金参与农户领取生存型保障金的条件进行了初步限定,具体包括以下方面。

在资金来源上,农地流转公积金生存型保障金主要来源于农户农地流转公积金的生存型保障账户。在领取条件上,该项公积金生存型保障金领取应具有以下条件:参加农地流转公积金缴存,且缴存期满 1 年以上;非本人意愿中断就业;符合上述失地失业农户的条件认定。在生存型保障金的领取标准上,应按照低于当地最低工资且不低于该地区农村居民最低生活保障标准的水平,具体而言需根据各地区经济水平而定。此外,失地失业期间获得农地流转公积金生存型保障金的农户,在以下条件需停止领取生存型保障金:移居境外的,应征服兵役的,重新获得就业的,有法律、行政法规规定的其他情形的。

7.2.3 农地流转公积金生存型小额政策性贷款

7.2.3.1 小额贷款的形成与发展

小额贷款最早是由穆罕默德·尤纳斯教授(Muhammad Yunus)于 20 世纪 70

年代末在孟加拉国的一个小村庄进行的贷款试验探索,并形成了孟加拉国格莱珉银行模式,其目的主要是向贫困农户提供小额贷款服务,以改善贫困人口的生产、生活状况。该模式下的小额贷款主要通过小组联保和动态激励机制实现有效运作,其成功经验也在中国、印度、智利、美国等地区得到了推广。但近年来,随着全球小额贷款机构商业化进程加快,小额贷款机构追求自身财务可持续和营利性商业目标倾向也愈加凸显,小额贷款利率不断被提高,这与为贫困人口提供信贷支持的初衷越来越相背离(郑毓盛和于点默,2013)。Ghokale(2009)对印度地区小额贷款实践研究发现,很多极度贫困人口为了偿还小额贷款机构的贷款,不得不向高利贷借款或出卖土地,而一旦失去土地就意味着失去了赖以维持生计的主要经济来源,这就形成了贫困恶性循环。Bateman(2010)则表示,随着全球小额贷款热潮的兴起和新自由主义的发展,商业化使小额贷款机构成了追求利益的贷款机构,小额贷款发展已脱离了其初始目标,这将会引发一系列社会问题。

近年来,小额贷款模式在中国逐渐被推广,成为促进农村经济发展和缓解"三农"贷款融资瓶颈的新路径。而现有的"小额贷款"政策文件及其相关规定,也为本书农地流转公积金制度的生存型小额贷款模式设计提供了有益参考。商业性小额贷款方面,商业性小额贷款公司是具有独立法人财产的企业法人,作为私人资本控制的微型金融机构其更具有追求利益最大化的商业性质。相比商业化小额贷款,我国政策性银行推行的小额贷款具有鲜明的非营利性和政策性特点。根据《中国农业银行农户小额贷款管理办法(试行)》(农银发〔2009〕190)中规定:按照普惠制、商业化和广覆盖要求,中国农业银行对每个农户家庭中的一名成员发放小额自然人贷款;规定该项贷款资金用途为农户生产、生活的融资需求方面,同时对贷款对象的年龄、身体状况、信用等级、收入状况、生产经营状况、还贷情况等条件进行了一定限定;该银行的农户小额贷款单户授信额度起点为3000元,最高不超过5万元(含)。此外,国家开发银行出台的《小额扶贫贷款管理办法》(开行发〔2000〕11号)中指出,开发银行小额扶贫贷款是一种特殊形式的专项扶贫贷款,贷款对象主要限定为该银行对口扶贫地区的农村贫困户,贷款用途为在一年内产生效益的项目,贷款额度每户最高不超过3000元,贷款期限为三年,按扶贫贴息贷款利率标准计息。本书在对上述政策文件梳理的基础上,对商业性小额贷款与政策性小额贷款运作方式进行了归纳与对比,发现两种性质下的小额贷款在运作机构,经营目标,资金来源,贷款对象、用途、额度、利率水平及期限等诸多方面存在差异(见表7-1)。

表7-1　两种性质的小额贷款对比

对比项	商业性小额贷款	政策性小额贷款
运作机构	由自然人、企业法人与其他社会组织投资设立,机构性质为有限责任公司或股份有限公司	政策性金融机构,或制定的农村金融机构代理专门业务
经营目标	追求财务可持续性和营利性商业目标	为实现特定政策目标而服务
资金来源	股东缴纳与金融机构融资的资本捐赠	政策性专项资金、金融机构融入资金
贷款对象	自主选择贷款对象,政策上鼓励面向农户和微型企业提供信贷	特定政策扶持对象,例如贫困农户、农村居民等
贷款用途	未作明确限定	生产或生活融资需求
贷款额度	不得超过小额贷款公司资本净额的5%;通常为1000元及以上,20万元及以下	依政策目标、借款人信贷需求、信用等级及还贷能力等差异而定,通常为3000元及以上,10万元及以下
贷款利率	不超过司法部门规定的上限,按人民银行公布贷款基准利率的0.9倍为下限,根据市场原则自主确定具体浮动幅度	按照国家或上级银行规定的政策性贷款利率水平,并根据具体情况进行调整
贷款期限	未作明确限定	一般贷款期限不超过3年,但特殊情况可适当延期

7.2.3.2 农地流转公积金生存型小额政策性贷款设计

从上述分析可以看出,小额贷款的运作性质直接影响着其配贷及运作机制,因此,在农地流转公积金生存型小额贷款设计中,需首先明确该项贷款的性质,并根据性质特点进行相应的配贷机制设计。农地流转公积金生存型小额贷款主要是针对生存型农地经营的投资行为而进行小额贷款政策扶持,其目的是要实现对农地市场化流转农户失地失业后的基本生活和农业再就业保障,因此该项小额贷款应具有资金专用性、政策性和保障性特点。所谓生存型农地经营,是指上述定义的失地失业农民,为维持基本生产生活需要,通过农地市场化流转再次转入农地使用权进行农业生产经营活动的行为。

在农地流转公积金生存型小额贷款资金使用上,应坚持小额、分散、普惠性、政策性和适度营利性原则,以确保农地流转公积金生存型保障功能实现和该项公积金的持续有效运作。农地流转公积金生存型小额贷款资金来源于国家、集体和农户三方共同缴存的农地流转公积金生存型保障账户,该项贷款的运作机构是农村金融机构下设的农地流转公积金管理中心,经营目标是对农地市场化流转中的失地失业农户提供农业再就业保障。此外,由于农地流转公积金缴存主体以农户家庭为单位,因此农地流转公积金的小额政策性贷款同样以家庭为单位,只对参与农户家庭中的一名成员进行该项公积金的小额政策性贷款资金发放。具体而言,结合现有小额贷款政策文件的有关内容规定,和农户农地流转公积金生存型保障内容设想,本书对参与农地流转公积金缴存农户,获取农地流转公积金小额政策性贷款的条件,做出了以下限定:

第一,贷款对象限定。农地流转公积金生存型小额政策性贷款的农户年龄为18周岁至60周岁之间具有完全民事行为能力的本地常住居民,且有合法的身份证明;符合失地失业农民确认条件;申请贷款时无逾期未还贷款情况(由于政策性原因或重大自然灾害所造成的逾期未还贷款情况除外)。

第二,贷款时农地流转公积金的缴存期限和用途。开设了农地流转公积金个人账户,并参与农地流转公积金连续缴存期限满一年及以上的;以农地流转合同或有关证明为凭证,且转入农地面积应不超过所在地区户均耕地面积,资金主要用于农地流转租金及农地生产经营资金投入。

第三,贷款方式、期限及利息水平。以农地流转公积金农户账户内资金及农地承包经营权为抵押或担保物;一般借款期限最长不超过3年,对于回收周期较长的农地生产经营活动,如从事林果业等,最长可延至5年;前3年(含)农地流转公积金小额政策性贷款采取贴息贷款,超过3年延期部分贷款利息按适当低于农村信用贷款利率的水平收取利息。

第四,贷款额度。应综合农地流转公积金资金归集情况、农户农地市场价格、转入农地面积、农户抵押或担保情况及还款能力等因素确定具体小额贷款额度,但为保障资金的安全性和流动性,农地流转公积金小额政策性贷款单户家庭最高额度应不超过转入农地租金及生产经营投入总金额的半数或更高比例,具体根据实际情况而定。

7.3　农地流转公积金发展型保障资金使用

7.3.1　农地适度规模经营的界定

围绕农地适度规模经营问题,国内外学者均展开了相关理论和实践的探讨。农业规模经济的基础是农业报酬递减和要素的不可分性,18世纪法国农学家杜尔阁最早对"土地报酬递减规律"内涵进行了阐释,为农地经营规模问题研究奠定了理论基础。国外学者多从投入与产出、效益与效率角度来研究农地规模经营问题。Schultz(1964)基于农场管理者和大型拖拉机等生产要素不可分假设,提出了大农场未必比小农生产更有效率的观点。而近期的研究同时表明,对某一种农作物种植而言,土地细碎化和农场规模过小化对土地利用效率有显著负向影响(Rahman and Rahman,2008;Alam et al.,2011)。在此基础上,Manjunatha et al(2013)对印度南部地区多种类型农业作物种植研究表明,土地细碎化也会导致农业生产效率和农场利润低下,还发现小农场在土地投入要素利用方面比大农场效率更低,而连片经营的农场、大农场、多元化自主经营农地与一般小农场相比具有更高生产效率。Laure Latruffe and Laurent Piet(2014)建立了包括生产成本、产出、效益、技术、规模效率等在内的多样化农业绩效指标体系,对法国布列塔尼地区土地细碎化状况与农业效益之间的关系进行分析,结果表明土地细碎化会导致组织生产成本增加、创新能力受限等问题,因而总体上不利于农业经营效益提高。国内学者则主要从我国基本国情和适度规模经营政策大背景出发,探索促进我国农地适度规模发展的路径。总体来说,学者们从理论与实证研究上都强调了发展适度规模对我国农业现代化发展的现实意义(毕宝德,2011;钱克明和彭延军,2014)。土地规模经营程度受土地流转速度、集中程度、农村劳动力转移速度和转移数量的制约(刘风芹,2014)。

关于农地规模经营的"适度"问题,学者们就如何确定农地适度经营规模经营的标准进行了诸多研究,但由于评价目标和判断依据的不同,农地经营适度规模的标准也有所差异。齐城(2008)对河南省信阳市农户土地生产经营规模进行了测算,当地农户收入最大化时的农地经营规模为 $0.341 hm^2$。郭庆海(2014)认为将收入作为选择土地经营规模与否的尺度有利于土地要素的公平分配、农业现代化建设及现代农业经营主体的培育。吴沛良(2014)认为土地经营最适度的规模，就是专业农户种田的家庭经营收入与外出收入相当时生产经营的规模。

结合具体国情，由于我国农地资源地区分布严重不均衡，因而农地适度规模经营标准不能一概而论，需根据地区经济发展水平、自然条件等状况而定。2014年11月，中共中央办公厅、国务院办公厅印发《关于引导农村土地经营权有序流转发展农业适度规模经营的意见》(中办发〔2014〕61号)，指出：土地规模经营的适宜标准需要根据各地区自然经济条件、农村劳动力转移情况、农业机械化水平等因素来确定。现阶段，应重点扶持对象是土地经营规模为当地户均承包地面积的10-15倍、务农收入为当地二、三产业务工收入的农户。本书在农地流转公积金发展型保障账户资金使用条件的设置时，将以上述文件中提出的农地规模经营的适宜标准为依据。

7.3.2 农地流转公积金发展型农地经营性补贴

为促进农地流转市场的发展，一些有条件的地方政府先后进行了农地流转补贴政策探索，如江苏省对土地流出方采取每亩地100元的一次性补贴奖励(黄晓平,2008)；四川省崇州市自2007年起对农地流转期限在3年以上、流转面积在500亩以上的，进行每亩100元及以上不等的补贴(黄祥芳等,2014)；浙江省义乌市从2008年起一次性给予当年新增连片规模流转农地在50亩以上、流转期限在5年以上的农户，每亩260元的资金补助等。从地方政府农地流转补贴方式来看(见表7-2)，无论是直接财政补贴还是间接财税扶持政策对地区农地流转和农业适度规模经营都起到了积极促进作用。然而，两种方式作用特点有所不同：直接财政补贴的激励手段，可以使受补贴农户看到农地流转的眼前利益，因而具有实施周期较短且见效快的特点，但多采用一次性资金支付的补贴方式不具有可持续性，既无法真正解决转出地农户的后续保障问题，也难以对农户农业适度规模经营形成持续性的政策激励。此外，直接补贴方式也会引起农地流转市场价格的上涨，进而导致农业生产成本上升。相比前者，间接财税扶持的补贴方式见效相对较慢，扶持的对象更侧重于农地适度规模经营主体，但这种补贴方式与农地流转、适度规模经营中各个环节资本、技术等要素投资相结合，从政策激励作用效果来看更具有持续性和长远性。

从已有研究来看，学者们对农地流转补贴政策持不同观点。部分学者主张建立土地流转补贴政策，以冯锋等(2009)、肖大伟(2010)为代表，其理由是现行农业补贴政策与土地流转发展不配套,需要根据农地流转情况进行二次补贴,以及农村土地流转需要有效政策引导与激励。也有学者在对当前地方政府农地流转补贴政策分析后提出了质疑,如马志远等(2011)对上海市某区农地流转直接财政补贴政策分析后表示,现行政策会鼓励低效率的规模经营,甚至是政府花钱"买"农业适度规模而非市场自发形成;黄祥芳等(2014)对四川省崇州市的案例分析发现,通过实施土地流转补贴政策,农地流转规模将扩大,农地租金价格上升,转出地农户获得更多流转收益,同时获得补贴的大规模经营者的农地流转成本也得到降低,但对于未享受补贴的小规模者则存在"挤出效应",还可能降低土地生产率。

表7-2 各地方政府农地流转补贴政策主要方式

政策方式	主要内容
直接财政补贴	补贴条件:按照流转面积对流转规模、流转期限和租金水平达到一定标准的项目提供补贴;补贴对象:对农地转出方、转入方和村集体等中介服务组织中的一方或多方进行补贴;补贴金额:每亩补贴额度为 20 元至上千元不等;补贴方式:包括一次性补贴和经常性补贴
间接财税扶持	基础设施配套政策:对新型农业经营主体基础设施建设给予一定的资金补助;金融投资支持和税收补贴政策:对达到一定规模的农地流转项目给予融资支持和税收补贴

资料来源:根据《地方政府土地流转补贴政策分析及完善措施》一文内容整理所得。详见:黄祥芳,陈建成,陈训波.地方政府土地流转补贴政策分析及完善措施.西北农林科技大学学报(社会科学版),2014,14(02):1-6.

农地市场化流转和适度规模经营离不开宏观政策的激励与引导,鼓励农户农地流转及适度规模经营的补贴政策需要通过制度化保障机制加以规范。本书农地流转公积金制度设计中,将通过农地流转公积金发展型账户的农地适度规模经营补贴激励机制设计,为我国农业现代化发展解决长期资金投资不足问题和鼓励普通农户发展农地适度规模经营均具有现实意义。同时,借鉴现行地方政府农地流转补贴政策的实践及理论成果经验,本书农地流转公积金发展型农地适度规模经营补贴将采取直接与间接相结合的补贴方式,即以该项公积金政策性贷款为主,直接农地经营性补贴为辅的补贴政策。其主要原因是,一方面,适度合理的直接补贴可以在一定程度上保障农地适度规模经营者的利益,降低其适度规模经营成本,同时较为显现的激励方式有利于调动农户参与农地流转公积金缴存和农地适度规模经营的积极性;另一方面,以政策性贷款为主、直接补贴为辅的农地适度规模经营的激励方式,可以降低农业补贴政策对土地流转市场发展的不利影响,同时使政策激励具有可持续性和长远性,并且还有利于缓解现行农业补贴中因农地流转导致补贴主体错位的分配有失公平现象。

就农地流转公积金发展型农地经营性补贴而言,其资金来源主要有以下两种渠道:一是使用农地流转公积金国家和集体缴存中的部分资金;二是整合现有促进农地适度规模经营的专项政策补贴资金,通过农户农地流转公积金补贴资金形式发放。具体而言,在补贴对象上:参加农地流转公积金缴存,且缴存期满 1 年以上;农地流转后经营规模需达到所在地区农地适度规模经营标准范围,且农地流转期限至少为 3 年以上,同时对于超过地区农地适度经营规模的则不应给予补贴,以防止鼓励农地流转、经营过度集中趋势和农户片面追求农地规模超大化。在补贴方式上:应将补贴资金分期发放到农户农地流转公积金发展型账户,对农户农地适度规模经营过程及状况进行监督,确保资金用于农地生产经营投资,一旦农户转出农地或放弃农地适度规模经营,则停止该项补贴资金发放。在补贴额度上,需根据地区农地流转公积金资金归集及使用、农户农地流转公积金缴存水平、地区财政专项政策补贴资金,以及农户农地流转期限等情况而定。一般而言,农地流转公积金总体余额资金和地区财政给予的扶持资金越充裕,农户农地流转公积金缴存水平越高,农地流转期限越长,补贴资金额度越高。

7.3.3　农地流转公积金发展型政策性贷款

党的十八大报告指出:要统筹城乡一体化发展,缩小城乡差距,就必须大力培育现代农业经营主体。以家庭农场、种植大户、农民专业合作社等为主要形式的现代农业经营主体是实现我国农业现代化发展和促进农村经济发展的生力军,其发展也离不开农村金融等生产要素的支持。然而在实践中,由于新型农业经营主体自身原始积累不足、农业生产经营的弱质性以及金融体系的不完善等(杨亦民和叶明欢,2013),使其无法获得有效的金融支持,进而影响农业现代化发展进程。政策性金融作为推动农业现代化发展的一项重要的间接财税扶持手段,对于促进农地适度规模发展中资本与其他生产要素的结合发挥着至关重要的作用。本书探索性提出激励和培育新型农业经营主体发展的创新金融服务模式,即农地流转公积金发展型政策性贷款,以促进我国农业适度规模化、现代化发展。该项公积金发展型政策性贷款主要针对具备从事农地生产经营能力、意愿和种植经验,希望扩大农地生产经营规模向家庭农场、专业大户、农民专业合作组织等新型农业经营主体发展,但由于资金不足及无法获得信贷支持的农户,提供农地适度规模经营的政策性金融支持,以提高其发展适度规模经营积极性,推进国家农业适度规模发展目标早日实现。

总体上,农地流转公积金政策性贷款方案设计,以农地承包经营权抵押为基础,并结合我国农地适度规模经营政策目标,采取梯度化、差别化利率标准设计。以各地区确定的农地适度经营规模标准为参考,对致力于发展适度规模经营的中小普通农户或农业经济组织,可采取短期贴息、长期低息贷款、适度提高贷款额度上限等优惠政策,引导其向农地适度规模经营主体发展;而对农地经营规模超过该地区适度规模标准的经营大户或企业,可适度提高政策性贷款利率水平、降低贷款额度上限,以商业贷款为主、政策性贷款为辅的农地流转公积金借贷政策。在保持农用地总面积不变的情况下,提高分散的小农户农地经营面积,使农业容纳更多的劳动力,并防止农地经营过度集中化。

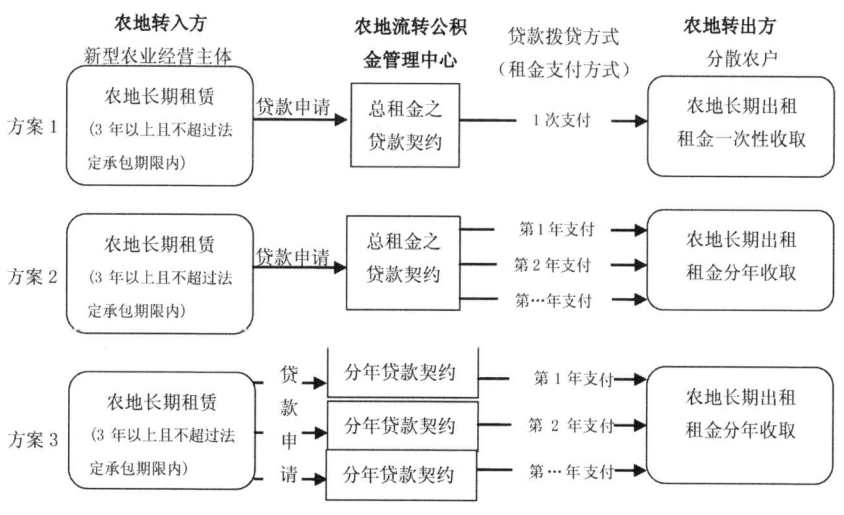

图 7 - 2　农地流转公积金发展型政策性贷款租金支付方式

具体而言,可将农地流转公积金发展型政策性贷款分为:农地租金贷款和农地适度规模经营资金贷款。就农地租金贷款部分,农地流转双方可以在自主协商的基础上,根据双方意愿可选择通过该项公积金政策性贷款进行农地租金一次性或分期支付方式(见图7-2);为确保农地生产经营的持续稳定性,该项公积金的租金贷款应以长期租赁方农户为主,即流转合约期限至少为3年以上的;农户可依据贷款条件,选择与农地流转公积金管理中心一次签订租金贷款总契约或分年签订租金贷款契约;租金贷款的额度,以农地流转实际租金为参考进行一定比例或全额贷款发放,根据地区经济发展水平,可采取无息或低息。

农地适度规模经营资金贷款部分,贷款额度和偿还年限则需要根据农户具体农地经营资金需求情况考虑。本书结合中国人民银行发布的《关于做好家庭农场等新型农业经营主体金融服务的指导意见》(银发〔2014〕42号)文件中的相关规定,对农户获取农地流转公积金发展型政策性贷款的总体贷款条件做出以下限定:

第一,贷款对象限定。农地流转公积金发展型政策性贷款的农户年龄为18周岁至60周岁之间具有完全民事行为能力的本地常住居民,且有合法的身份证明;农地经营规模达到当地所确定的农地适度经营规模标准,对于超过地区适度规模经营标准的,超出规模在一倍及以内可按照政策性与商业性贷款各占一定比例的组合贷款方式,超出适度经营规模在一倍以上的,应以商业贷款为主、政策性贷款方式为辅,或完全按商业贷款利率水平计息;首次转入农地发展适度规模经营,自筹资金应达到农地流转租金总价的一定比例(一般为30%以上);申请贷款时无逾期未还贷款。

第二,贷款时农地流转公积金的缴存期限和用途。开设了农地流转公积金个人账户,并参与农地流转公积金连续缴存期限满一年及以上的;以农地流转合同或农地承包经营权证书为凭证,资金主要用于农地流转租金及农地生产经营资金投入。

第三,贷款方式、期限及利息水平。以农地流转公积金农户账户内资金及农地承包经营权为抵押或担保物;贷款期限不超过借款人法定退休年龄与现有年龄的差额,且最长不超过参与农户农地承包经营权的法定承包期限。

第四,贷款额度。应综合农地流转公积金资金归集情况、农户农地市场价格、转入农地面积、农户抵押或担保方式、农户生产经营状况、偿债能力、还款来源、信用状况等因素,确定具体农地流转公积金发展型政策性贷款额度,但该项政策性贷款单户家庭最高额度应不超过转入农地租金及生产经营投入总金额的半数或更高比例,具体根据实际情况而定。

7.4 农地流转公积金的贷款流程、贷后管理与还贷方式

7.4.1 农地流转公积金贷款流程与贷后管理

为确保实现农地流转公积金政策性贷款的公平合理性与可操作性,本书对其具体流程进行了初步设计(如图 7-3 所示):首先,参与农地流转公积金缴存农户为获取该项公积金的生存型小额政策性贷款或发展型政策性贷款,需向农地流转公积金管理中心提出申请,并提交相关申请材料,包括农地流转公积金借款人申请书、农地经营计划书、合法有效的农地流转合同、身份证件、抵押物评估报告等。其次,农地流转公积金管理中心受理农户贷款申请后,需对借款人的申请材料进行初次审查,并通过信息化网络办公系统将相关资金进行登记录入后,提交农地流转公积金管理委员会业务主管部门进行核查。最后,经农地流转公积金管理委员会主管部门复审核查后,通过系统确认并通知农地流转公积金管理中心进行相应的贷款业务办理,并对管理中心业务办理过程进行追踪和监督,以确保该公积金政策性贷款资金落实到户及专用性。

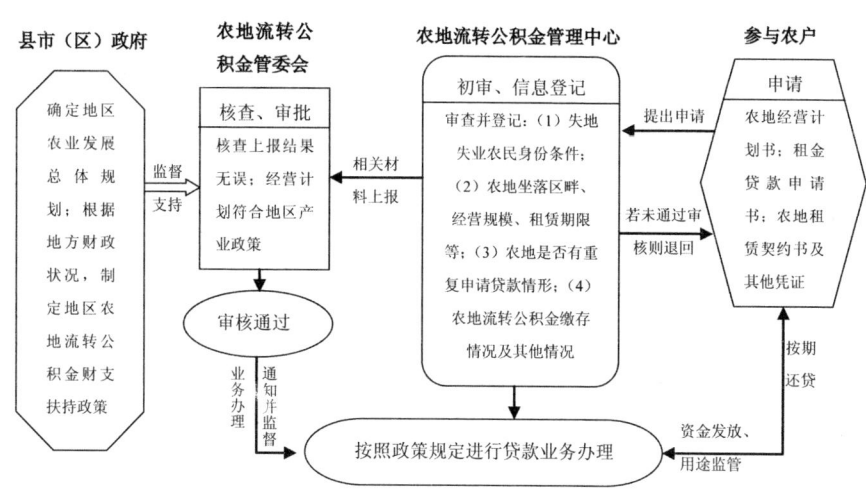

图 7-3 农地流转公积金贷款流程

此外,为充分发挥农地流转公积金政策性贷款在促进地区农业发展中的政策导向性,地方政府应首先制定地区农业发展的总体规划,农地流转公积金管委会将依据地方政府制定农业产业规划和政策,对农户借款的农地经营计划项目进行核查,以使农户农地适度规模经营符合地区农业现代化发展的长远规划。为使农地流转公积金在促进地区农业现代化发展的激励与保障性作用充分发挥,县区政府也可根据地方财政状况,对农户农地流转公积金进行相应的财税政策扶持。最后,经农地流转公积金管理部门审批通过的借款人,签订借款合同。农地流转公积金管理中心将依据借款合同约定,一次或分次将该项公积金贷款资金划入借款人农地流转公积金储蓄账户上。

为降低农地流转公积金政策性贷款风险,在贷款程序需缜密审查的基础上,还需要配合贷后管理与监督机制,以防农地流转公积金贷款政策性贷款资金被不当利用的情形。具体而言,首先,农地流转公积金管理机构在进行农地流转公积金政策性贷款时,应充分计提呆账准备金,确保该公积金资产损失准备充足率始终保持在100%以上,以全面覆盖和防范贷款风险;其次,农地流转公积金管理中心及地方政府有关部门应依据农户农地经营计划书及借贷资金用途进行监督,定期抽查,以避免农户转入农地后有违反农地使用用途行为或投机行为发生;最后,建立农地流转公积金使用信息披露制度,以便接受社会监督。农地流转公积金管理中心应向农地流转公积金管理委员会、地方政府主管部门及所属金融机构,及向其提供融资的银行金融机构、有关捐赠机构及时披露经第三方机构审计的财务报表和年度农地流转公积金资金归集及使用经营情况、融资情况、重大事项等信息,并及时向社会披露,以便接受社会公众和参与成员农户的监督。

7.4.2 农地流转公积金贷款的还贷方式

在借鉴住房公积金贷款及农村信用贷款的相关规定和已有经验的基础上,结合农地流转公积金的运作方式和贷款对象,本书提出农地流转公积金贷款的还贷办法及相关规定。农地流转公积金管理中心对农民农地流转公积金贷款还贷情况实现网上实名个人信用记录,方便及时查询和督促贷款人及时还贷。依据还贷时间的不同,农地流转公积金贷款的还贷方式和规定分为以下三种情况:

(1)按期还贷

住房公积金贷款还贷方式主要包括两种:每月等额本金还款法,是借款人每月偿还的本金固定不变而贷款利息逐月递减的还款办法;每月等额本息还款法,是借款人每月偿还的贷款本金和利息总额保持不变,但每月还款额中贷款本金逐月增加且贷款利息逐月减少的还款方式。对于住房公积金贷款期限为一年以内的,采取到期时一次还本付息;而贷款期限在一年以上的,则采取按月偿还贷款本息的还贷方式。借鉴上述还贷方式,农地流转公积金贷款按期还贷的具体办法如下:

第一,根据个人情况选择不同还贷方式。

第二,农地流转公积金贷款人与该公积金管理中心签订按期还贷合同。

第三,农地流转公积金贷款人需根据还贷合同规定按期支付贷款本息。

(2)提前还贷

第一,还贷人提前一个月向农地流转公积金管理中心提出提前还贷申请。

第二,农地流转公积金管理中心受理该申请后,在 10 个工作日内为农民办理提前还贷业务。

第三,农地流转公积金贷款提前还贷农民无须支付违约金。

第四,如选择缩短还贷时间,需另行签订还贷合同。

(3)逾期还贷或违约不还

第一,农地流转公积金贷款人在合同规定还贷期限内未还清贷款的,需提前 30 个工作日向贷款银行提出延期还贷申请。在农地流转公积金管理中心审核批准后,借贷双方应签订延期还贷协议。

第二,提前申请并办理了延期还贷手续及合同的,延期还贷期间内贷款利息在按期还贷利息的基础上增加10%;未提前申请办理还贷手续及合同的且按期未付清还款的,按违约处理,逾期时间内贷款利息按延期贷款利息标准计算外另加欠款10%的违约金。

第三,延期还贷时间不超过 5 年,超过 5 年未还清农地流转公积金贷款者按违约不还处理。

第四,超过延期还贷时间未还清贷款者按逾期不还贷款处理,农地流转公积金管理中心将自动扣除其账户上的农地流转公积金存款资金,以冲抵欠款。若农户农地流转公积金账户资金不足以垫付欠款,剩余部分则通过抵押物变现处置以抵偿欠款,若仍有不足,则可由国家与地方两级财政出资建立的农地流转公积金政策性贷款风险补偿基金垫付,以弥补承贷金融机构的损失。

第五,农地流转公积金政策性贷款违约还贷者,也将无法再次获得信用贷款或国家相关农业政策性补贴和支持。

7.5　农地流转公积金政策性贷款定价模型构建

7.5.1　贷款定价研究的相关经验与借鉴

长期以来,中国优先发展重工业的赶超战略和传统农业自身的弱质性,使农村和农业发展的金融积累水平远低于城市与其他产业,而农村金融资本大量外流和非农化又直接导致农业投入和农业现代化发展缺乏后劲。通过政策性金融手段调节,引导资本向农村、农业回流,是弥补农业生产中自己累积缺口、改善农村金融环境的关键。政策性金融通过批发贷款、间接扶持等方式,可以有效带动农村地区大量被商业性金融体系排斥在外的中低收入农户,有效缓解农户融资难题(刘营军等,2011)。农地流转公积金贷款作为一项全新的政策性农地金融模式,对于促进农地资源市场化配置,缓解农地市场与农村中低收入农户的"融资难"问题都具有一定的现实意义。该项公积金贷款由农村金融机构下设的农地流转公积金管理中心,运用农户、集体及国家三方共同缴存的农地流转公积金,向参与缴存农户发放的农地承包经营权抵押贷款:一方面,为农地适度规模经营农户提供有效政策性金融支持,以激励和引导农户向新型农业经营主体发展,并提高其收入水平;另一方面,为农地市场化流转中的失地失业农户提供农业再就业的金融扶持,以保障农户基于农地的基本生存、发展权利和农村社会的繁荣稳定。然而,农地流转公积金政策性金融服务功能的实现,是建立在对该项公积金贷款进行合理定价的基础之上,因此确定合理的农地流转公积金贷款利率水平,成为这一政策性农地金融服务新模式功能作用得以有效发挥的关键。

从相关贷款定价问题的理论研究与实践来看,同样具有政策性特点的住房公积金贷款定价的政策实践探索与理论研究,对本书农地流转公积金贷款定价模型构建具有一定的启示意义。住房公积金贷款作为国家政策性住房金融服务的主要方式,已成为城镇居民购房贷款的首选贷款途径。而现行住房公积金贷款利率水平则是依据住房城乡建设部下发的相关通知进行利率上下调整浮动。实践中,相当一部分地区的住房公积金贷款额度是在实践摸索中主要根据当地构建住房价格、借贷款人还贷能力及其住房公积金账户余额三项因素进行设定的,然而这种简单的定价方法使得住房公积金贷款形成了"嫌贫爱富"的局面(王永风,

2015),最终偏离了该项公积金为居民提供基本住房权利保障的政策初衷。可见,政策性贷款定价的合理性程度直接影响着贷款政策最终目标的实现。理论上,学者们也从不同角度对现行的住房公积金贷款定价问题进行探讨。测算方式方面,王永风(2015)在考察城镇职工及其家庭成员公积金缴存情况、居住水平、曾经购房和贷款情况以及诚信状况等因素,总结出一套对所有住房公积金缴存人贷款的理论授信额度算法。模型构建方面,朱婷(2012)根据普遍贷款、权利对等和基金充分利用等原则,构建了住房公积金贷款的一个模型化标准,并指出住房公积金贷款额度与参与成员工资、缴存比例和贷款前缴存期限等因素呈正相关关系。实证分析方面,杨黎明和余劲(2013)利用2002-2011年七个二线城市的面板数据实证分析表明,住房公积金贷款对二线城市房价具有正向推动作用。也有学者对现行住房公积金贷款中的问题进行了讨论,如陶学国(2010)和关永宏等(2007)分别指出现行住房公积金贷款中存在办理程序烦琐、可持续性不足和"帮富不帮穷"等问题。

农地流转公积金制度采取农村金融机构下设农地流转公积金管理中心的运作模式,因而农地流转公积金政策性贷款及定价机制设计既要与现行农村金融机构管理运行规则相符,又需要在现有的政策框架下实现农地流转公积金制度自身的激励与保障功能。学者们关于农村金融机构与以农地承包经营权为抵押的贷款定价问题研究,也为农地流转公积金政策性贷款定价机制设计与模型构建提供了有益参考与借鉴。赵炳盛和付亚辰(2012)以宅基地、林地和耕地的承包经营权抵押贷款的特点与风险因素为基础,建立了基于风险溢价的三权抵押贷款定价模型。张海洋和平新乔(2012)则采用信息甄别模型研究了农户土地流转行为与农村信用社贷款定价之间的关系,表示农户土地租赁情况可以作为金融机构识别贷款农户风险状况的一种信息识别机制。刁怀宏(2005)构建了贷款者的农地抵押金融合约模型,通过分析认为农地使用权抵押金融既可以提高农户贷款资金的安全性,又蕴含着农地使用权市场化流转发育的可能。

以上关于住房公积金、农村金融机构及农地使用权抵押贷款定价问题的理论研究与实践经验,为本书对农地流转公积金政策性贷款定价研究提供了一定研究基础和思路。但农地流转公积金政策性贷款是基于农地流转公积金制度设想基础上的一个全新农地金融服务模式,因此需要结合该项公积金制度自身特点及农村具体实践,进行农地流转公积金政策性贷款定价的指标体系与模型构建。基于此,文章首先在明确农地流转公积金贷款定价的目标和原则的基础上,分析现行贷款定价模型对农地流转公积金贷款定价的适用性,再运用信贷合约交易模型对农地流转公积金贷款定价的影响因素进行了分析,最后基于信贷合约交易模型的分析结果对农地流转公积金贷款定价的指标体系及模型进行构建。

7.5.2　农地流转公积金贷款定价的目标与原则

结合农地流转公积金制度设计的总体目标和原则,考虑该项公积金政策性贷款定价应以满足参与农地流转公积金缴存农户农地经营资金借贷需求为核心目标,并通过差异化和梯度化的贷款方式,形成对参与农户农地适度规模经营的政策激励和农业再就业的基本生存需求保障。具体而言,农地流转公积金政策性贷款定价应遵循以下原则:

(1)政策普惠性原则。农地流转公积金制度作为一项创新的政策性农地金融制度安排,该项公积金资金使用方式直接决定着其功能的发挥,同时也在很大程度上体现了这一制度的政策性特点。农地流转公积金制度贷款的政策普惠性原则主要体现为:该项公积金贷款是为实现农地市场化流转和农业适度规模经营这一特定的政策目标而实施的金融支持手段。与此同时,满足多数普通农户农地流转和农业生产经营的农地金融需求,该项公积金贷款在利率、贷款期限、抵押担保条件和配套措施等方面与商业性金融相比应更加优惠。

(2)流动性、安全性与适度收益性原则。安全性和流动性始终是银行和金融体系的生命性,农地流转公积金资金主要来源是国家、集体和农户共同缴存的农地流转储蓄金和部分社会公众存款,因此资金主要为从储户借入,因而资金使用也存在一定的负债比率。为确保农地缴存方农户和社会公众储户的利益不受损失,以及农地流转公积金功能作用的有效发挥,就需要对这部分资产有较高的安全性要求,因此在该项公积金放贷业务中除了准备充足的资本金和缴存中央银行的准备金外,还需提高贷款投放资金的质量,确保较高的资金回收率,以避免呆账、坏账或挤兑现象频发而直接损害农地流转公积金及社会公众储户利益和使金融机构面临破产危险。流动性原则是承贷金融机构需按期回收贷款或在无损失状态下迅速变现的能力,以满足借款农户随时的贷款业务和缴存期满后的到期提款要求,如果经常出现不能及时兑付问题,该项公积金贷款业务及其代理金融机构的信誉将会受到较大影响,进而影响农地流转公积金的整体管理运作和可持续性。此外,尽管农地流转公积金具有政策性贷款特征且不以盈利为首要目标,但需要坚持适度收益性原则。由于该项公积金贷款的资金来源也有一定的利息成本,且只有确保资金投放和使用的适度收益性才能弥补管理运作成本和其他费用支出,以维持机构的正常开支和运作,并且通过有效的资金投资方式实现农地流转公积金资金保值增值,才能充实其资本金以增强其负债能力,扩大资金使用和惠及农户群体的覆盖范围。

(3)差异化原则。农地流转公积金贷款利率、额度定价时,需在对成本、风险、收益等精细化核算的基础上,依据贷款对象、贷款期限、贷款方式、贷款类型和风险种类等因素的差异进行差别化定价,以保证农地流转公积金贷款的安全流动性与适度收益性,以及对参与农户农地流转公积金缴存和使用中形成有效的激励与约束机制,使该项政策性贷款有限的资金以最优惠的价格发放到最适合和最需要的农户借款人手中。

(4)符合现行法律、法规与政策原则。农地流转公积金政策性贷款利率水平必须遵循国家相关法律、法规与金融政策,该项公积金贷款程序、方式、方法等也应符合现行的规定,使该项政策性农地金融服务产品能够充分体现国家支农的金融财政政策意图,同时确保该项贷款在现有的法律政策构架下能够有效实施和运转。

7.5.3 现行贷款定价模型对农地流转公积金贷款定价的适用性

建立在对发达国家商业银行贷款定价问题的理论与实践学习基础上,我国金融机构通常较多借鉴三种经典贷款定价方法:成本加成定价模型、价格领导模型和客户盈利能力分析模型。随着我国金融市场的发展和金融机构管理运作逐步走向成熟,也逐渐开始采用成本－收益定价模型和关系型贷款定价模型等较为先进和相对复杂的定价方法,而上述集中典型的贷款定价模型又具有各自的优势、不足及特定环境的适用性(见表7－3)。

表7－3 典型贷款定价模型的特点比较

贷款定价模型	主要文献	优点	缺点	适用情况
成本加成定价模型(Cost – Plus Loan Pricing)	Stein(2005)	考虑了银行内部财务成本、费用和风险,确保贷款有利可图	忽略了同业竞争关系与客户需求等,缺乏市场竞争力	具有卖方市场特征、核算体系较为完善的信贷市场

贷款定价模型	主要文献	优点	缺点	适用情况
价格领导模型（Pricing leadership Loan Pricing）	赵炳盛、付亚辰(2012)	综合考虑市场利率风险与贷款违约风险，具有较强可操作性与市场竞争力	未考虑借款人综合贡献度与银行经营成本	利率市场化程度较高，风险测算较为完善的贷款市场
客户盈利能力分析模型(Custom Profit Ability Analysis)	毕明强(2004)	"以客户为中心"的理念，考虑银行与客观往来关系，有利于得出有竞争力的贷款价格	对银行成本计算和客户关系管理要求较高	较适用于往来密切且资金量较大的大客户
成本－收益定价模型（Cost－Benefit Loan Pricing）	曹清山等(2005)	考虑贷款投放后的净收益能否弥补增补资本金及能否提高资产收益率	建立该分析模型的难度较大	适用于对运行较为成熟商业银行进行资本约束机制构建
关系型贷款定价模型（Relationship Loan Pricing）	邓超等(2010)	通过银行与借款人往来建立关系及获取私有信息，有利于解决二者间信息不对称问题	容易因银行与客户关系的变动而影响定价	适用于有技术平台支持的大银行，且与企业关系持续稳定

　　从上述五种较为典型的贷款定价模型特点及农地流转公积金政策性贷款设计目标来看，客户盈利能力分析模型、成本－收益定价模型与关系型贷款定价模型均不适用于农地流转公积金贷款定价问题研究。客户盈利能力分析法注重机构与客户之间的整体关系，但农地流转公积金政策性贷款资金的专用性和贷款对象的特定性，决定了该项贷款业务内容相对单一，且该项贷款的客户群里不是面向大客户而是普通农户，因而贷款资金量也相对较小，因此采用该方法进行定价的现实意义和必要性不明显。此外，该模型是建立在银行与客户历史业务往来数据的基础上，也不适用于新产品贷款定价设计。成本－收益定价模型是建立在清晰核算每笔业务所需资金的筹集成本、管理成本、风险成本、借款人需求及对银行的贡献度、利润目标等因素基础上的利率定价机制，因此该方法模型构建难度较大，同时对利率定价的相关管理信息、风险评估等系统及相关指标测算的准确性具有较高的要求。在金融机构运行机制和体系尚未成熟的情况下，现实操作上具有难度，对农地流转公积金相关金融产品贷款定价的适用性也不强。关系型贷款定价模型则更侧重于商业性信贷，关系型贷款属于基于社会资本或关系网络等因素构建的信贷市场交易，需要金融机构对客户大量私人或不透明的软信息有较为

全面和准确的了解,同时也会加大金融机构的运作成本,对于商业银行与大客户的长期稳定业务往来关系具有长远利益。而农地流转公积金贷款本身具有一定的政策性特点,在其不以盈利性为第一目标的情况下,也同时需要使贷款成本最小化,因此该模型也具有较强适用性。

相比较而言,前两种贷款定价模型对于农地流转公积金政策性贷款定价设计具有一定的适用性。农地流转公积金贷款的政策性特点,决定了其不以盈利为唯一和首要目标,因而该项贷款更侧重考虑对其参与成员农户农地适度经营的金融支持和生存型小额贷款保障,加之其特定客户对象和资金用途的专用性,使该项公积金贷款与以利润最大化和提高市场竞争力为目标、以面向大客户为主要服务对象的商业化贷款有着鲜明区别。为实现农地流转公积金及其政策性贷款业务的长效运转,确保资金运作的持续性、流动性和安全性是关键,因而需要充分考虑金融机构进行该项公积金贷款的管理运作成本,同时还需要有健全完善的信用评级体系以便充分估计贷款违约风险、期限及其他可能存在的风险。综合分析,成本加成定价法可以有效估计金融机构的经营成本,而价格领导定价法则兼顾了贷款本身及其违约风险,这两种方法的优势特点较为符合农地流转公积金政策性贷款定价的特点与现实需求,因此本书将以上述两种模型为基础对农地流转公积金政策贷款进行定价。

我国农村经济发展地区间存在较大差异,为鼓励农户参与农地流转公积金缴存的积极性,以及提高该项公积金贷款资金的使用效率,在初期阶段和地区经济水平较低的地区应施行以政策普惠性为主、以保证农地流转公积金承贷金融机构运行成本覆盖为基础的定价策略;而对于运行较为成熟和经济水平较高地区则可采取政策引导与市场机制相结合的方式进行农地流转公积金政策性贷款定价。因此,本书在借鉴已有贷款定价模型的基础上,建立农地流转公积金贷款的初级阶段贷款定价模型和成熟阶段贷款定价模型。

(1)初级阶段贷款定价模型

初级阶段农地流转公积金贷款考虑采用成本加成定价贷款法,该模型的适用性主要体现为:第一,该方法相对简单且应用广泛;第二,由于农地流转公积金贷款对象为参与缴存农户,其政策性特点决定了其服务对象的相对特定性,不必过多考虑价格竞争力、市场份额等因素,因而从金融机构运行的自身成本及风险角度出发进行贷款定价,有助于确保该项公积金贷款的资金流动性、安全性和可持续性。成本加成定价模型主要考虑因素有:贷款资金成本、贷款费用、风险补偿费

用及预期收益等因素,结合前文农地流转公积金贷款定价的指标体系,将农地流转公积金初期阶段贷款定价模型表示为:

贷款利率 = 贷款运营成本率 + 贷款机会成本率 + 预期收益率 + 贷款违约风险补偿率

其中,贷款运营成本率 = 资金成本率 + 操作成本率 + 管理费用率

(2)成熟阶段贷款定价模型

成熟阶段表现为农地流转公积金承贷金融机构的内部业务操作和风险管理相对完善,且适应该项公积金发展的农地流转市场、农地金融市场等外部市场环境已具备。在该阶段,农地流转公积金贷款考虑采用价格领导定价模型,其适用性主要体现在:该模型既能够反映金融机构管理运作成本的平均水平,又能够体现市场竞争状况,同时符合我国利率市场化改革总体发展趋势。价格领导定价模型的一般表达式为:

贷款利率 = 基准利率 + 风险溢价

其中,基准利率可采用无风险净收益率表示,风险溢价则是根据借款人的贷款风险程度而定,主要包括违约风险溢价与期限风险溢价。违约风险溢价是根据借款人的信用风险系数进行相应的违约风险溢价补偿率的确定。期限风险溢价则依据贷款期限和市场利率变化情况来确定期限风险补偿率。

尽管上述两种现行的贷款定价模型对农地流转公积金贷款定价具有一定适用性,但农地流转公积金贷款的资金来源及使用都有自身的独特性,通过上述定价模型不能够清晰全面地反映出农地流转公积金借贷双方在信贷交易中受到的来自自身私有信息和外部条件的诸多影响。鉴于此,本书将运用信贷合约交易模型对农地流转公积金贷款定价的影响因素做进一步分析。

7.5.4 农地流转公积金贷款定价的影响因素分析:基于信贷合约交易模型

7.5.4.1 农地流转公积金贷款定价:一个信贷合约交易模型

信贷合约交易形成的过程,即为借贷双方在互为约束的条件下,通过选择借贷资金和利率等决策变量,以实现双方利益最大化的过程(刁怀宏,2007)。本书农地流转公积金贷款设定为具有政策性特点的农地金融服务产品,为保证其在市场运作中的可持续性和该项贷款资金运营的成本,先暂且不考虑政策性定价的因素,而是将其作为普通金融产品探讨其信贷合约交易过程及定价的影响因素。具体而言,本研究将借鉴刁怀宏(2007)提出的农村金融机构信贷合约交易模型,结

合本书农地流转公积金贷款设计特点及所要解决的问题,通过建立类似的合约交易模型对农地流转公积金贷款定价的影响因素加以分析。

假设农户进行农地经营的初始投入资本为 M,包括了生产性投入资本,如农地、机械设备等;非生产性资本,如现金、存款、房屋等财产。结合现行农村产权抵押贷款政策,上述初始资本均可用于向农村金融机构进行抵押融资,因此是决定农户获得农地流转公积金贷款的能力和额度的因素之一。农地流转公积金贷款采取抵押贷款方式,抵押物有利于对借款者类型起到甄别作用,从而可以缓解贷款中的逆向选择与道德风险问题(张龙耀和江春,2011)。

假设农户通过农地流转公积金借入资金 L 从事农地生产经营,借贷双方达成约定的利率水平为 r,则贷款过程中需要支付的利率成本为 rL,且假设农户农地流转公积金贷款中非利率成本为 C_1,C_1 包括申请贷款花费时间的机会成本、为获得贷款的寻租成本等。由于农地流转公积金政策性贷款资金用途的专用性,决定了借款农户需将该项公积金贷款资金全部用于农地生产经营。而农村居民收入来源相对单一,资产性收入相对稀少,因此假定参与农户贷款偿付的资金来源主要有三种:农地经营收入 $R \cdot L$(R 为农户农地经营的收入率,分布区间为 $[0,\delta]$);农地流转公积金账户资金余额 B,B 取决于农户农地流转公积金缴存水平 w、缴存期限 t 和其他因素 ε;农地流转公积金贷款抵押品 M。

由于农地经营收入具有不确定性,农户获得贷款进行农地生产投资的收益情况可分为两种:农地经营投资获得成功时的收益水平为 Y^s,收益率为 $R = R_s$,$R_s \epsilon$ $[1+r,\delta]$,此时贷款人可全部收回贷款并取得固定收益 rL,这种情况的概率为 q;投资失败时的收益水平为 Y^l,收益率为 $R = R_l$,$R_l \epsilon [0,1+r]$,此时贷款人将收到借款人随机收益 $(R_l - 1)L$,以及作为弥补还贷本息的农户农地流转账户余额资金 B 和抵押物 M,其发生的概率为 $1 - q$。其中,q 受到利率水平(r)、借款人的认知水平、资源禀赋、努力程度等自身因素(θ_1)和借款人所面对的政治、经济、自然等社会条件因素(θ_2)的共同影响,即 $q = (r, \theta_1, \theta_2)$。通常情况下,农户农地流转公积金贷款资金远高于该项公积金账户余额,即 $L > B$,否则农户直接使用农地流转公积金账户余额资金进行生产投资而非选择该项公积金贷款。当农户农地流转公积金贷款投资失败时,若其农地经营产出收益无法弥补贷款的成本,首先将其农地公积金账户余额资金 B 进行抵偿,若不足以偿还贷款本金和利息,农户才会面临抵押财产 M 的损失。可见,农地流转公积金本身的还贷功能,既可以缓解借款人还贷压力和面临抵押物损失的风险,又可以降低承贷金融机构面临的贷款违约风险。

表7-4 农地流转公积金借贷双方的收益部分矩阵

投资情况	贷款人	借款人
成功,$R = R_s$	$r \cdot L$	$[R_s - (1+r)] \cdot L$
失败,$R = R_l$	$(R_l - 1) \cdot L + B + M$	$-(B + M)$

基于上述假设,可知借款人的预期收益为:

$$Y = q \cdot Y^S + (1-q) \cdot (Y^L - M - B)$$

$$= [R_s - (1+r)] \cdot L \cdot q(r, \theta_1, \theta_2) - [B(w, t, \varepsilon) + M] \cdot [1 - q(r, \theta_1, \theta_2)] \quad (1)$$

贷款人的预期收益为:

$$\pi = r \cdot L \cdot q(r, \theta_1, \theta_2) + \{[R_l - 1] \cdot L + B(w, t, \varepsilon) + M\} \cdot q(r, \theta_1, \theta_2) -$$

$$C_2 \cdot L \quad (2)$$

式(2)中,C_2表示贷款的管理经营成本率,包括金融机构发放数量为L的农地流转公积金贷款所支付的资金成本、操作成本及其他管理费用等。当贷款人在放贷的同时还面临其他投资机会,并确定有φ的无风险净收益率,则贷款人放贷给借款人的机会成本为φL。若农户不进行农地流转公积金贷款,其保留性收益主要包括出租农地与生产设备等获得的租金收入e,以及低投入水平下的收益y,那么农户的保留性收益为$Y^l = y + e + rL + C_1$,且假定$Y^S > Y^l > Y^L$。那么,为使贷款人与借款人双方信贷合约交易达成,则农户选择农地流转公积金贷款的约束条件为:

$$q \cdot Y^S + (1-q) \cdot Y^L \geq Y^l \quad (3)$$

即$[R_s - (1+r)] \cdot L \cdot q(r, \theta_1, \theta_2) - [B(w, t, \varepsilon) + M] \cdot [1 - q(r, \theta_1, \theta_2)] \geq$

$$y + e + rL + C_1 \quad (4)$$

而贷款人选择放贷的约束条件为:

$$r \cdot L \cdot q(r, \theta_1, \theta_2) + \{[R_l - 1] \cdot L + B(w, t, \varepsilon) + M\} \cdot [1 - q(r, \theta_1, \theta_2)] -$$

$$C_2 \cdot L \geq \varphi L \quad (5)$$

鉴于本书主要考察农地流转公积金贷款的定价问题,以及当前农村金融供给方在信贷交易中占据主导地位的实际情况,因而此处主要考察在何种条件下农村金融机构能够向借款人提供所需的农地流转公积金贷款。可将这一问题转换为一个参与激励约束问题,即借贷双方在满足贷款人收益最大化的提前下,需要达成一个贷款利率为r和贷款数量为L的均衡合约。该合约在满足(4)(5)式中的

两个约束条件的基础上,还应该满足以下条件:

$$Max\pi(L,r) = r \cdot L \cdot q(r,\theta_1,\theta_2) + [(R_l-1) \cdot L + M + B(w,t,\varepsilon)] \cdot [1-q(r,\theta_1,\theta_2)] - C_2 \cdot L \tag{6}$$

假设这个最优规划有解(L^*,r^*),且满足(4)(5)两个约束条件,将最优解分别代入(4)(5)式可得:

$$r^* \leqslant \frac{(R_S-1) \cdot L^* \cdot q(r^*,\theta_1,\theta_2) - [B(w,t,\varepsilon)+M] \cdot [1-q(r^*,\theta_1,\theta_2)] - y - e - C_1}{L^*[1+q(r^*,\theta_1,\theta_2)]} \tag{7}$$

$$r^* \geqslant \frac{\varphi L^* - [(R_l-1)L^* + B(w,t,\varepsilon)+M] \cdot [1-q(r^*,\theta_1,\theta_2)] - C_2 \cdot L^*}{L^* \cdot q(r^*,\theta_1,\theta_2)} \tag{8}$$

由(7)(8)式可知,农地流转公积金贷款利率的上限、下限是由L^*、R_S、R_l、$B(w, t,\varepsilon)$、M、y、$q(r^*,\theta_1,\theta_2)$、e、C_1、C_2、φ等因素共同决定,这些因素又涉及了农地流转公积金借贷双方的诸多方面。接下来,本书将结合信贷合约交易模型分析中规划问题的目标函数与约束条件,对农地流转公积金贷款定价的影响因素做进一步分析。

7.5.4.2 农地流转公积金贷款定价的影响因素分析

结合上文中农地流转公积金贷款的合约交易模型分析,及农地流转公积金贷款政策性特点,本书将以借款人特征、贷款机构特征、农地特征及政策特征四个维度来构建农地流转公积金贷款定价影响因素的整体分析框架(见图7-4)。

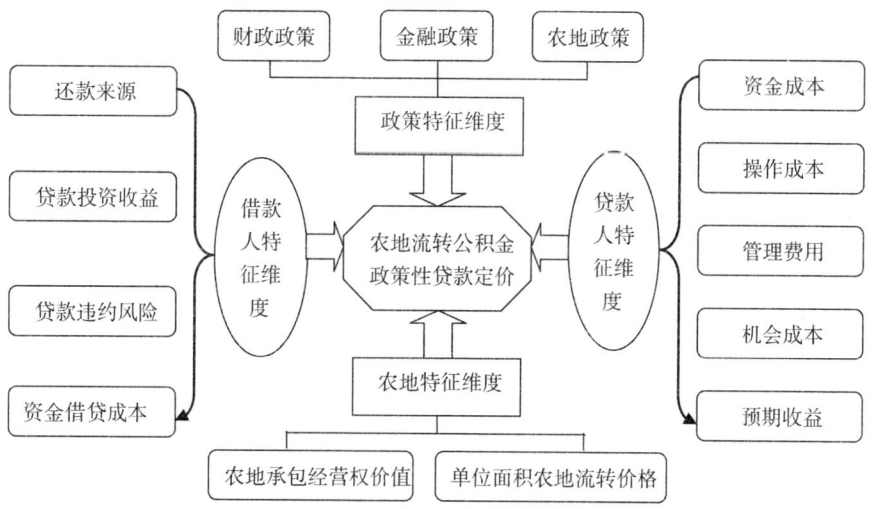

图7-4　影响农地流转公积金贷款定价的四维度分析框架

(1)借款人特征维度

由合约交易模型分析可知,农地流转公积金贷款利率上限、下限的影响因素中,如贷款后的农地经营投资收益率 R,低投入水平下的收益 y,农地流转公积金贷款的初始资本(抵押物)M、农户农地流转公积金账户余额资金 $B(w,t,\varepsilon)$,贷款不发生违约的概率 $q(r^*,\theta_1,\theta_2)$,低投入水平下的收益 y,以及农地流转公积金贷款的非利率成本 C_1 等,这些变量的取值与借款人的自身及面临的外部条件特征有关。不同的借款人存在不同的自身优势和外部条件,因此农地流转公积金贷款利率水平与额度也需要依据贷款人农户的特征差异而定。基于此,本书农地流转公积金借款人特征维度主要包括借款人的还款来源、贷款投资收益、贷款违约风险及资金借贷成本四个方面。借款人的还款来源主要包括家庭收入和农地流转公积金账户余额等,主要反映了借款人的还款资金来源渠道及还贷能力;反映贷款投资收益的因素主要包括农地经营初始资本投入量、农地经营规模、农地经营类型等,这些因素直接影响着农户农地流转公积金贷款后的农地经营收益水平及还贷能力;贷款违约风险,包括借款人信用状况、抵押物价值等,这些因素与借款人发生贷款违约风险的可能性及违约后抵偿风险损失的能力等有关;反映借款人资金借贷成本的因素是筹资成本和其他筹资渠道等,这些因素对借款人是否参与农地流转公积金贷款的决策产生直接影响。

(2)贷款人特征维度

贷款人发放农地流转公积金贷款的运营成本率 C_2 与放贷给借款人的机会成本等变量,也是影响农地流转公积金贷款利率上限、下限水平的重要因素,这些变量的取值则与贷款人内部及所面临的外部条件特征情况有关。从贷款人视角分析,影响农地流转公积金贷款定价的贷款人特征维度主要有:运营成本、机会成本及预期收益水平。成本是金融机构进行贷款定价时需要考虑的重要因素,尤其对农地流转公积金贷款这种具有政策性特点的金融产品,需要充分考虑其管理运作成本及其机会成本,以确保该项公积金贷款运作的可持续性。农地流转公积金贷款的运营成本主要包括:资金成本、操作成本及管理费用等,其中资金成本是农地流转公积金承贷金融机构发放数量为贷款所支付的存款或其他资金来源的利息成本,由于农地流转公积金贷款资金来源主要为农户农地流转公积金缴存资金,因而这部分资金的利息成本较低且相对稳定;操作成本则是针对每笔贷款的调查和审核借贷的可变成本,包括对贷款的信息获取、验证、分析等过程中形成的成本;管理费用则涵盖了贷款机构的绝大部分非资金性经营成本,包括针对农地流转公积金每项贷款的申请、调查、审核、发放、回收及贷款的业务办理过程中所产生的包括人员工资、设备成本及其他所需补偿及风险管理等费用。贷款人的机会成本也是影响农地流转公积金贷款定价的又一关键指标,无风险收益率、该项公积金的资金投资渠道等因素,是反映该项公积金资金的其他用途及潜在收益机会成本的重要因素。此外,贷款人预期收益是其希望从 L 的农地流转公积金贷款中获取的收入,这是农村金融机构开展农地流转公积金贷款业务的主要内在驱动力,而金融机构的预期收益率也将直接影响最终贷款定价水平,尽管农地流转公积金贷款金融机构的预期收益率会受到政策影响,但为实现农地流转公积金贷款资金的长效运转,应确保贷款人预期收益将不低于等量资金的无风险利率水平。

(3)农地特征维度

农地特征维度变量包括农地价值、单位面积农地流转价格等。充当贷款抵押物的农地承包经营权价值是农地流转公积金抵押贷款的最终保证。如果借款人转入农地价格大于市场评估值,那么借款人出租农地承包经营权也无法弥补成本,在农地流转市场价格下滑时就会加大该项公积金贷款的违约风险。单位面积农地市场流转价格综合反映了农地质量、区位条件及自然环境等,同时也直接影响农户参与农地流转交易的行为与其农地流转公积金贷款需求程度。对于农户而言,单位面积农地市场价格越高,意味着其转入农地需要支付的租金越高,因而对农地流转公积金贷款资金的需求可能越大;而当单位面积农地价格高出农户预期时,将意味着其转出农地获得保留性收益预期提高,因而对农地流转公积金贷款的需求可能越小。此外,如果借款人的农地流转价格与市场价格发生较大背离,则其以农地承包经营为抵押物的贷款发生违约的可能性就会增高。

(4)政策特征维度

财政政策与金融政策是农地流转公积金制度设想构建农地转入、转出的激励与保障机制的主要政策工具,因此在农地流转公积金政策性贷款定价中将会受到财政政策、金融政策的影响。通常,财政政策与金融政策支持和倾向力度将较大程度上决定了该项公积金贷款利率水平的政策普惠性程度。此外,农地流转公积金贷款作为一项以促进农地市场化流转和适度规模经营为目标的政策性农地金融服务产品,其贷款定价还会受到包括农地产权政策、农地流转政策、农地管理政策等在内的农地政策影响。

7.5.5　农地流转公积金贷款定价的指标体系及模型构建

基于上述农地流转公积金贷款定价的影响因素分析,本书从三个特征维度进一步构建农地流转公积金贷款定价的测度指标体系,如表7-5所示。

表7-5　农地流转公积金贷款定价的指标体系框架

类别	一级指标	二级指标	指标的含义
借款人特征(X)	还款来源 x_1	家庭收入水平 x_{11}	借款人使用家庭收入还款的能力
		农地流转公积金账户余额 x_{12}	借款人使用农地流转公积金还款的能力
	贷款投资收益 x_2	农地经营初始资本投入量 x_{21}	借款人用于农地经营投入的自筹资本量
		投资经营农地面积 x_{22}	反映借款人借贷资金需求量与潜在收益
		投资经营项目类型 x_{23}	反映借款人潜在投资收益和风险
	贷款违约风险 x_3	抵押物价值 x_{31}	反映借款抵偿违约风险损失的能力
		信用状况 x_{32}	反映借款人还款意愿及发生违约的概率
贷款人特征(X')	资金借贷成本 x_4	筹资成本 x_{41}	贷款人获取贷款的机会成本、交易成本等
		其他筹资渠道 x_{42}	贷款人其他筹资渠道或筹资替代品数量
	运营成本 x_5	资金成本 x_{51}	贷款人获取可贷放资金的财务成本
		操作成本 x_{52}	调查与审核每笔贷款过程中的可变成本
		管理费用 x_{53}	贷款人的贷款管理费用支出
	机会成本 x_6	无风险净收益率 x_{61}	贷款资金的时间价值和通货膨胀补偿率
		资金投资渠道 x_{62}	贷款人的机会成本
	预期收益 x_7	预期贷款收益率 x_{71}	贷款人的目标利润率
外部特征(X″)	经济因素 x_8	农地市场价格 x_{81}	反映借款人贷款需求程度
		农村居民消费物价指数 x_{82}	反映通货膨胀率
	政策因素 x_9	宏观政策 x_{91}	反映影响该项贷款定价的相关政策因素

在农地流转公积金贷款定价的指标体系中,按照特征因素的主体对象不同,将特征变量分为三组:X 类变量表示对借款人发放贷款的行为产生重要影响的因素,包括变量 x_1,x_2,x_3,x_4;X′类变量表示对贷款人发放贷款行为产生重要影响的因素,包括变量 x_5,x_6,x_7;X″类变量表示对农地流转公积金贷款借贷双方行为及贷款定价产生重要影响的外部因素,包括变量 x_8,x_9。

基于农地流转公积金借贷双方微观视角分析,借款人和贷款人在形成和制定各自的心理价格时,会受到其所能掌握的私有和公共信息的影响。作为买方的借款人其制定该项贷款的心理预期价格时,将会受到影响的因素可能包括:X, X'';而贷款人作为卖方在进行农地流转公积金贷款定价时,其主要影响因素可能包括 X, X', X''。其中,借款人特征(X)的变量是贷款人评估借款人的还贷能力与信用状况的重要考量指标,并直接影响着贷款人对贷款利率价格的制定。外部特征(X'')的变量则是通过影响农户对农地流转公积金借贷市场利率的预期 E,进而影响借贷双方的最终决策。对上述影响因素之间的关系进行初步模型化表达,则外部因素对农地流转公积金借贷利率价格预期 E 的影响作用、借款人定价的利率价格函数 Y_b 及贷款人定价的利率价格函数 Y_l 可分别表示为:

$$E = f(X'') = f(x_8, x_9)$$
$$Y_b = f_b(x) = f(X, E)$$
$$Y_l(x) = f(X, X', E)$$

贷款人进行农地流转贷款定价时需要综合考虑贷款人自身、借款人私有信息及外部经济、政策等因素,与此同时其目标是在预算约束和数量限制的条件下实现效用的最大化。

7.6　小结

本章首先从总体上对农地流转公积金的资金使用原则、方式及条件进行了限定,在此基础上着重对农地流转公积金生存型和发展型保障账户资金的使用方式,及其政策性贷款的流程、贷后管理与还贷方式进行了初步设计。在对现有贷款定价研究与相关模型梳理的基础上,通过建立农地流转公积金贷款的信贷合约交易模型,对农地流转公积金贷款定价的影响因素进行分析,根据分析结果对农地流转公积金贷款定价指标体系及模型进行初步构建。

第八章

农地流转公积金制度管理运作模式及风险防范机制设计

通过农地流转公积金资金用途的专项性设置,有助于引导资金流向农业部门,而要实现农地流转公积金在农地市场中的高效配置,还需要选择合适的管理运作模式,设计有效的风险防范机制,以确保农地流转公积金制度在实践运行中的长效性。因此,本章就农地流转公积金制度的管理运作模式选择、面临的主要风险及防范机制设计等问题展开详细探讨。

8.1 农地流转公积金制度管理运作模式选择

8.1.1 基金管理运作模式

基金管理运作模式的主要特点是资金所有人、托管人和管理人之间可以形成三方相互制衡的运行机制。在这一管理模式下,农地流转公积金也可称为"农地流转基金",其主要的组织结构如下(见图8-1):第一,成员大会与理事会。该模式下农地流转基金的最高权力机构是由农地流转基金缴存成员组成;由成员大会选举产生的缴存成员代表、政府相关部门代表及专家代表共同组成基金管理的执行机构,该机构代表广大农地流转基金参与农户利益,主要负责决策基金日常重要事项。第二,基金管理人。基金管理人受基金理事会的委托,对所归集的农地流转基金进行日常管理运作,与基金托管人定期核对资金使用情况,并定期向理事会上报基金运作情况。第三,基金托管人。鉴于该项基金的服务群体主要面向农户,因而农地流转基金的托管人主要为农村金融机构。该机构主要是在农地流转基金理事会的委托下,对参与该基金储蓄成员的农地流转基金资产进行保管,及对农地流转基金管理人的基金运作进行监督,并定期向农地基金理事会报告资金运作状况。

基金管理运作模式的优势:首先,由农地流转公积金缴存农户组成成员大会参与管理,有利于实现参与成员行使对该项基金管理权,使成员利益得以充分体现,且在该模式的内部治理结构中形成了相对健全的监督约束机制,可避免管理运行中的道德风险问题。其次,该模式既可以实现农地流转公积金资金的专业化管理运作和保值增值,又可将农地流转公积金资金运营状况纳入现有的基金行业监管之中,增强该项基金管理运作的规范性和透明度。最后,该模式中理事会、管理人、托管人三方形成相互制衡管理运作框架,可以实现权利与义务对等和权责统一。此外,基金管理运作还可以以现行的《中华人民共和国证券投资基金法》等相关法律法规为参照,进行农地流转基金模式构建与管理。

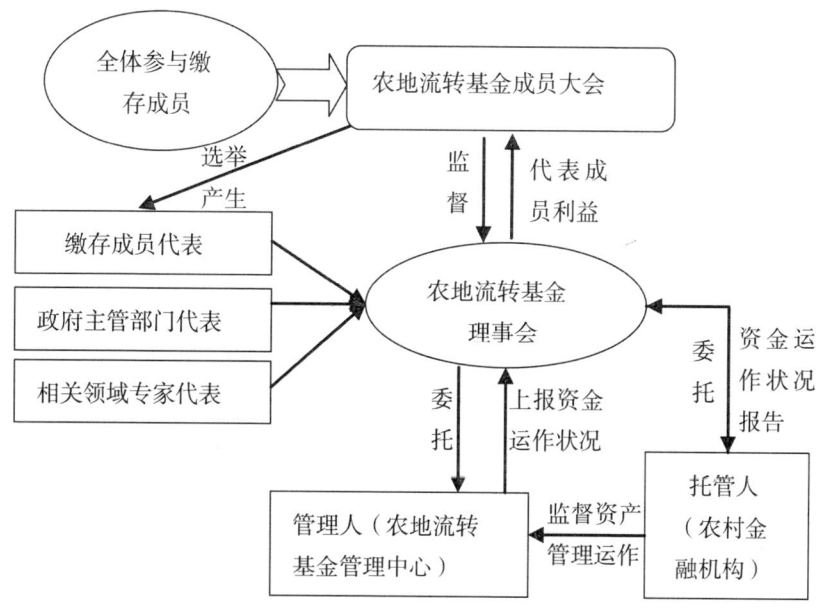

图8-1 农地流转基金运作管理模式

然而,这一模式还存在如下不足:首先,由农地流转公积金缴存农户组成成员大会,尽管能使成员参与管理,使基金参与者利益得到充分体现,但考虑该项公积金主要参与者是农户,就当前的农村实践而言,农户群体的文化程度相对较低,并且缺少专业的基金管理知识和经验,因而作为基金管理中的最高权力机构,以参与农户构成的成员大会难以真正发挥该机构的管理与监督职能,因而成员利益能否得到充分体现也难以保障。其次,基金模式中农地流转公积金的各方主体之间是一种私法上的权利与义务关系,因此农地流转公积金的政策性、保障性特征难以充分体现。

8.1.2 信托管理运作模式

《中华人民共和国信托法》(简称《信托法》)将信托定义为:委托人基于对受托人的信任,将其财产权委托给受托人,受托人将这部分财产按委托人的意愿以自己的名义进行管理或者处分,为受托人利益或者特定目的而服务的行为。在该模式中,农地流转公积金的信托管理运作由三方当事人主体组成(见图 8-2):第一,委托人——农地流转公积金管理委员会。委托人是该项公积金所有者代表,通过与信托机构签订信托合同让渡农地流转公积金的财产所有权给信托机构(受托人),由该机构投资、运营该项公积金的资金,并依据信托合同对受托人行为进行监督和约束。第二,受托人——农地流转公积金管理中心。在信托管理模式中,可将农地流转公积金管理中心建成为一个信托机构,该中心对农地流转公积金享有独立支配权,并专门负责农地流转公积金沉淀资金的投资运作,并为收益人提供该项公积金的基本保障和农地融资服务功能。第三,受益人——农地流转公积金缴存农户。作为受益人,参与农户一方面要履行按照规定定期足额向农地流转公积金个人储蓄账户缴存资金的义务,另一方面又同时享受该项公积金的基本生存保障和农地流转及经营的政策性贷款优惠以及最终享有所缴存农地流转公积金的本息。

这种运作模式具有以下优点:首先,该模式赋予了受托人独立的法律地位和独立承担运营风险的能力,有利于实现农地流转公积金资金管理运作的长期性和稳定性,且受托人的专业化理财方式,有利于实现农地流转公积金资金的保值增值和该项公积金的高效管理运作。其次,以现行的《信托法》为依据,在明确委托人、受托人和收益人权利义务关系的基础上,可将农地流转公积金管理中心纳入信托投资机构的监管体系之中,此外,相关的法律法规也可以成为构建农地流转公积金信托管理模式的参考依据。

但该模式的不足之处也相对明显,具体表现为:第一,信托管理模式不适用于对农地流转公积金统筹账户资金的财产管理,其原因是该公积金统筹账户资金具有准公共产品的特性,加之基于特定领取条件的限制使受益对象具有一定的不确定性,在此情况下,收益人监督受托人所获得收益要低于其所付出的成本,因而收益人会产生"搭便车"的倾向,而缺乏对该账户资金进行监督的动力。第二,该模式下,农地流转公积金管理中心作为一种独立的私法主体,以机构自身利益最大化为原则进行管理决策,因而难以保证该项公积金对参与缴存农户的政策性、福利性,这将直接影响该项公积金保障功能作用的发挥。第三,信托管理模式中,受托人在提高农地流转公积金资金投资收益回报率的同时,资金的安全性和运营风险程度也将随着增加,而农地流转公积金对参与农户的保障性功能特点决定该项公积金管理运作应以安全流动性为首要目标。

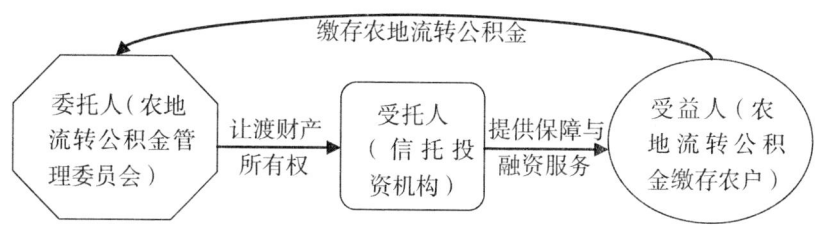

图 8 - 2   农地流转公积金信托管理运作模式

8.1.3   政策性银行管理运作模式

依据产权性质,目前我国农村正规金融机构可划分为三类:商业性金融机构——中国农业银行、中国邮政储蓄银行、农村商业银行、小额贷款公司及村镇银行等,政策性金融机构——中国农业发展银行、农业保险公司,合作性金融机构——农村信用合作社、农村合作银行及农村资金互助社等。考虑当前我国农地市场总体发育程度较低,以及农地流转公积金作为全新的政策性农地金融服务产品,在试点和推行阶段直接采取商业性金融管理运作模式的现实条件尚不具备,并且该模式下农地流转公积金以促进农地市场化流转和适度规模经营的政策性与保障性也难以得到充分体现,因此,依据现行农村金融机构的性质和农地流转公积金制度内容设计特点,考虑农地流转公积金的农村金融机构管理运作模式可采取政策性银行与农村合作性金融的管理模式。

在农村政策性银行管理运作模式下,农地流转公积金管理中心既可以形成独立的政策性银行,也可将该管理中心设置在现有政策性银行内部。农地流转公积金采用农业政策性银行管理模式,既能够实现其政策性、保障性功能,又有利于资金合理化运作。具体而言,有以下几方面优点:第一,政策性银行下设农地流转公积金管理运作机构,通常由政府行政命令或信誉担保方式发起设立,并服务于特定的政策目标,这就区别于一般商业银行,同时该项公积金的借贷资金以有偿使用为融资特征,又区别于财政资金的使用方式;第二,享受政策优惠以维持机构的规模性和保本经营性,具体包括低息贷款、减免税收、农业政策性补贴等优惠措施;第三,该模式下的农地流转公积金管理中心是在法律上具备独立承担信贷及管理运营风险能力的政策性金融机构;第四,既有的政策性金融机构理论和法律规范体系,可以作为构建农地流转公积金政策银行管理模式内部风险控制制度的理论支撑和现实依据,以保护该公积金所有者的权益,防范公积金运营风险。

尽管政策性银行管理模式进行农地流转公积金运作具有显著的优势条件,但就目前具体实践而言,采取该模式的条件尚不具备。首先,成立独立的政策性银行专门开展农地流转公积金业务,由于成本过高将会使财政不堪重负。农地流转公积金三方共同缴存的模式下,一方面组建全新政策性金融机构运作农地流转公积金的运营成本开支极高,另一方面作为政策性农地金融服务产品,农地流转公积金业务运营的市场竞争能力差,加之农地抵押贷款存在较大风险,因此该模式在当前的财政支持有限、农地市场发育程度不高的情况下难以实现。其次,以现有政策性银行为依托,在政策性银行内部下设农地流转公积金管理中心的运作模式,实施条件尚不具备。从业务范围来看,农业发展银行为我国唯一的一家农业政策性银行,而其经营的业务范围主要是大宗农产品、大型农业基础设施及产业化龙头涉农企业等,而农地流转公积金主要面向参与该项公积金缴存的普通农户和其农地流转与生产经营相关的保障金发放、农地抵押贷款业务等,从服务范围和对象上都存在较大差异,因此采取该模式运作农地流转公积金与农业发展银行自身职能定位不相符。从区位条件来看,当前农业发展银行以县级为最基层组织单位,县级以下组织尚处于空白,而农地流转公积金业务主要面向农村居民,因而该模式将不利于相关业务的开展,不利于为参与农户提供快捷、便利服务。

8.1.4 农村合作性金融管理运作模式

合作性金融是以合作经济组织的形式按照合作制原则运作的金融机构(刘红和高海,2012)。农村合作性金融以农村信用合作社为代表,自2003年改革以来,形成了农村信用合作社、农村合作银行与农村商业银行三种形式并存的局面。由农村合作性金融机构下设农地流转公积金管理的运作模式,具有一定的现实可行性,原因如下:

第一,农村合作性金融的管理运作原则、机构性质及目标与农地流转公积金制度具有内在一致性,为农地流转公积金制度的激励与保障功能实现提供了制度保障。农村信用合作社以自愿参与、民主管理及互助互利的原则进行组建,机构性质上具有非营利性,以及以服务"三农"为目标,与农地流转公积金制度设计的原则、性质和目标等具有一致性,因而采取该模式将有利于农地流转制度以促进农地市场化流转为目标的激励与保障功能得到充分发挥。

第二,委托代理关系简化,有利于降低农地流转公积金制度的管理运作、实施成本与经营风险。从农地流转公积金制度实施成本考虑,一方面,专门设立农地流转公积金管理机构的成本过高,会使政府财政负担过重;另一方面,采取农村合作性金融的管理运作模式,可以充分利用农村金融体系中充沛的现成存量资源,最大限度地节约农地流转公积金制度的实施成本,同时又能够确保农地流转公积金专业化管理运作。从委托代理关系角度来看,住房公积金管理运作中存在房委会与公积金管理中心、管理中心与受托银行、职工与管理中心等多层委托–代理关系,给管理中的寻租、合谋等隐蔽违规行为滋生提供了空间,大大增加了住房公积金管理运行、监督成本以及其贷款的金融风险。基于此经验,本书考虑由农村合作性金融机构下设该公积金管理中心的管理模式,这样一来仅存在农地流转公积金管理委员会与管理中心、管理中心与普通农户之间委托代理关系,相比住房公积金管理模式,该模式下的委托代理层次关系得到了简化,且上级金融机构与银监会对其业务操作进行直接监管,将管理中心设置于银行内部,既便于金融机构对资金运营及相关信贷业务的监督管理,又有利于降低管理运作中的逆向选择与道德风险。

第三,农村合作性金融基础组织的广泛性和扁平形式为农地流转公积金业务开展提供了组织保障。农村信用社采取县乡两级独立法人组织核算体系,其组织结构呈扁平式,在全国县、乡(镇)地区基本达到全覆盖。根据中国银监会统计数据显示,2007 年至 2014 年,全国农村合作银行与农村商业银行数量从 130 家增至 754 家,其中,农商行共 665 家[①],农村合作性金融在农村地区的基础组织覆盖范围在不断扩大。同时,农村合作性金融长期面向广大基层农户开展农村金融服务工作,有丰富经验积累和良好群众基础,因此由农村金融机构代理农地流转公积金管理运作具有广泛的公信力,便于业务开展。此外,农村合作性金融具有"亲民

---

① 自 2010 年起,银监会已明确不再批设新的农村合作银行,符合条件的农村信用社将完全按照商业化原则直接组建为农村商业银行。

性"特点,既可以与农地流转公积金所有人同时也是客户建立并长期保持更密切的关系,又可以减少信贷双方信息的不对称性,节约交易费用,降低该项公积金抵押贷款风险,提高资金运作管理的安全性。

而该模式的不足之处主要体现在:当前,农村信用合作社市场化、商业化改革尚未完成,以及改革后合作金融的性质是否改变存疑,改革过程中诸多变动因素也会直接影响该管理运作模式下农地流转公积金运行的稳定性和连续性。尽管当前以农村信用合作社为代表的农村合作性金融尚处在改革中,但其演变趋势与地区经济发展水平相适应,并且服务"三农"的总体经营方向和目标尚未改变。

综合上述多种主要管理运作模式的利弊比较分析,结合农地流转公积金制度设计总体构想与当前我国农村金融体系发展具体实际,本书认为采取农村合作性金融组织下设农地流转公积金管理中心的运作管理模式更为适宜。

8.2　农地流转公积金制度运行中可能面临的主要风险

农地流转公积金制度运行中可能面临的风险,贯穿该项公积金的资金筹集、使用、管理运行等全过程,本书将农地流转公积金制度可能面临的主要风险划分为三类:资金筹集风险、资金使用风险和管理运作风险。

8.2.1　资金筹集风险

农地流转公积金筹资风险是为保障该制度顺利实施,在资金筹集方面面临的风险,这是农地流转公积金面临的最基本风险类型。农地流转公积金政策性金融特点决定了该项公积金的有效运转依赖于大量、长期而稳定的资金来源,而这部分资金来源不能够完全由财政或金融机构负担,也难以在资本市场上筹集,只能通过国家、集体和农户自身多方主体共同分担的方式筹集。此外,还可以通过利用公积金运作特点,通过发行能够为社会公众所接受的农地金融产品系列,以吸引社会闲散资金,从而满足农地流转公积金资金运作需求。从农地流转公积金制度设计的三方缴存主体来看,国家缴存部分资金主要来源于财政收入,在合理的缴存比例安排下其资金来源具有一定的可靠性和持续稳定性,但还需要确保各级政府对补贴资金发放的贯彻落实;而集体和农户由于长期处于国民经济发展中的弱势地位,其农地流转公积金缴存部分的资金来源有一定程度上的不确定性,可能会对农地流转公积金资筹集带来风险。

第一,农户农地流转公积金缴存部分资金来源的不确定性。农地流转公积金农户缴存部分的资金来源途径主要包括两个方面:农地承包经营权市场流转收益,除农地承包经营权流转收益以外的其他家庭收入。从农地承包经营权市场化流转收益来看,这部分无形资产收益也只有在农户转出农地承包经营权的情况下才能获得,尽管我国农地市场化流转的发生比例和规模在逐年增长,但参与农地流转的农户尚不具有普遍性,因此对于未进行农地流转的农户而言,没有这部分收益也就不存在进行农地流转公积金缴存的资金基础。从农户家庭收入来看,可分为家庭农业收入和非农收入两部分,就农户家庭农业收入而言,受自然因素影响大、生产周期长、投资收益率低等特点,农户用于农地流转公积金缴存的家庭农业收入具有较大波动性和不确定性;农户的非农家庭收入主要包括工商业收入、转移性收入、财产性收入以及工资性收入等,这部分收益具有见效快、投资回报收益率高等特点,也将成为农户参与农地流转公积金缴存的重要来源,但由于农户非农就业多属于短期临时工,非农就业的不稳定性使得这部分家庭收入也具有不确定性。

第二,集体缴存部分资金来源的不确定性。在农地流转公积金资金筹集中,集体补助对于调动农民缴费的积极性,拓展农地流转公积金的资金来源和可持续发展具有重要作用。然而,现实中,由于地区间、村级间的经济发展水平差异较大,总体上我国农村集体经济实力较为薄弱,使农地流转公积金集体缴存部分资金来源具有不确定性。韩俊和张云华(2008)对全国2749个村的调查显示,目前村级集体经济发展不平衡,多数村集体经济薄弱,主要依赖非生产经营性的土地等资源的出租或开发收入,村集体组织的收入来源相对单一。张忠根和吴海江(2013)对浙江省农业厅的197个固定观察点(村)的调查数据显示,大多数村级集体经济组织收入不高,村集体经济收入中具有可持续性的生产性收入所占比重较低。此外,集体征地补偿收益分配中的利益冲突,会增加集体缴存部分的不确定性。近年来,随着土地被征用的规模和速度加快,土地征地补偿收益成为村集体经济收入中的非生产经营收入的重要来源。现实中,对于集体产权收益的分配,集体与农地流转公积金参与农户之间也会产生利益冲突和博弈,集体经济组织或其代理人除了集体经济组织日常开支外,通常会更倾向于将集体产权收益留存一部分资金进行直接或间接投资,以增加这部分资金保值增值;对于农户而言,则更希望将留存部分资金用于该项公积金的补贴资金,此时集体与农户之间将会产生集体产权收益资金使用分配上的冲突与矛盾,而这种利益冲突也将直接导致农地流转公积金集体缴存部分资金来源的不确定性增加。

第三,国家财政补贴资金落实不到位也会使农地流转公积金面临筹资风险。政府作为国家权力机关的执行机关,农地流转公积金国家缴存部分的政策贯彻落实依赖于现行的中央和地方政府机构。然而,中央与地方政府之间存在着利益博弈关系,中央政府掌握着制度创新以及规章制定的主导权,权利地位是不对等的。但现实中,中央与地方政府(主要包括省、市、县)间往往是"上有政策,下有对策"(柯华和柯元,2014)。而在理性经济人假设下,地方政府会充分利用其在微观领域内资源配置权力和其靠近信息源的优势以谋取自身利益,从而产生逆向选择和道德风险问题(孙宁华,2001)。在农地流转公积金资金筹集过程中,当地方政府为获得更多的中央财政拨款,在面临农地流转公积金财政补贴压力时,也会出现隐瞒、谎报、造假等可能。

8.2.2 资金使用风险

依据农地流转公积金资金使用用途的不同,资金使用风险也有所差别。生存型和养老型保障用途资金使用相对稳定,主要依据农户两个账户中资金量进行相应比例的按期发放,资金发放额度相对固定,使用比例相对较小,因而资金使用的风险也相对较小,而可能存在的风险主要是套用或不合理使用该项公积金生存型和养老型保障账户资金的风险。而发展型保障账户资金,主要是通过政策性贷款支持农地市场化流转和适度规模经营,这部分资金使用面临的风险相对较大。宏观层面上,从农村社会稳定的角度来看,当农户普遍参与农地流转公积金的农地抵押政策性贷款业务中,且农地用于抵押的比例较高时,农户个别家庭的生计风险问题就可能会演变成整个农村地区的社会风险,直接影响农村社会稳定;从金融机构的角度来看,当农户农地流转公积金贷款规模较大且不良贷款和坏账率较高时,就会对整个农村金融市场环境造成不良影响,并导致农村地区的金融风险提高。微观层面上,农户农地流转公积金贷款主要面临违约风险、抵押物处置变现风险和借款人的生计风险。借款农户以农地承包经营权或其他资产抵押进行农地流转公积金政策性贷款时,未按合约规定时间和金额归还贷款本息,就会存在抵押物难以处置、变现的问题。由于农地承包经营权作为一种特殊抵押物,兼具了农民基本生活保障和农业就业的双重功能,同时在农地市场发育程度尚不成熟的阶段,其价值评估难度较大且流动性相对较弱(潘文轩,2015)。当农地经营权无法及时流转,或租出价格不足以补偿贷款余额时,农地流转公积金管理中心及代理农村金融机构将面临农地流转公积金政策性贷款的还款风险问题。与此同时,一旦借款人农户违约,且与银行未达成延期还款意向时,农地流转公积金管理中心就会通过折价、拍卖、变卖等方式对抵押物进行变现处置,农户就将面临失去农地经营权而可能会带来的生计风险。但由于农地流转公积金具有对参与农户的基本生活和养老的保障功能,因而在实施该项公积金农地抵押贷款中,农户面临的生计风险相对有所缓解。

8.2.3 管理运作风险

尽管在农地流转公积金制度设计中,吸取了住房公积金多层委托-代理关系的管理运作模式中的不足教训,实行农村金融机构下设农地流转公积金管理中心运作管理的方式,减少了管理运作中的委托-代理关系层次,可以一定程度上降低委托-代理关系中的道德风险,但这并不意味着农地流转公积金制度管理运作中完全不涉及委托-代理关系问题。事实上,在农地流转公积金农村金融机构管理运作的模式中,仍存在参与农户与农地流转公积金管理中心,农地流转公积金管理委员会与受托代理农地流转公积金业务的农村金融机构之间的委托代理关系。如何确保代理农地流转公积金业务的农村金融机构按照农地流转公积金委员会制定的宏观政策意图和农地流转公积金缴存主体的利益最大目标进行管理运作,同时避免出现违规发放农地流转公积金政策性贷款、挤占挪用农地流转公积金、违规分配和使用该公积金的增值收益等逆向选择或道德风险问题,将成为确保农地流转公积金制度有效运转的关键。

8.3 农地流转公积金制度运行的风险防范机制设计

8.3.1 资金筹集风险防范机制

8.3.1.1 农户层面的筹资风险防范

第一,建立梯度化的农户农地流转公积金缴存标准和缴存补贴激励机制。从新型农村社会保障保险筹资机制的经验来看,该项基金的缴费标准是依据国务院规定,将农民个人缴费标准设为每年 100-500 元 5 个缴费档次,中央政府按每人每月 55 元标准进行补贴(中西部地区全额补,东部地区补 50%)。在这种补贴机制设计下,无论农户选择何种缴费档次,政府的补贴标准都是相对固定的,因而农民将以最小化缴存支出成本获取来自政府的补贴,就会倾向于选择最低的缴费档次,并且会选择年龄较大时缴费,这就与对农户缴费高档次、缴费时间长的政策目标相背离了。在这种筹资机制下,绝大多数农民会选择最低养老保险费缴费档次,而农户这种倾向于采取象征性参保缴费的策略将严重制约"新农保"养老保障能力的发挥(聂建亮和钟涨宝,2014)。依据新农保筹资政策设计中的经验和不足,本书在农地流转公积金农户缴存的筹资机制设计中,根据各地区经济社会发展的实际,制定梯度化农地流转公积金缴存档次标准,以适应不同经济水平的地区和农户的缴费能力。同时,依据农户缴存标准和缴存年限,采取梯度化的国家与集体补贴资金标准,一方面,建立农地流转公积金动态补贴激励机制,即国家或集体补贴部分应随着农户缴存比例和年限的增加而增长,这样可以提高农地流转公积金的筹资效率和农户参与积极性;另一方面,当农户缴存标准和年限达到既定缴存目标上限时,国家或集体给予的农户农地流转公积金配套补贴系数也应达到既定上限,当农户缴存超过目标上限时,农地流转公积金来自国家或集体的补贴激励系数也应从峰值逐渐减小,从而避免对富裕农户激励过度而影响社会公平的情况出现。

第二,采取"入口"和"出口"双向补贴的激励机制。将农地流转公积金来自国家、集体的补贴配套资金分为:"入口"和"出口"补贴两种形式发放。农地流转公积金的"入口"补贴主要是指根据农户每年按期缴存该项公积金的档次标准和年限,向农户农地流转公积金账户发放相配套的补贴资金额度,这部分资金就成为农户农地流转公积金账户专属资金,既可以用于农户转出农地的基本生活与养老保障,也可以用于农户转入农地发展适度规模经营的生产经营资金。农地流转公积金的"出口"补贴主要是指针对农户转入农地发展适度规模经营或农业再就业,进行农地流转公积金政策性贷款或小额贷款时,可将国家和集体的农地流转公积金缴存部分的资金作为贴息或降息差额补贴形式进行发放。农地流转公积金梯度化、持续发放的"入口"补贴发放,可以对农户参与农地流转公积金缴存形成持续的激励,从而确保农地流转公积金参与农户在农地流转中的基本生活和养老等权利得到制度化、货币化的福利保障,因而"入口"补贴发放具有普惠性和公平性;而"出口"补贴则更侧重于对农户农地流转和适度规模经营行为加以扶持和激励,同时将国家财政和集体补贴资金通过政策性金融信贷途径发放,可以使有限的财政支农资金通过农地流转公积金政策性贷款形式发挥杠杆效应,促进农地市场化流转和农业适度规模化经营,因此,"出口"补贴发放形式又体现了效率原则。

8.3.1.2　集体层面的筹资风险防范

第一,深化农村集体经济产权制度改革,为集体参与农户农地流转公积金缴存奠定法律、制度保障。以国家出台的《农村集体资产清产核资资产所有权界定暂行办法》及相关政策等为依据,对各类农村集体资产的所有权归属与数量进行全面核定,并清晰界定集体组织的成员资格及其权利与义务关系,在此基础上,明确集体给予具有成员资格的农户家庭的农地流转公积金补贴标准。此外,积极推进集体产权股份合作制改革,将集体资产股权量化收益中的一定比例资金用于集体成员农户农地流转公积金缴存。

第二,建立促进农村集体经济发展的长效机制,确保农地流转公积金集体缴存资金来源持续性。通过立法形式明确村级集体经济组织的法人地位,有利于为村级集体经济组织开展正当的经济活动提供可靠的法律保障(张中根和李华敏,2007)。制定扶持村级集体经济发展的相关政策,从土地政策、税收政策及金融政策等方面为村集体经济组织发展第二、三产业提供相应的政策优惠与支持,并按照市场化的要求,积极发展村级优势、特色产业,扶持和鼓励农民专业合作、涉农企业等各类村级经济组织发展,壮大集体经济实力。

第三,将其他农村经济组织、社会资助等也列入集体补助资金范围,以拓宽农地流转公积金集体缴存部分资金来源渠道。对于改制后的集体经济(如乡镇企业)、农村土地股份合作社、农民专业合作社及涉农企业等,可通过政策鼓励和引导农村经济组织将盈余资金中的一定比例用于组织成员的农地流转公积金缴存,作为组织成员的福利保障金。同时,也鼓励各种社会公益组织机构、企业、个人等资助资金计入集体补贴资金中,以弥补当前村集体经济组织缴存能力的不足。

8.3.1.3　国家层面的筹资风险防范

建立各级财政补贴资金的保障机制,并合理划分各级财政的出资责任。农地流转公积金制度兼具农地市场化流转的政策激励与保障性,具有准公共产品的特性,因此政府有承担该项公积金筹资的社会责任和义务。在农地流转公积金国家补贴资金贯彻落实中,要合理划分各级财政的出资责任,并根据中、东、西部地区经济发展水平和地方财政实力,合理确定该项公积金国家缴存部分中地方财政应该分担的比例。此外,为确保农地流转公积金国家缴存部分资金落实到位,应将该项支出计入地方财政支出范围以便上级政府部门审核,将承担农地流转公积金管理运行业务的农村金融机构的资金筹集、使用情况等相关业务数据信息作为审核参考,以防止地方政府在筹资中的逆向选择或道德风险问题。

8.3.2 资金使用风险防范措施

(1)明确农地流转公积金不同账户资金提取条件,并对使用对象的信息加以甄别。农地流转公积金三个账户的资金用途有所不同,因而也应根据农户的生产、生活实际和该项公积金运行的情况,对参与缴存农户的提取标准进行分别规定。农地流转公积金管理中心依据提取标准对发放对象的情况逐一核实,从而避免该项公积金资金被套用或不当使用的风险。

(2)加强对农地流转公积金政策性贷款的风险控制。具体包括以下四个方面:

第一,确定合理的农地流转公积金政策性贷款的额度上限、利率水平与贷款对象,以提高农户的还贷能力。在贷款额度上,应避免将家庭全部农地承包经营权进行抵押,抵押额度也不宜超出农地经营权流转期限内的总价格和借款人偿债能力;在利率上,应确定浮动的上限,并根据农地经营规模、贷款期限及农地流转公积金缴存期限等因素制定不同政策性贷款利率标准;在贷款对象上,在农地流转公积金贷款试点运行初期先选取地区经济较为发达、农地市场化流转程度较高、农户农地经营水平较高和经济实力较雄厚的农户或农业经济组织进行实践探索,等试点条件成熟再扩大该项公积金贷款业务的覆盖范围。

第二,加强对农地抵押贷款借款人的资信和还款能力、用途等情况的审查。为了尽可能降低以农地承包经营权为抵押标的的农地流转公积金贷款风险,应将风险防范工作的重点放在对抵押农地的市场价格合理评估、抵押期间、抵押贷款额度及借款农户还贷信誉和能力审查上,从事前对该公积金贷款风险进行防范管理。同时,需加强对贷款人贷前、贷中与贷后的跟踪监控、动态管理,把风险控制在最低限度。

第三,积极培育农地流转市场,提高农地经营权抵押变现程度。首先,完善农地产权法律制度规范、确权登记、法律咨询及援助等,为农地市场化流转提供配套的社会化服务。其次,建立农地市场化流转、抵押信息平台,对农地流转、抵押信息进行收集、甄别和发布,以便为农地市场供求双方提供及时可靠的交易活动信息。最后,设立专门的农地价评估机构,并建立规范的农地市场价格评估体系,由专业人员依据科学的农地市场价格评估程序,对影响地价的诸多因素进行系统分析,以便为农地市场化流转和农地承包经营权抵押提供价格参考依据。

第四,采取灵活的贷款和还贷方式,并建立多主体和多途径的风险分担机制。在贷款方式上,可以采取符合农村金融机构贷款条件的多种途径,具体可以以农地承包经营权抵押贷款方式为主,信用、担保及其他资产抵押等方式为辅,以及包括农村合作社担保、农业龙头公司担保、农民联保等在内的多元化担保主体形式,使更多参与农户的农地经营资金需求得到满足。在还贷方式上,借款人农户可以使用其农地流转公积金账户资金进行一次性或分期还贷。在贷款风险分担上,应建立多元化的贷款风险分担机制,具体包括以下三个方面:首先,应从农地流转公积金运行增值收益中预留一定比例资金作为农户贷款风险保障金;其次,除农户自身与代理金融机构需承担一定比例风险外,经济状况较好的地方财政,可以提供一定比例的抵押贷款风险补偿金,以弥补该项公积金的不良贷款损失;最后,围绕农地抵押贷款进行相关业务农业保险产品险种开发,以分散和降低农地抵押贷款风险。

8.3.3　管理运作风险防范机制

第一,建立农地流转公积金管理运作风险防范的激励、约束机制。建立有效的激励约束机制是解决委托－代理关系中道德风险问题的关键。在管理学中,有效的激励、约束机制需要具备三个条件:一是最优目标,即让委托人实现期望效用最大化;二是代理人参与约束条件,即要使代理人的确定性等价收入大于或等于其保留收入水平;三是激励相容约束条件,即委托人想要得到的结果必须符合代理人的利益,代理人是在使自己的利益最大化基础上为委托人努力的。在农地流转公积金的管理运行中,其核心目标就是实现参与农户获得该项公积金的政策激励与权利保障效用最大化,要实现这一目标,财政补贴和该项公积金盈余资金中的部分比例资金应作为代理农地流转公积金业务所在农村金融机构的日常管理运行费用开支,以满足代理金融机构及其工作人员的基本利益诉求;在此基础上,应建立农地流转公积金管理中心及其所属银行的业务绩效考核机制,并根据绩效考核结果制定相应的奖惩措施,以引导其减少经营成本,增加该项公积金总体收益,从而实现对农地流转公积金管理运作的激励约束。

第二,构建农地流转公积金管理运作风险防范的监督机制。完整的风险防范监督体系是确保农地流转公积金规范运作的重要保障。宏观层面,由金融体系中人民银行与银监会,政府部门中财政部、农业部、农地流转公积金管理委员会及审计部门共同构成对农地流转公积金管理运作的外部监督体系,对各地区设立农地流转公积金管理中心的农村金融机构相关业务运行状况、资金使用状况及增值收益分配执行情况等进行审核监督,以便从总体对该项公积金的管理运行进行风险防范;微观层面,将各地区农地流转公积金管理中心的监管纳入农村金融机构内部监管体系中加以监管,以确保该项公积金资金运作的安全性、专用性,同时对管理运作中可能存在的各种风险进行及时排查。此外,应定期向社会发布农地流转公积金资金运行状况的信息,建立群众揭发检举通道,以便接受社会公众监督。

8.4 小结

首先,本章对农地流转公积金制度的管理运作模式进行了比较分析和选择。在结合农地流转公积金制度设计的总体框架基础上,具体考量了基金、信托、政策性银行及农村合作性金融等四种农地流转公积金管理运作可能模式的利弊条件,最后综合分析认为采取农村合作性金融组织下设农地流转公积金管理中心的管理运作模式更为适宜。

其次,对农地流转公积金制度运行中可能面临的主要风险进行了系统分析。在农地流转公积金运行中,可能主要面临资金筹集、资金使用及管理运作等风险。其中,资金筹集风险主要包括集体与农户资金来源的确定性带来的筹资风险、国家财政补贴资金落实不到位带来的筹资风险;资金使用风险主要体现为农地流转公积金贷款中面临的借款人违约风险、抵押物处置变现风险和借款人的生计风险,以及宏观层面的社会风险和金融风险等;管理运作风险则主要是委托 – 代理关系中的逆向选择、道德风险等。

最后,针对上述农地流转公积金运行中可能面临的风险,提出了相应的风险防范机制。一是,通过建立梯度化的农户农地流转公积金缴存标准和"入口""出口"双向补贴的激励机制、农村集体经济发展的长效机制、各级财政补贴资金的保障机制等措施,防范农地流转公积金资金筹集风险。二是,通过确定合理的农地流转公积金提取标准,政策性贷款信息甄别机制,以及多元化风险分担机制等措施,提高该项公积金资金使用效率、减小农地流转公积金资金使用风险。三是,通过构建农地流转公积金管理运作风险防范的激励、约束和监督机制,化解农地流转公积金管理运作风险。

第九章

农地流转公积金制度的实现形式、配套保障措施

9.1 农地产权制度变迁视角下公积金制度的实现形式

产权是所有制的核心,中国农地产权制度的变迁历史也是中国社会变革的历史(黄祖辉和王朋,2009)。以服务农业生产经营和农民生活需求为目标的一种农业发展资金积累模式——公积金,伴随农地产权制度的变迁,也可以寻求其适应于不同农地产权制度背景下的实现形式。农地产权在"两权分离"背景下,处于农地非市场化状态,农村集体公积金模式成了传统农业发展资金积累的一种主要实现形式,到"三权分离"农地经营权实现了市场化流转,以及一种可能的产权配置方式"农地产权比例化"以农地承包经营权市场化流转为导向,在这两种状态下,农地流转公积金则以不同实现形式成为适应农业现代化发展的资金积累新模式。因此,从农地产权变迁视角考察公积金在不同农地产权制度安排下的实现形式,对于构建一项既满足国家农地产权稳定政策的需求,又符合自由市场经济发展规律及农业现代化发展需求的政策性农地金融制度,具有重要现实意义。

9.1.1 "两权分离":农地非市场化状态下的实现形式

自 1952 年全国开展农业生产合作化运动起,中国农村土地结束了新中国成立之后的短暂私有制,逐步转变为所有权与使用权统一的土地集体公有制。1958年以后,伴随着人民公社化运动的开展,农地产权从集体化逐步走向了国有化。而到 1978 年十一届三中全会以后,中国开始实施家庭联产承包责任制,农村土地产权进入了所有权归集体所有、承包经营权归农户的"两权分离状态"。在这种状态下,集体经济组织代表国家行使农地所有权,负责具体的农地承包责任制,表现

为以合同形式集体明确农户的生产指标、上缴任务和集体公积金提留等。农地产权在"两权分离"阶段,农户只获得有限的农地自主经营权,并在"上交国家的、留足集体的"基础上获得部分生产经营收益权,农地尽管作为农业生产的基础性稀缺资源,却处于完全的非市场化状态。

这一阶段,农村集体公积金成为促进农地产权"两权分离"农地非市场化状态下农业发展资金积累的重要渠道。以黑龙江省杜尔伯特蒙古旗自治县为例,该县将农村集体提留的 739.5 万元公积金中的货币部分 164.5 万元作为村(屯)生产费周转金,按照"谁积累,谁使用,财产归谁"的原则,在农村集体成员中进行短缺资金有息借贷(王金川,1985)。但这种公积金资金积累方式只能满足自给自足的传统农业和农地非市场化状态,维持农地基本生产的最低限度需求。

9.1.2 "三权分离":农地经营权市场化状态下的实现形式

近年来,随着我国二、三产业的快速发展,农村外出务工农民人数也随之增加,逐渐开始出现农地承包者与经营者逐步分离的情况。为适应农业现代化发展需求,2014 年中央"一号文件"正式提出允许承包土地的经营权向金融机构抵押融资,为农地制度改革指明了新方向,同时也标志着农地产权从"两权分离"进入了所有权、承包权和经营权"三权分离"的阶段。从产权法律属性角度来看,农地经营权具有法人财产权属性,因而完全可以通过市场机制进行自由流转交易,并实现农地资源的优化配置(叶兴庆,2014)。在农地产权"三权分离"阶段,农地经营权实现了市场化流转,适应了我国市场经济发展的客观要求,也为实现农地由小规模、细碎化经营向适度规模经营方向发展奠定了基础。

在国家政策引导和鼓励下,地区农地流转速度呈明显加快趋势,但中国长期实行的工农产品价格"剪刀差",使农业现代化发展的初始资本积累严重不足。与此同时,城乡二元结构使我国农村社会保障水平整体远落后于城镇地区,在农村社会保障体系尚未健全的情况下,农户参与农地市场化流转仍面临诸多风险,如失地失业后的基本生活、再就业及退休后的养老保障等问题,这些问题若得不到妥善解决都将直接影响农地的市场化配置效率与农村社会稳定。本书正是基于现阶段农地经营权市场化流转的现状及问题,提出在农地产权"三权分离"农地经营权市场化流转状态下,以促进农地市场化流转激励与保障机制构建视角的农地流转公积金制度实现形式。在这一阶段,农地流转公积金制度以国家、集体、农户三方缴存为基础,农户农地流转公积金账户资金将专用于农地经营权市场化流转租金支付、农地生产经营投资及农户基本权利保障,而以农地经营权抵押为基础的农地流转公积金政策性贷款将可能是实现农业现代化发展资金积累的一个有效融资渠道。

9.1.3 "农地产权比例化":农地产权市场化状态下的实现形式

在农地产权"三权分离"的状况下,只有农地经营权可以实现商品化、货币化,而农地所有权、承包权仍为实物化配置方式,并不能够真正实现农地资源由实物性分配向货币化分配方式的转变。农地产权比例化市场流转的新思路,是建立在"以公有制为主体,多种所有制经济成分并存"的宪法原则基础上提出的一种以农地承包经营权市场化流转为目标的制度安排。农地产权比例化市场流转是指农地财产所有权及其衍生权利按照统分结合双层经营体制原则在国家、集体和农户个人之间按一定比例进行数量划分后,农户依据自身持有的一定比例农地产权在公开市场交易的农地流转的方式。这一产权安排下的农地流转方式,在保证集体拥有所有权的前提下,从产权数量角度清晰界定了国家、集体和农户之间的关系,农户可以获得产权明晰、可自由流转的农地承包经营权,既能够促进农地市场化流转和农地适度规模化经营,盘活农地资产,又能实现农民农地货币化的福利保障。农地"产权比例化"配置的流转中,农地承包经营权在集体和农民之间,可按集体占51%,即体现农地集体公有为主或集体控股性农地所有,在保障土地性质和用途不变的基础上,将这部分产权收益主要用于维护农民农地生存保障权和农民利用农地就业、再就业权;农民占49%,即体现农地非集体(农民)所有为辅或农民非控股性农地所有,这部分产权收益在增加农民财产性收入的基础上,可有效促进农地适度规模化流转。

在农地产权比例化背景下与农地产权"三权分离"状态下的农地流转公积金实现形式不同之处,主要体现在资金来源和使用上的差异。农村产权比例化背景下,农地流转资金来源方面,由集体(含国家)农地所有权比例化流转收益和农民个人农地所有权比例化流转收益中的一定比例资金,共同构成农户农地流转公积金的初始资金。农地产权比例化市场流转中,国家、集体与农户三方主体产权收益实现了清晰的量化分配,更有利于农地流转公积金三方缴存比例的确定。资金使用上,则以农户持有的比例化农地承包经营权为抵押进行农地流转公积金政策性贷款,相比"三权分离"状况下以农地经营权抵押为基础的农地流转公积金贷款,更有利于降低农地流转公积金贷款风险,同时使农地资产货币化价值及其融资功能实现最大化。

9.2 建立农地流转公积金制度的配套保障措施

9.2.1 推进农地产权制度改革与农地抵押融资合法化

清晰、完整的农村产权结构既是农地资源得以市场化配置的前提,也是以实现农地市场化流转双方权利保障的农地流转公积金制度在实践中得以实施的基础。在对农村土地确权颁证的基础上,还需要从法律、制度层面进一步清晰界定农地产权利益主体及主体成员间的利益分配关系、比例,为合理确定国家、集体、农民三方在农地流转公积金缴存中的比例与农地流转公积金有效运转提供政策、法律依据。农地具有相对固定性、可循环利用等不动产特性,以农地承包经营权为抵押担保品,可以对借款人自身形成有效的约束,同时也为农地流转公积金政策性贷款资金收回提供了可靠的物质保障。目前,农地承包经营权抵押贷款试点工作已在全国陆续开展,但法律尚未对其解禁。在农村金融机构可接受的抵押信用物品严重匮乏的情况下,农地承包经营权作为广大农户最有价值的资产,通过正规信贷途径转变为生产资本,对于解决长期困扰农民、农业和农村发展的资金短缺、融资困难问题尤为关键,同时对于优化农村地区土地资源配置和利用效率,缓解农业适度规模化、现代化发展中的资金短缺问题,促进农村经济社会的繁荣与发展具有重要意义。因此,农地产权融资抵押制度不能仅停留在试点层面,需要逐步走向法律化,这样既可以减少规避现行法律而多出的中间环节,有效降低运行成本,也能够为以农地承包经营权抵押为基础的农地流转公积金贷款制度设计提供法律依据。

9.2.2 搭建统一的农地市场化流转中介服务平台

统一的农地市场化流转交易平台,是农地市场化流转与农地流转公积金制度有效运行的前提,同时该平台还可以与农地流转公积金管理机构形成良性互动机制。通过农地使用权流转的信息网络化中介服务平台的搭建,可以为农地流转交易双方提供流转供需的数量、质量、区位、价格等信息,专业的农地测量评级、价格评估、合同协议、农地信用以及相关的政策、法律咨询等,从而有利于降低信息搜寻、辨别、谈判等交易成本,减小因口头协议的随意性、不规范合约等带来的交易风险,保障农地市场化流转的双方权益。然而,从当前实践来看,农地流转服务平台尚处于初期建设阶段,实际运行效果并不理想,功能作用尚未得到有效发挥。为健全农地流转中介服务平台,需要创造良好的法律环境和优惠的政策支持。首先,应从性质、功能定位、设立条件、组织形式和审批程序等方面系统规范农地流转中介平台的组建及运行;其次,各级财政部门应从年度预算中列出专项资金用于扶持农地流转中介组织建设,并根据地区经济发展状况给予税收减免、财政补贴等政策倾斜。

9.2.3　构建多层次农地适度规模经营风险保障体系

农地适度规模化经营行为具有两面性,为农户农地生产带来规模经济效益的同时,也将带来更大的经营风险。农地适度规模经营风险水平直接影响着农户农地市场化流转、适度规模经营意愿及行为,特别是在当前我国农产品期货、农业保险等现代风险分担机制尚不健全的情况下,健全农地适度规模经营风险保障体系对于培育农地市场和发展农业适度规模经营都尤为关键。目前,农户农地适度规模经营不仅要受到自然灾害、农产品价格波动、通货膨胀等农业固有风险的影响,而且还要受到因生产经营方式改变而带来的如农地流转价格波动、技术、服务、信息等社会风险。尽管农地流转公积金作为农地经营权市场化流转的储蓄保障金,其本身就对农户农地转入、转出行为进行了一定的风险保障,但农业的现代化发展离不开健全的农地适度规模经营的风险保障体系。依据当前农业多元化发展需求,首先,应针对不同类型农业适度规模经营的风险进行分类管理,在对可能的风险进行科学的识别、测量与评估等基础上,选择适宜的风险管理方法与对策,尽量使风险损失最小化;其次,针对如农业适度规模经营中的自然灾害、市场预测失误等不同风险种类,将商业性、政策性与合作性保险有机结合,建立多层次、全方位的农业保险服务体系,在更长的时间和更大的空间范围上分散农户适度规模经营风险。

9.2.4　建立城乡一体化的社会保障体系与户籍制度

城乡一体化的社会保障体系是确保农地流转公积金制度有效运转的重要基础。首先,城乡一体化的社会保障体系有利于促进农地流转公积金制度运行的市场基础形成。城乡在社会保障体系和水平上的差距是我国二元社会治理结构的突出体现,缺乏可靠的社会化、制度化保障机制,使得农地成为广大农村居民维持家庭运转最基础的生存保障。因此,构建城乡一体化农村社会保障制度,可以有效化解农户农地市场化流转的后顾之忧,促进农地的供给与需求市场的形成,以及形成农地流转公积金制度运行的市场基础。其次,城乡一体化的社会保障体系有利于促使该项公积金制度保障功能弱化,而使其政策性金融服务功能得以强化。在当前农村社会保障体系不健全、保障水平整体偏低的情况下,农地流转公积金制度设想中的保障功能是对当前不充分的农村社会保障制度的有益补充。这就意味着以促进农地市场化流转和适度规模经营的农地流转公积金归集的资金需要兼顾转入地农户适度规模经营的政策激励与转出地农户的权利保障,有限的资金被分为不同账户进行分类管理时,也意味着该项公积金单项功能作用难以得到最大限度发挥。而当城乡一体化社会保障体系形成时,农地流转公积金制度的保障性功能作用也可以逐渐被弱化和替代,该项公积金归集的有限资金可以得到整合并专项用于农地市场化流转与农地适度规模经营投资,将有利于增加农业现代化发展的资金积累。

结合 2014 年 7 月最新出台的《国务院关于进一步推进户籍制度改革的意见》,以现行户籍制度为核心对当前社会保障体制进行改造,为农地流转公积金制度的顺利实施提供制度保障。首先,不以农地承包经营权退出作为农民进城落户的条件;其次,实行城乡统一的居民户口登记与管理制度,确保农业转移人口及其随迁子女平等享受教育权利。在此基础上,促进城乡社会保障均等化的公共财政体系建设,加大对农村地区社会保障体系建设的政策转移支付,逐步实现农民由农地实物性、低水平的生存保障向城乡一体化高水平、制度化社会保障服务过渡。进而逐步过渡到取消基于户籍限制的城乡二元化模式,逐步构建覆盖全国范围的基本社会保障体系,最终实现农地承包经营权市场化流转制度的基本功能。

9.3 小结

作为研究主体内容的最后部分,本章主要讨论了农地流转公积金制度在不同产权制度背景下的实现形式与建立该项公积金制度的配套保障措施。首先,从农村产权制度变迁视角,分析了农地产权在"两权分离""三权分离"及"产权比例化"背景下,农地从完全非市场化逐步到经营权市场化流转,再到承包经营权市场化流转,而与之相适应的公积金制度的实现形式,将从最初的农村集体提留公积金向农地流转公积金演进。其次,从深化农地产权制度改革与推进农地抵押融资合法化,构建统一的农地市场化流转中介服务平台和多层次农地适度规模经营风险保障体系,以及健全农村社会保障制度和完善农村户籍制度改革等方面提出建立农地流转公积金制度的配套保障措施。

第十章

研究结论与展望

10.1　研究结论

10.1.1　公积金制度对解决农地市场化流转问题适用性的结论

从国际农地流转政策干预模式中,得到的启示是人地关系紧张状况下促进农地市场化流转尤其需要兼顾好参与双方的权益保障。对中国农地市场化流转的激励与保障政策现状分析发现,宏观层面,以促进农业适度规模经营的财政与政策激励机制尚未形成,转出(退出)农地农户的多元化社会保障机制尚未建立;微观层面,以重庆市江津区为例,通过对该地区农地市场化流转的政策探索分析发现,财政与金融政策相结合的双轮驱动模式、规范的农地流转制度与以户籍制度改革为重点灵活退地保障政策,是促进该地区农地市场化流转与农业适度规模经营的关键。本书结合现有公积金制度特点、国际农地流转经验与我国农地市场化流转现状及问题分析发现,公积金制度的政策性金融服务、多元化保障与科学化管理运作等特点,对解决我国农地市场化流转中的农业适度规模经营政策激励与转出(退出)农地农户生存权利保障不足问题具有一定适用性。

10.1.2　农地流转公积金制度设想下农户农地流转意愿的结论

为试图解决农地市场化流转中的农业适度规模经营政策激励与农民转出(退出)农地的生存保障问题,本书提出农地流转公积金制度设想。在对9个省(区、市)496户农户的问卷调查结果显示,在所有受访者中,农地流转公积金制度条件下57.8%农户愿意转入农地,51.6%的农户愿意转出农地,说明该制度设想中针对农地转入方和转出方的激励与保障内容符合多数农户的利益诉求。同时,运用Gologit模型对农地流转公积金制度设想条件下农户的农地流转意愿的影响因素分析发现:在农地流转公积金制度设想条件下,户主年轻、有农地经营借贷需求、参加了农业保险与农民专业合作社、家庭农业收入占比较高或处于经济发展水平较高地区的农户,具有较高农地转入意愿程度的可能性更大;农地流转公积金制度设想条件下,户主文化程度为初中和高中及以上、户主从业领域为兼业和非农业、没有过农地流转行为、没有参加农民专业合作社、家庭农业收入占比和家庭劳动力占比较低、认为社会保障水平较高、所在村到附近城镇的距离较近的农户,具有较高农地转出意愿程度的可能性更大。

10.1.3　农地流转公积金三方缴存能力分析的结论

建立一个合理的农地流转公积金多元筹资机制是衡量这一制度设计是否具有科学性、可行性及可持续性的关键。理论分析视角,基于公共产品理论与三方主体目标导向的内在一致性的分析,建立国家补助、集体资助、农户自助的三方共同分担的多元筹资机制,是确保农地流转公积金制度设想的激励与保障机制长效运转的重要基础。宏观统计数据分析视角,国家缴存部分,我国农业财政转移支付水平总体呈上升趋势,且还有较大的增幅空间,已具备进行农民农地流转公积金财政转移支付的能力和空间;集体缴存部分,目前全国大部分地区农村集体经济薄弱,一定程度上增加了农地流转公积金集体缴存部分资金来源的不稳定性和不可持续性,但结合当前农村集体资产股权化和土地股份合作制改革实践,通过集体资产或农地承包经营权股份量化后的股权集体收益部分中一定比例资金可用于农民农地流转公积金缴存。实证分析视角,本书通过对9省27个县(区、市)农户的问卷调查,利用CVM对该区域农户的农地流转公积金缴存意愿及缴存比例水平进行了分析。结果表明,该区域农户对农地流转公积金制度的保障机制有显著的实际需求,在496份有效调查问卷中,农户意愿缴存占三方共同缴存和占家庭年人均纯收入的平均比例分别为25%、10%,并估算出农户农地流转公积金年平均意愿缴存水平为956.34元。从Cox比例风险模型的结果可以看出,户主年龄和文化程度、家庭年人均收入水平和农业收入占比、农地经营面积和经营资金借贷需求、农地流转风险认知、对农地流转公积金制度的评价及地区经济发展水平等变量对农户农地流转公积金缴存意愿水平的横向、纵向测度指标都具有显著影响。此外,基于累计概率模型测算的样本农户意愿缴存农地流转公积金10%

的平均比例值,与样本农户家庭年人均纯收入水平相适应,但就整个样本地区而言,由于农村地区经济发展不均衡,具体缴存比例应根据地区经济发展水平、农村居民人均收入水平和人均可支配水平等情况而定。

10.1.4 农地流转公积金政策性贷款定价影响因素的结论

农地流转公积金贷款作为一项全新的政策性农地金融模式,对于促进农地资源市场化配置、农业适度规模经营发展,缓解农地市场与农村中低收入农户的"融资难"问题都具有一定的现实意义。为找出影响农地流转公积金贷款定价的主要影响因素,本书借鉴刁怀宏(2007)提出的农村金融机构信贷合约交易模型,结合本书农地流转公积金贷款的特点及所要解决的问题,通过建立类似的合约交易模型找出农地流转公积金贷款利率上限水平确定的影响因素。通过分析发现,影响农户流转公积金贷款定价的主要因素包括借款人特征、贷款机构特征、农地特征及政策特征四个方面的维度特征。具体而言,借款人特征主要是还款来源、贷款投资收益、贷款违约风险及资金借贷款成本等,贷款人特征主要包括运营成本、机会成本户预期收益等,农地特征主要包括农地成本经营权价值、单位面积农地流转价格等,政策特征则包括财政政策、金融政策及农地政策等。本书依据影响农地流转公积金贷款定价的四个特征维度,构建了农地流转公积金贷款定价的测度指标体系,及借款人定价的利率价格函数模型。上述指标体系和定价模型的构建,将对合理确定农地流转公积金贷款利率水平具有一定的理论指导意义。

10.1.5 农地流转公积金制度管理运作模式选择的结论

农地流转公积金制度可能的管理运作模式选择,主要包括:基金管理运作模式、信托管理运作模式、政策性银行管理运作模式以及农村合作性金融管理运作模式。综合比较上述四种主要管理运作模式的利弊分析,结合农地流转公积金制度特点与当前我国农村金融体系发展具体实际,本书认为采取农村合作性金融机构下设农地流转公积金管理中心的运作管理模式更为适宜。采取该模式具有以下优势:第一,农村合作性金融的管理运作原则、机构性质及目标与农地流转公积金制度具有内在一致性,为农地流转公积金制度的激励与保障功能实现提供了制度保障;第二,委托代理关系简化,有利于降低农地流转公积金制度的管理运作、实施成本与经营风险;第三,农村合作性金融基础组织广泛性和扁平形式为农地流转公积金业务开展提供了组织保障。

10.2 研究不足与展望

10.2.1 研究不足

农地流转公积金制度是借鉴国内外现有积金制度理论与实践经验,并结合当前中国农地流转具体实际,而提出的一项以促进农地市场化流转和适度规模化经营为目标的全新构想方案,它也是解决农地市场化流转和农地货币化的社会保障方式转变的一种值得探讨的可能性途径。由于自身的学术水平、经验阅历、时间精力等,以及本书作为一个全新的制度方案设计研究,还存在诸多不足。主要体现在以下方面:第一,农地流转公积金制度内容设计有待结合实践做进一步改进和完善。作为一项以促进农地市场化流转为目标的全新的制度方案,在走向实践的过程中,既需要面对当前我国农村千差万别的具体实践,还需要协调好包括国家、集体、农户以及该项公积金管理机构等在内的多方利益主体关系,因此农地流转公积金制度内容设计还需要在实践探索中进一步完善。第二,对农地流转公积金国家、集体缴存能力的测算研究不足。目前,由于农地流转公积金制度尚处于理论探索阶段,缺少进行相关实证分析的数据,因此未能对该制度构想中国家、集体缴存比例进行实证测算分析,这将是今后需要继续努力完善的重要内容。

10.2.2 研究展望

(1)农地流转公积金制度与现行农村社会保障制度的协调与衔接

在当前农村社会保障体系尚未完善、农村产权尚未真正市场化、农地福利保障功能尚未货币化的情形下,农地流转公积金制度的功能兼具了政策激励性与保障性,不仅对农地转入方发展适度规模经营提供政策性农地金融服务支持,还兼顾了农村社会保障尚未完善的部分内容,即农地市场化流转中失地失业农户的基本生活与农业再就业保障等。农地流转公积金制度构建需要同农村居民无偿享有基本生产、生活权利保障以及农村社会养老、医疗等保险的自愿参加相协调。一方面,农户参与农地流转公积金制度保障的同时,不影响其既有的基本权利保障享有;另一方面,农地流转公积金制度的基本生存与养老保障是对现有农村最低生活、养老保障的补充,而其农业再就业权利保障是对农村就业保障缺失的弥补。

(2)农地流转公积金制度运用领域范围的拓展与未来发展方向

农地流转公积金制度致力于从与农民生存、发展关系最密切的农地出发,试图通过制度构建促进农地分配方式转变,进而促进城乡居民生存发展权利对等化,为统筹城乡一体化发展构建制度保障机制。当这一制度运行走向成熟时,也可将其运用范围延伸至村宅基地和集体建设用地领域,这对于促进城乡居民土地福利均等化,农村土地资源的合理化配置与资产融资功能实现,都将具有重要意义。

此外,依据功能特点,农地流转公积金制度的发展方向可分为两种:一种是在农地流转公积金制度运行成熟的条件下,可以将现行农村基本养老、医疗、最低生活保障等社会保障内容与农地流转公积金政策性金融服务功能整合,形成兼具政策性金融与保障作用的综合性农村公积金保障制度(类似新加坡中央公积金制度)。另一种是在农村社会保障体系完善、农村产权真正市场化、农地福利保障功能货币化得以实现的前提下,农地流转公积金制度中的保障性功能也可以逐渐被弱化或剥离,而突出和强化该项公积金促进农业发展的资金积累与投资机制建设,形成一项适应国家农业现代化和新型农业经营主体适度规模经营的政策性农地金融制度。

参考文献

白钦先、王伟:《政策性金融监督机制与结构的国际比较》,载《国际金融研究》,2005 年第 5 期。

包宗顺、徐志明、高珊等:《农村土地流转的区域差异与影响因素——以江苏省为例》,载《中国农村经济》,2009 年第 4 期。

鲍海君、吴次芳:《论失地农民社会保障体系建设》,载《管理世界》,2002 年第 10 期。

北京天则经济研究所《中国土地问题》课题组:《土地流转与农业现代化》,载《管理世界》,2010 年第 7 期。

毕宝德:《土地经济学(第六版)》,中国人民大学出版社 2011 年版,第 112 - 115 页。

毕明强:《基于贡献度分析和客户关系的商业银行贷款定价方法研究》,载《金融论坛》,2004 年第 7 期。

曹清山、邹玉霞、王劲松:《商业银行贷款定价策略和模型设计》,载《金融论坛》,2005 年第 2 期。

曾筱清、翟彦杰:《我国住房公积金的法律属性及其管理模式研究》,载《金融研究》,2006 年第 8 期。

陈海磊、史清华、顾海英:《农户土地流转是有效率的吗?——以山西为例》,载《中国农村经济》,2014 年第 7 期。

陈建新:《三种农户信贷技术的绩效比较研究》,载《金融研究》,2008 年第 6 期。

陈美球、彭云飞、周丙娟:《不同社会经济发展水平下农户耕地流转意愿的对比分析——基于江西省 21 个村 952 户农户的调查》,载《资源科学》,2008 年第

10 期。

陈希勇:《农村土地社会保障功能:困境及其对策分析》,载《农村经济》,2008年第 8 期。

陈信勇、蓝邓骏:《失地农民社会保障的制度建构》,载《中国软科学》,2004 年第 3 期。

程佳、孔祥斌、李靖等:《农地社会保障功能替代程度与农地流转关系研究——基于京冀平原区 330 个农户调查》,载《资源科学》,2014 年第 1 期。

丛旭文:《中国失地农民社会保障问题研究》,吉林大学博士学位论文,2013 年。

戴中亮:《城市化与失地农民》,载《城市问题》,2010 年第 1 期。

邓超、敖宏、胡威等:《基于关系型贷款的大银行对小企业的贷款定价研究》,载《经济研究》,2010 年第 2 期。

习怀宏:《信息不对称、风险规避与农地金融合约——基于农户与贷款者的分析》,载《中央财经大学学报》,2005 年第 9 期。

习怀宏:《农村金融空洞化的成因及其破解:信贷合约交易的分析》,载《中国农村经济》,2007 年第 8 期。

范怀超:《国外土地流转趋势及对我国的启示》,载《经济地理》,2010 年第 3 期。

方青:《农村社会保障:回顾与前瞻》,载《中国农村观察》,2001 年第 3 期。

房慧玲:《广东农村土地股份合作制研究》,载《中国农村经济》,1999 年第 3 期。

费孝通:《江村经济》,商务印书馆 2002 年版,第 161 页。

冯锋、杜加、高牟:《基于土地流转市场的农业补贴政策研究》,载《农业经济问题》,2009 年第 7 期。

冯海发:《农业补贴制度改革的思路和措施》,载《农业经济问题》,2015 年第 3 期。

盖庆恩、朱喜、史清华:《劳动力转移对中国农业生产的影响》,载《经济学(季刊)》,2014 年第 3 期。

甘行琼:《新加坡中央公积金制度考察》,载《中南财经大学学报》,1998 年第 5 期。

高圣平:《农地金融化的法律困境及出路》,载《中国社会科学》,2014 年第

8 期。

耿杰中:《住房公积金发展与改革的若干思考》,载《中国行政管理》,2014 年第 4 期。

顾建光:《中国城乡居民住房的福利效益比较研究——从市场与政府作用的角度》,载《经济体制改革》,2009 年第 1 期。

关永宏、段淳林:《论住房公积金贷款流程的优化措施与风险控制》,载《经济问题》,2007 年第 7 期。

管守安、张宇润:《政策性贷款法律制度探析》,载《安徽大学学报(哲学社会科学版)》,1999 年第 6 期。

郭林:《四维环境视角下新加坡中央公积金制度之变迁及其启示研究》,载《南洋问题研究》,2012 年第 2 期。

郭庆海:《土地适度规模经营尺度:效率抑或收入》,载《农业经济问题》,2014 年第 7 期。

郭晓鸣:《推进土地流转与适度规模经营需要高度关注四个问题》,载《农村经营管理》,2014 年第 11 期。

韩俊、张云华:《村级集体经济发展要有合适定位》,载《发展研究》,2008 年第 11 期。

韩立达、郭堂辉:《我国住房公积金制度运行的绩效、问题及对策》,载《华东经济管理》,2009 年第 6 期。

何宏莲、王咸武:《农地规模经营与农村社会保障制度关联分析》,载《商业研究》,2011 年第 12 期。

贺雪峰:《农业问题还是农民问题?》,载《社会科学》,2015 年第 6 期。

胡鞍钢、地力夏提·吾布力、鄢一龙:《粮食安全"十三五"规划基本思路》,载《清华大学学报(哲学社会科学版)》,2015 年第 5 期。

黄惠春、曹青、曲福田:《农村土地承包经营权可抵押性及其约束条件分析——以湖北与江苏的试点为例》,载《中国土地科学》,2014 年第 6 期。

黄季焜、王晓兵、智华勇等:《粮食直补和农资综合补贴对农业生产的影响》,载《农业技术经济》,2011 年第 1 期。

黄祥芳、陈建成、陈训波:《地方政府土地流转补贴政策分析及完善措施》,载《西北农林科技大学学报(社会科学版)》,2014 年第 2 期。

黄晓平、李建平、黄中茂:《创新财政投入机制推进农村土地流转》,载《中国财政》,2008 年第 16 期。

黄延廷:《论导致农地规模化的几种因素——兼谈我国农地规模化的对策》,载《经济体制改革》,2010 年第 4 期。

黄延廷:《从法国摆脱小农式发展的实践谈我国农地规模化经营的对策》,载《湖南师范大学社会科学学报》,2012 年第 5 期。

黄延廷:《农地确权:化解人地矛盾的根本途径——兼谈我国农地产权制度改革的路径选择》,载《北京行政学院学报》,2012 年第 1 期。

黄宗智:《华北的小农经济与社会变迁》,中华书局 2000 年版。

黄宗智:《长江三角洲小农家庭与乡村发展》,中华书局 2000 年版。

黄祖辉、高钰玲:《农民专业合作社服务功能的实现程度及其影响因素》,载《中国农村经济》,2012 年第 7 期。

黄祖辉、王朋:《基于我国农村土地制度创新视角的社会保障问题探析》,载《浙江社会科学》,2009 年第 2 期。

黄祖辉、王朋:《我国农地产权制度的变迁历史——基于农地供求关系视角的分析》,载《甘肃社会科学》,2009 年第 3 期。

黄祖辉:《土地适度规模经营》,浙江人民出版社 2000 年版。

惠献波:《农户土地承包经营权抵押贷款潜在需求及其影响因素研究——基于河南省四个试点县的实证分析》,载《农业经济问题》,2013 年第 2 期。

季虹:《论农地使用权的市场化流转》,载《农业经济问题》,2001 年第 10 期。

冀县卿、钱忠好、葛轶凡:《如何发挥农业补贴促进农户参与农地流转的靶向作用——基于江苏,广西,湖北,黑龙江的调查数据》,载《农业经济问题》,2015 年第 5 期。

贾洪波、穆怀中:《新加坡中央公积金制度改革评析》,载《北京交通大学学报(社会科学版)》,2009 年第 8 期。

柯华、柯元:《新型农村社会养老保险筹资主体相互关系及均衡机制探究——基于博弈论分析视角》,载《江西财经大学学报》,2014 年第 3 期。

科斯(Coase,R.H.)等:《财产权利与制度变迁》,上海人民出版社 1994 年版。

蓝虹、穆争社:《中国农村信用社改革后的绩效评价及提升方向——基于三阶段 DEA 模型 BCC 分析法的实证研究》,载《金融研究》,2014 年第 4 期。

乐章:《农民土地流转意愿及解释——基于十省份千户农民调查数据的实证分析》,载《农业经济问题》,2010 年第 2 期。

雷寰:《北京市郊区城市化进程中失地农民利益问题研究》,中国农业大学博士学位论文,2005年。

黎翠梅:《土地资本化与农村土地保障制度的创新》,载《财经论丛》,2007年第1期。

李冰强、卢怡莹:《农地用途管制制度困境与对策选择》,载《经济问题》,2015年第2期。

李昌平:《慎言农村土地私有化》,载《读书》,2003年第6期。

李启宇、张文秀:《城乡统筹背景下农户农地经营权流转意愿及其影响因素分析——基于成渝地区428户农户的调查数据》,载《农业技术经济》,2010年第5期。

李韬:《粮食补贴政策增强了农户种粮意愿吗?——基于农户的视角》,载《中央财经大学学报》,2014年第5期。

梁书民:《日本的土地制度与农业政策及启示》,载《农业经济问题》,2011年第9期。

林乐芬、王军:《农村金融机构开展农村土地金融的意愿及影响因素分析》,载《农业经济问题》,2011年第12期。

刘凤芹:《农业土地规模经营的条件与效果研究:以东北农村为例》,载《管理世界》,2006年第9期。

刘红、高海:《农地金融、合作金融与政策性金融的立法嫁接——基于"三位一体化"的分析框架》,载《南京农业大学学报(社会科学版)》,2012年第1期。

刘克春:《国外关于农地流转的理论研究与启示》,载《经济学家》,2008年第6期。

刘丽巍:《我国住房公积金制度的现实挑战和发展方向》,载《宏观经济研究》,2013年第11期。

刘同山、牛立腾:《农户分化、土地退出意愿与农民的选择偏好》,载《中国人口·资源与环境》,2014年第6期。

刘西涛、王炜:《中国发展现代农业的政策激励机理与影响途径研究》,载《学术交流》,2012年第11期。

刘营军、褚保金、徐虹:《政策性金融破解农户融资难研究——一个微观视角》,载《农业经济问题》,2011年第11期。

刘玉侠:《农地保障还是社会保障——返乡农民工保障缺失问题探析》,载《经济问题探讨》,2009 年第 5 期。

刘愿:《农民从土地股份制得到什么?——以南海农村股份经济为例》,载《管理世界》,2008 年第 1 期。

罗必良、何应龙、汪沙等:《土地承包经营权:农户退出意愿及其影响因素分析——基于广东省的农户问卷》,载《中国农村经济》,2012 年第 6 期。

罗必良:《新制度经济学》,山西经济出版社 2005 年版。

罗必良:《农地保障和退出条件下的制度变革:福利功能让渡财产功能》,载《区域经济》,2013 年第 1 期。

罗剑朝:《杨凌示范区农村产权抵押融资实验与支持政策研究》,载《西部金融》,2013 年第 1 期。

马瑞、柳海燕、徐志刚:《农地流转滞缓:经济激励不足还是外部市场条件约束?——对 4 省 600 户农户 2005～2008 年期间农地转入行为的分析》,载《中国农村经济》,2011 年第 11 期。

马晓河、崔红志:《建立土地流转制度,促进区域农业生产规模化经营》,载《管理世界》,2002 年第 11 期。

马志远、孟金卓、韩一宾:《地方政府土地流转补贴政策反思》,载《财政研究》,2011 年第 3 期。

牟燕:《农业政策调整对农地流转市场的影响:理论分析与实证研究》,南京农业大学硕士学位论文,2007 年。

聂建亮、钟涨宝:《新农保养老保障能力的可持续研究——基于农民参保缴费档次选择的视角》,载《公共管理学报》,2014 年第 3 期。

聂建亮、钟涨宝:《保障功能替代与农民对农地转出的响应》,载《中国人口·资源与环境》,2015 年第 1 期。

潘文轩:《农地经营权抵押贷款中的风险问题研究》,载《南京农业大学学报(社会科学版)》,2015 年第 5 期。

彭克强、陈池波:《财政支农与金融支农整合论》,载《中州学刊》,2008 年第 1 期。

彭毛字:《专项贷款与政策性贷款的异同》,载《经济问题》,1998 年第 12 期。

齐城:《农村劳动力转移与土地适度规模经营实证分析——以河南省信阳市为例》,载《农业经济问题》,2008 年第 4 期。

钱克明、彭延军:《我国农户粮食生产适度规模的经济学分析》,载《农业经济问题》,2014 年第 3 期。

钱文荣、张忠明:《农民土地意愿经营规模影响因素实证研究——基于长江中下游区域的调查分析》,载《农业经济问题》,2007 年第 5 期。

钱忠好、曲福田:《农地股份合作制的制度经济解析》,载《管理世界》,2006 年第 8 期。

秦晖:《思无涯,行有制》,天津人民出版社 2002 年版。

秦晖:《农民中国:历史反思与现实选择》,河南人民出版社 2003 年版。

卿淑群:《政策性银行学》,西南财经大学出版社 1999 年版。

人民银行贵阳中心支行课题组、胡家吉、陈鹏:《金融扶贫中的外生行政行为与内生市场机制——贵州推进"以奖代补"小额贷款试点的实践》,载《西南金融》,2007 年第 1 期。

任大鹏、王思思:《农业补贴制度的学理与实证考察——基于公平与效率的视角》,载《农村经济》,2010 年第 5 期。

施晓琳:《论以土地承包经营权抵押为特征的金融制度》,载《南京农业大学学报(社会科学版)》,2002 年第 3 期。

石敏、李琴:《我国农地流转的动因分析——基于广东省的实证研究》,载《农业技术经济》,2014 年第 1 期。

孙宁华:《经济转型时期中央政府与地方政府的经济博弈》,载《管理世界》,2001 年第 3 期。

谭淑豪:《现行农地经营格局对农业生产成本的影响》,载《农业技术经济》,2011 年第 4 期。

汤建尧、曾福生:《经营主体的农地适度规模经营绩效与启示——以湖南省为例》,载《经济地理》,2014 年第 5 期。

陶学国:《住房公积金贷款问题研究》,载《金融理论与实践》,2010 年第 5 期。

田传浩、曲波、贾生华:《农地市场化与地权配置:国际经验及启示》,载《江苏社会科学》,2004 年第 4 期。

汪利娜:《政府土地收益主要来源、规模下的央地利益博弈》,载《改革》,2014 年第 4 期。

王金川:《农村集体公积金可借贷到户》,载《农业技术经济》,1985 年第 12 期。

王克强:《土地对农民基本生活保障效用的实证研究——上海市农民土地决

策行为的生存伦理分析》,载《上海财经大学学报》,2004 年第 12 期。

王克强:《土地对农民基本生活保障效用的实证研究——以江苏省为例》,载《四川大学学报(社会科学版)》,2005 年第 3 期。

王小映:《土地股份合作制的经济学分析》,载《中国农村观察》,2003 年第 6 期。

王欣:《新加坡中央公积金制度浅析及借鉴》,载《商业研究》,1999 年第 9 期。

王永凤:《住房公积金基本住房互助保障作用研究——确定住房公积金个人贷款额度的方法》,载《中国行政管理》,2015 年第 2 期。

韦苇、杨卫军:《农业的外部性及补偿研究》,载《西北大学学报(哲学社会科学版)》,2004 年第 1 期。

温铁军:《靠"土地私有化"解决农村问题是南辕北辙》,载《学习月刊》,2008 年第 11 期。

文龙娇、李录堂:《农地流转公积金制度设想初探——基于农户农地流转意愿视角》,载《中国农村观察》,2015 年第 4 期。

文龙娇、李录堂:《农地流转公积金制度研究》,载《金融经济学研究》,2015 年第 3 期。

吴沛良:《坚守农业适度规模经营的度》,载《新华日报》,2014 年 4 月 15 日。

吴文元、朱冬梅:《失地农民社会保障基金的设立与管理》,载《财经科学》,2005 年第 2 期。

夏恩德、石璋铭:《住房公积金属性研究》,载《经济问题》,2009 年第 9 期。

肖大伟:《关于实施土地流转补贴政策的研究》,载《中国土地科学》,2010 年第 12 期。

肖端:《农村土地股份合作制模式发凡及其协同推进》,载《改革》,2013 年第 9 期。

肖诗顺、高锋:《农村金融机构农户贷款模式研究——基于农村土地产权的视角》,载《农业经济问题》,2013 年第 4 期。

肖轶、魏朝富、尹珂等:《重庆市两种典型农地流转模式比较分析》,载《中国农村观察》,2009 年第 3 期。

肖作平、尹林辉:《我国住房公积金缴存比例的影响因素研究——基于 34 个大中城市的经验证据》,载《经济研究》,2010 年第 1 期。

熊群芳:《对土地流转过程中粮食补贴情况的调查及建议:以江西永修县为

例》,载《金融与经济》,2009 年第 7 期。

徐鼎亚:《构建失业农民的社会保障机制是社会主义新农村建设的必由之路》,载《特区经济》,2008 年第 7 期。

徐汉明、杨择郡:《推进土地股份合作制实施中的民意考量》,载《管理世界》,2012 年第 5 期。

徐旭:《基于农民权益保障的农地市场化流转研究——以成都市周边农村为例》,四川农业大学硕士学位论文,2009 年。

许恒周、郭玉燕、石淑芹:《农民分化对农户农地流转意愿的影响分析——基于结构方程模型的估计》,载《中国土地科学》,2012 年第 8 期。

许庆、尹荣梁、章辉:《规模经济,规模报酬与农业适度规模经营——基于我国粮食生产的实证研究》,载《经济研究》,2011 年第 3 期。

严冰:《农地确权》,载《经济体制改革》,2010 年第 3 期。

羊华、吴晓君:《想进城,但不愿丢弃自家土地》,载《南方日报》,2015 年 3 月 31 日。

杨黎明、余劲:《我国住房公积金贷款对房价影响的动态研究——基于 2002—2011 年七个二线城市的面板数据》,载《南京农业大学学报(社会科学版)》,2013 年第 5 期。

杨壬飞、吴方卫:《农业外部效应内部化及其路径选择》,载《农业技术经济》,2003 年第 1 期。

杨涛、施国庆:《我国失地农民问题研究综述》,载《南京社会科学》,2006 年第 7 期。

杨伟、吕元礼:《新加坡中央公积金制度改革分析》,载《东南亚纵横》,2008 年第 8 期。

杨学成、曾启:《试论农村土地流转的市场化》,载《管理世界》,1994 年第 4 期。

杨学成、赵瑞莹、岳书铭:《农村土地关系思考——基于 1995～2008 年三次山东农户调查》,载《管理世界》,2008 年第 7 期。

杨亦民、叶明欢:《现代农业经营主体培育的金融支持研究》,载《湖南社会科学》,2013 年第 16 期。

叶兴庆:《从"两权分离"到"三权分离"——我国农地产权制度的过去与未来》,载《中国党政干部论坛》,2014 年第 6 期。

易小燕、陈印军：《农户转入耕地及其"非粮化"种植行为与规模的影响因素分析——基于浙江，河北两省的农户调查数据》，载《中国农村观察》，2010 年第 6 期。

尹云松：《论以农地使用权抵押为特征的农地金融制度》，载《中国农村经济》，1995 年第 6 期。

张东：《住房公积金制度支撑理论：梳理与启示》，载《财贸经济》，2002 年第 7 期。

张海洋、平新乔：《土地流转、信息甄别与农村信用社贷款定价》，载《世界经济》，2012 年第 3 期。

张鸿欣、陶立业：《农村人民公社会计核算讲座(续)》，载《财经研究》，1960 年第 3 期。

张兰、冯淑怡、曲福田：《农地流转区域差异及其成因分析——以江苏省为例》，载《中国土地科学》，2014 年第 5 期。

张龙耀、江春：《中国农村金融市场中非价格信贷配给的理论和实证分析》，载《金融研究》，2011 年第 7 期。

张龙耀、王梦珺、刘俊杰：《农民土地承包经营权抵押融资改革分析》，载《农业经济问题》，2015 年第 2 期。

张茜、屈鑫涛、魏晨：《粮食安全背景下的家庭农场非粮化研究》，载《东南学术》，2014 年第 3 期。

张淑杰、孙天华：《农业补贴政策效率及其影响因素研究——基于河南省 360 户农户调研数据的实证分析》，载《农业技术经济》，2012 年第 12 期。

张忠根、李华敏：《村级集体经济的发展现状与思考——基于浙江省 138 个村的调查》，载《中国农村经济》，2007 年第 8 期。

张忠根、吴海江：《集体经济发展水平与收入结构：197 个村样本》，载《改革》，2013 年第 3 期。

赵炳盛、付亚辰：《基于风险分析的三权抵押贷款定价研究》，载《税务与经济》，2012 年第 4 期。

郑毓盛、于点默：《小额贷款的理论、实践和危机》，载《中国农村经济》，2013 年第 7 期。

钟晓兰、李江涛、冯艳芬、李景刚、刘吼海：《农户认知视角下广东省农村土地流转意愿与流转行为研究》，载《资源科学》，2013 年第 10 期。

周京奎:《收入不确定性,公积金约束与住房消费福利——基于中国城市住户调查数据的实证分析》,载《数量经济技术经济研究》,2012 年第 9 期。

周立群、杨国新:《现代农业的准公共物品特征及其政策意义》,载《经济问题》,2009 年第 11 期。

周威、叶剑平:《住房公积金制度及其改革方案建议》,载《江西社会科学》,2009 年第 4 期。

朱满德、程国强:《中国农业政策:支持水平、补贴效应与结构特征》,载《管理世界》,2011 年第 7 期。

朱婷:《公积金贷款标准模型化的一个尝试》,载《东南学术》,2012 年第 2 期。

祝萍、周沛:《我国农村社会保障制度的重构与弥合》,载《求索》,2014 年第 11 期。

邹伟、何孟飞:《简论农地流转的中介组织建设》,载《光明日报》,2009 年 2 月 10 日。

邹秀清:《农地保障功能测度及其区域差异——基于浙、赣、桂三省 506 份农户调查》,载《资源科学》,2012 年第 10 期。

Alam, M. J., Huylenbroeck, G. V., Buysse, J., Begum, I. A., Rahman, S.. 2011. Technical Efficiency Changes at the Farm – Level: A Panel Data Analysis of Rice Farms in Bangladesh. African Journal of Business Management, (5):5559 – 5566

Asher, M. G. 2010, April. Pension Reform in Southeast Asia. Presented at ADB Regional Conference on Enhancing Social Protection in Asia, Manila

Bateman, M. 2010. Why Doesn't Microfinance Work? London: Zed Books Ltd

Binswanger, Hans, Klaus Deininger and Gershon Feder. 1995. Power, Distortions, Revolt and Ref orm in Agricultural Land Rela – tions. In J. Behrman and T. N. Srinivasan eds.: Handbook of Development Economics, Vol. 3B, Amsterdam: North – Holland

Binswanger, H. P. and K. Deininger. 1999. The Evolution of the World Bank's Land Policy: Principle, Experience, and Future Challenges. World Bank Research Observer, 14(2):247 – 276

Chu, P. K. 2010. The Price Linkages between the Equity Fund Price Levels and the Stock Markets: Evidences from Cointegration Approach and Causality Analysis of Hong KongMandatory Provident Fund (MPF), International Review of Financial Analysis,19, (4): 281 –288

De Soto, H. (2000). The Mystery of Capital: Why Captitalism Triumphs in the West and Fails Everywhere Else. Archives of Environmental Health An International Journal, 61(100), 455 –456

Deininger, K. and Feder, G. 1998. Land Institution and Land Markets, World Bank Policy Research Working Paper 2014

Douglas, C. Macmillan. 2000. An Economic Case for Land Reform. Land Use Policy, 17(1):49 –57

E. R. Alexander. 2014. Land – property Markets and Planning: A Special Case. Land Use Policy, 41 (11) :533 – 540

Feder G.. 1988. Land Policy and Farm Productivity in Thailand. Baltimore, Md. and London:The Johns Hopkins University Press

Feng Qiua, Larry Lalibertéb, Brent Swallowa, and et al.. 2015. Impacts of Fragmentation and Neighbor In? uences on Farmland Conversion: A Case Study of the Edmonton – Calgary Corridor, Canada. Land Use Policy 48 (11) :482 – 494

Gokhale, K. 2009. As Microfinance Grows in India, So Do its Rivals. Wall Street Journal,15(12):17

Hans P. Binswanger, Shahidur R. Khandker, Mark R. Rosenzweig 1993. How Infrastructure and Financial Institutions Affect Agricultural Output and Investment in India. Journal of Development Economics, 41(2): 337 –366

Jean Olson Lanjouw. 1999. Information and the Operation of Markets: Ttests Based on A General Equilibrium Model of Land Leasing in India. Journal of Development Economics, 60(2):497 –527

K. Deininger. 2001. Land Market and Land Reform. World Bank, Conference Aeeess to Land, Bonn

Kaushal, N. 2014. How Public Pension Affects Elderly Labor Supply and Well – being: Evidence from India, World Development, 56(4): 214 –225

Kevane, M.. 1996. Agrarian Structure and Agricultural Practice: Typology and Application to Western Sudan. American Journal of Agricultural Economies, 78(1): 236 –245

Kirwan B E.. 2009. The Incidence of US Agricultural Subsidies on Farmland

Rental Rates. Journal of Political Economy,117(1):138 – 164

Laure Latruffe, Laurent Piet. 2014. Does Land Fragmentation Affect Farm Performance? A Case Study from Brittany, France. Agricultural Systems, 129: 68 – 80

Lence S H. and A K. Mishra. 2003. The Impacts of Different Farm Programs on Cash Rents. American Journal of Agricultural Economics, 85(3):753 – 761

Long, J. S. 1997. Regression Models for Categorical and Limited Dependent Variables, Thousand Oaks: Sage

López R. . 1997. Land titles and farm productivity in Honduras. Washington, D. C. : World Bank

Manjunatha, A. V. , Asif Reza Anik, S. Speelman, E. A. Nuppenau. 2013. Impact of Land Fragmentation, Farm Size, Land Ownership and Crop Diversity on Profit and Efficiency of Irrigated Farms in India. Land Use Policy,31:397 – 405

Mark Boleat. 1985. National Housing Finance Systems. Croom Helm

Michael Kevane. 1997. Land tenure and rental in Western Sudan. Land Use Policy, 14(4): 295 – 310

Mukul Gasher. 2001. Social Security Arrangements in Singapore: An Assessment. International Seminar on Pensionson Productivity and Efficiency: the Case of Rice Producers in Bangladesh. Land Use Policy, 26, 95 – 103

Rahman, S. , Rahman, M. . 2008. Impact of Land Fragmentation and Resource Ownership

Roberts M J. , Kirwan B. and J. Hopkins. 2003. The Incidence of Government Program Payments on Agricultural Land Rents: The Challenges of Identification. American Journal of Agricultural Economics, 85(3):762 – 769

Ronald I. Mckinnon. 1973. Money and Capital in Economic Development, Washington, DC. The Brookings Institution, 162 – 184

S. Vasoo,James Le. 2001. Social Development,Housing and the Central Provident Fund. International Social Welfare, (10)

Schultz,Theodore W. 1964. Transforming Traditional Agriculture. The University of Chicago Press.

Scott, J. C. 1976. The Moral Economy of the Peasant, Yale University Press

Stein R M. 2005. The Relationship between Default Prediction and Lending Profits: Integrating ROC Analysis and Loan Pricing. Journal of Banking & Finance, 29(5): 1213 – 1236

Vasoo, S. and Lee, J. 2001. Singapore: Social Development, Housing and the Central Provident Fund, International Social Welfare, 10 (4): 276 – 283

Williams, R. 2006. Generalized Ordered Logit/Partial Proportional Odds Models for Ordinal Dependent Variables, The Stata Journal, 6(1): 58 – 82

Wong, T. C. and Yap, A. 2003. From Universal Public Housing to Meeting the Increasing Aspiration for Private Housing in Singapore, Habitat International, 27 (3): 361 – 380

附　录

农户参与农地市场化流转及农地流转公积金制度意愿调查问卷

您好!

我们正在参加西北农林科技大学研究课题的社会调查,希望能够了解您对农地市场化流转及农地流转公积金制度的态度和参与意愿,您的回答为保障您在农地流转过程中的生存、发展权利以及改进和完善这一制度设计将提供重要参考。调查信息自愿提供,我们会为您严格保密。

衷心感谢您的合作!

省	县（区）	乡镇	村	问卷编号
调查日期	年	月	日	

第一部分:基本情况调查

一、户主基本特征

1. 性别	2. 年龄（岁）	3. 从业领域	4. 文化程度	5. 婚姻状况	6. 是否家庭劳动力	7. 是否接受过技术培训	8. 是否担任过村干部

上表的部分题目选项请根据下面注释给定的答案选项编号填写(成员编号:请按照年龄大小顺序依次填写)

＊3. 从业领域:1＝纯农业;2＝兼业;3＝非农业

＊4. 文化程度:1＝小学及以下;2＝初中;3＝高中;4＝高中及以上

＊5. 婚姻状况:1＝未婚;2＝已婚;3＝离异;4＝丧偶;5＝其他

＊6－8. 统一选项:1＝是;0＝否

二、家庭基本特征

1. 您家共有：_____人，其中：家庭劳动力人数（女：16－55 岁；男：16－60 岁）：_____人。

2. 您家的家庭主业是_____

(1)纯农业　(2)兼业　(3)非农业

3. 您家目前种植农地_____亩，其中：耕地_____亩，耕地共分_____块；园地_____亩；林地_____亩；其他_____亩。（备注：此处农地分为耕地、林地、园地及其他）

4. 您所在村到附近城镇距离_____公里，所在村距主要交通干道有_____公里。

5. 您家是否参与农民专业合作社？(1)是　(2)否

6. 您是否参加农业保险？(1)是　(2)否

7. 您是否参加新农保（新型农村养老保险制度）？(1)是　(2)否

8. 您是否享受农村最低生活保障？(1)是　(2)否

9. 您是否购买其他商业保险？(1)是　(2)否

10. 您认为您家得到的社会保障水平如何？

(1)很低　(2)较低　(3)一般　(4)较高　(5)很高

11. 您的家人或亲戚朋友中是否有担任(过)村干部？(1)有　(2)没有

12. 您与亲戚、朋友间的经济往来是否密切？

(1)没有往来　(2)很少往来　(3)一般　(4)比较密切　(5)非常密切

13. 家庭收入情况统计：（单位：元）

年份	种植业收入	养殖业收入	工资性收入(打工)	私营、经商收入	政府补贴收入	其他收入	合计
2013 年							

14. 家庭支出情况统计：（单位：元）

年份	经营性(生产性)支出			消费性支出					其他支出
	种植业支出	养殖业支出	私营、经商支出	食品服装支出	子女上学支出	医疗保健支出	人情往来支出	交通通信支出	
2013 年									

注：医疗保健支出：医药卫生用品、生病住院及医疗保险等费用；人情往来支出：红白喜

事及送礼等费用;交通通信支出:交通和电话、网络、邮递等费用。

第二部分:农地经营与流转情况

1. 您家的农地经营面积_____亩,共分_____块耕作。

2. 您所在村农地是否可以自由流转? ①是 ②否

3. 您是否有过农地流转行为? ①转入 ②转出 ③没有

(注:上题如果选择①请继续回答问题4-17,如果选择②请回答问题18-28,否则直接跳至第29-30题)

下面由有转入农地的农户填写:

4. 您家转入土地的时间是_____;土地转入的年限为_____年。

5. 您家转入土地总计为_____亩,其中:耕地_____亩;林地_____亩;园地_____亩;其他_____亩。

6. 您家主要是通过什么途径转入土地的:

①亲戚朋友介绍 ②合作社组织 ③村集体组织 ④乡镇组织 ⑤自己联系 ⑥其他

7. 您转入的土地主要经营:①粮食作物 ②经济作物 ③养殖业 ④其他农业生产

8. 您是否通过中介组织转入土地? ①是 ②否

9. 您转入土地是否签订合同? ①没有,无约定 ②口头协议 ③有合同

10. 您转入土地的方式:①租赁 ②转让 ③入股 ④转包 ⑤互换代耕 ⑥反租倒包 ⑧其他

11. 您转入土地的条件是:①给钱,每亩_____元 ②无偿 ③互换 ④入股分红 ⑤其他,请说明:_____

12. 您家转入土地的原因是_____(可多选,按重要性排序)

①为提高家庭收入 ②受亲戚朋友委托 ③有充足的家庭劳动力 ④有进行适度规模经营的合适生产项目 ⑤为获取政府补贴 ⑥其他

13. 您在转入土地过程中,是否获得国家或地方的财政补贴? ①是;_____元/亩;②否

14. 您在转入土地过程中,是否获得农业发展银行的政策性贷款? ①是;_____元;②否

15. 您所在村是否允许抵押贷款? ①是 ②否

允许的抵押物是:①土地承包经营权 ②房屋 ③牲畜 ④大型生产设备 ⑤经营收益 ⑥其他,请说明_____。

16. 您在转入土地过程中是否有借款行为:①是 ②否

17. 如果有借款行为,借款是通过何种途径解决的?_____

①亲戚、朋友、邻居等民间渠道 ②农村信用合作社 ③村资金互助组织 ④村镇银行 ⑤邮政储蓄银行 ⑥中国农业银行 ⑦其他,请说明_____

下面问题主要针对有转出农地的农户:

18. 您家土地转出的时间是_____年;土地转出的年限为_____年。

19. 您家转出土地_____亩,其中:耕地_____亩;园地_____亩;林地_____亩;其他_____亩。

转出土地后,您家剩余土地面积是_____亩。

20. 您是通过什么途径转出家庭土地的?

①自己联系 ②企业主动联系 ③亲戚朋友介绍 ④乡镇组织 ⑤合作社组织 ⑥村上组织 ⑦其他

21. 您是否通过中介组织转出土地:①是 ②否;是否签订合同:①是 ②否

22. 您通过什么方式转出土地:

①租赁 ②转让 ③入股 ④转包 ⑤互换代耕 ⑥反租倒包 ⑦拍卖抵押 ⑧其他

23. 您家转出土地的条件是:①给钱,每亩_____元 ②给粮食 ③无偿 ④入股分红 ⑤互换 ⑥其他,请说明_____

24. 您家转出土地的原因是(可多选,按重要性排序)_____

_____

①亲戚朋友愿意代耕 ②外出打工收益更高 ③家中劳动力少 ④养殖、经商、承包工程,没有时间种 ⑤种田收入低 ⑥其他,请说明_____

25. 转出土地后,您主要从事的工作是:

①去外省打工 ②在本省打工 ③自己办企业 ④经商 ⑤其他,请说明__

_____

26. 您在转出土地过程中,是否获得国家或地方的土地流转奖励补贴? ①是_____元/亩②否

27. 您在转出土地过程中是否有借款行为:①是 ②否

28. 如果有借款行为,借款的主要用途是:(可多选,按重要性排序)_____

①非农就业的技能培训 ②子女上学 ③盖房子 ④婚丧嫁娶、看病等 ⑤个体投资经营 ⑥用于购买消费品 ⑦还债 ⑧其他,请说明_____。

29. 您没有转入土地的原因是_____(可多选,按重要性排序)

①农地租金高,缺少信贷支持,资金不足 ②家庭成员多外出打工,而劳动力不足 ③缺少适合的农地适度规模经营项目 ④扩大规模后农地经营面临更大的风险 ⑤无法获知土地转出方面的信息 ⑥当前农地经营规模合适,无须再扩大 ⑦有稳定的非农就业机会,不愿意务农 ⑧其他,请说明_____。

30. 您没有转出土地的原因是_____(可多选,按重要性排序)

①担心后续基本生活和养老无保障 ②担心找不到稳定的工作而失业 ③担心再转入农地时支付不起租金 ④当前租金太低,没达到心理预期 ⑤无法获知农地转入方面的信息 ⑥其他,请说明_____。

第三部分:农地流转公积金制度参与意愿情况

1. 您是否愿意转出(或退出)农地? (1)是 (2)否

如果选择"是",您是出于什么原因愿意转出(退出)农地? (可多选)

(1)有稳定的非农工作和收入(2)较高土地转出价格或补偿(3)有可靠的社会保障

(4)可以迁入城市定居(5)农业投资周期长,收益小(6)土地闲置,浪费资源

(7)其他(请填写)_____

2. 如果您现在把农地流转出去,最大的顾虑或担忧是什么? (可多选)

(1)没有任何顾虑(2)担心以后基本生活没有保障(3)担心找不到稳定工作会失业(4)担心以后再想转入土地,没有资金或支付不起租金(5)担心以后再想转入土地,没有人愿意转出土地(6)担心以后老了,养老没有保障(7)其他(请填写)_____

3. 您是否担心农地转出(退出)后失业或基本生活和养老无保障? (1)是 (2)否

4. 农地流转公积金制度(类似于城镇住房公积金)是由国家、集体和农户三方共同缴存的农地流转储蓄保障金,这项公积金的资金主要用于农地流转、农地适度规模经营与农户转出(退出)农地基本生存权利的保障,所有权归农户个人。如果通过农地流转公积金方式为您转出(或退出)农地提供失地失业期间的基本生活保障,以及再次转入农地的小额政策性贷款支持,您转出(或退出)农地的意

愿程度如何?

(1)非常愿意(2)比较愿意(3)一般(4)比较不愿意(5)非常不愿意

请选择"不愿意"(4)和(5)的回答,在什么条件下你会愿意转出(或退出)自己农地?

①确保上述支持政策长期有效实施②有了稳定的非农职业和收入③子女教育问题得到解决④自己及子女的户籍变为城市户口⑤合理的流转价格⑥其他(请务必填写)_____

5. 您是否愿意扩大土地经营面积发展适度规模经营?(1)是(2)否

如果选择"是",您是出于什么原因愿意发展农地适度规模经营?(可多选)

(1)有生产经营和管理能力(2)有长期的种植、养殖经验(3)有政策和信贷资金支持(4)有好的投资产业项目(5)有好的市场预期(6)其他(请填写)_____

(注:如果选择"否"请直接跳至第7题)

6. 如果扩大土地经营面积,你们家希望或有能力经营多少连片的土地?_____亩

7. 扩大土地经营面积打算用于发展什么产业?

(1)经济作物种植业(2)粮食作物种植业(3)林业(4)畜牧业(5)渔业

(6)非农产业(7)其他

8. 如果扩大土地面积发展农地适度规模经营,您觉着最大的困难是什么?(可多选)

(1)没有困难(2)缺少资金(3)缺少技术(4)经营管理问题(5)市场信息不足(6)没有可以转入的土地(7)其他(请填写)_____

9. 您对转入农地扩大经营规模是否存在风险顾虑?(1)是(2)否

10. 如果通过农地流转公积金方式为您转入农地提供农业经营性补贴和适度规模经营政策性贷款支持,您转入农地的意愿程度如何?

(1)非常愿意(2)比较愿意(3)一般(4)比较不愿意(5)非常不愿意

请选择"不愿意"(4)和(5)的回答,在什么条件下你会愿意发展农地适度规模经营?

(1)确保上述支持政策长期有效实施(2)农地适度规模经营风险有保障(3)适度规模经营有技术、管理等专业指导(4)其他(请填写)_____

11. 如果用于保障您在农地转入、转出过程中的上述权利的这项农地流转公

积金由国家、集体、个人三方共同出资,所有权归您个人,等您年老退休后还可以分期或一次性将储蓄金提取作为养老保障,您认为您自身缴存农地流转公积金占三方共同缴存的比例是多少?(从最高缴存比值开始询问,若其回答"愿意",即停止询问)

( )50%以上 ( )50% ( )40% ( )30%

( )20% ( )10% ( )10%以下 ( )0%

12. 对于您个人而言,您愿意将您自己家庭年人均纯收入中的百分之几用作农地流转公积金缴存?(从最高缴存比值开始询问,若其回答"愿意",即停止询问)

( )25%以上 ( )25% ( )20% ( )15%

( )10% ( )5% ( )5%以下 ( )0%

13. 您是否支持这项农地流转储蓄保障金制度在您所在村(乡镇)试点?

(1)支持 (2)一般 (3)不支持

14. 您对农地流转公积金制度设想内容是否满意?

(1)十分满意 (2)比较满意 (3)一般 (4)比较不满意 (5)十分不满意

如果不满意,请问您对哪部分设计不满意(或不满意的原因是):_____

_____

_____

15. 您觉得农地流转积金制度还应该如何改进?

_____

_____

第四部分:农地经营资金需要与借贷情况

1. 您在农地生产经营过程中,是否出现过资金短缺情况? ①是 ②否

2. 您在过去三年是否发生过借款行为? ①是 ②否

3. (如果题2选择"是"请接着回答3-8题、选择"否"请直接转至第9-12题)您借款的数额是_____元,借款的途径:①信用社 ②农业银行 ③邮政储蓄银行 ④亲朋好友 ⑤民间高利贷 ⑥村镇银行 ⑦村资金互助组织

4. 您所借贷款项主要是?

①商业性贷款 ②政策性贷款 ③商业性与政策性贷款都有 ④其他,请说明_____

5. 您的借款方式是_____;借款利率是_____% 。

①信用贷款　②抵押贷款　③农户联保贷款　④村干部担保贷款　⑤其他,请说明_____

6. 您借款的主要用途是:①生活消费　②农业生产经营　③转入土地　④子女教育　⑤医疗

⑥其他,请说明_____

7. 您借款的难易程度如何:①困难　②一般　③容易

8. 您的借款是否全部被满足? ①是　②否

9. 您没有申请贷款的最主要原因是?

①家里有钱,不需要贷款　②亲朋处能借到钱　③利率太高　④手续麻烦

10. 你是否享有农地适度规模经营专项扶持资金资助(1)有_____元/亩(2)没有

11. 您是否享受农业生产性政策补贴? (1)有_____元/亩/年　(2)没有

12. 您是否获得过农地流转补贴? (1)有_____元/亩　(2)没有

作者简介

　　文龙娇,女,生于 1987 年 7 月,陕西安康人,管理学博士,江苏理工学院教师。2007 年进入西北农林科技大学人文学院公共事业管理专业学习,2011 年 6 月获得管理学学士学位。2011 年 9 月,被保送为西北农林科技大学经济管理学院硕博连读生,并于 2016 年 6 月获得农业经济管理专业博士学位。从师李录堂教授,主要致力于农业经济理论与政策研究。目前已承担江苏省社科基金 1 项、市厅级课题 4 项、高校引进人才基金项目 1 项,承担横向课题 1 项,参与完成国家级、省部级科研课题 4 项,并作为第一作者在《中国农村观察》《金融经济学研究》《上海经济研究》《Asian Agricultural Research》等国内外重要期刊发表学术论文 7 篇。曾获陕西省"第八届西安高新挑战杯"大学生课外学术科技作品竞赛二等奖,江苏理工学院 2017 年校级"社团优秀指导教师"称号等荣誉。

　　一、科研项目情况

　　主持课题项目:

　　1. 江苏省社科基金项目:"江苏省农地供给侧结构性改革"三权"合理分置路径研究"(17EYD002);

　　2. 江苏省社科应用研究精品工程课题:"农村土地确权登记制度比较研究——基于苏、皖、浙清代'鱼鳞册'的考证"(17SYB - 024);

　　3. 江苏省高校哲学社会科学研究基金项目:"三权分置下土地经营权属性对经营主体投、融资行为的影响研究——以苏南地区为例"(2017SJB1731);

　　4. 常州市社科基金项目:"城乡一体化视野下农村土地经营权入股模式研究"(KYZ17538);

　　5. 常州市科技计划项目:"环境友好型农业技术的农户采纳行为引导策略研究"(已获批立项);

　　6. 江苏理工学院社科基金人才引进项目:"农地流转公积金制度研究——基

于激励与保障视角"(KYY16518);

7. 常州市武进区委农工办委托横向课题:"常州市武进区土地经营权入股发展农业产业化经营改革试验研究"(KYH17532)。

参与课题项目:

1. 常州市农村工作办公室、常州市档案局委托横向课题:"清厘田粮鱼鳞丘册与农村土地承包经营权确权登记比较研究"。

2. 2009年大学生创新性实验计划项目(国家级):"政府公共服务与杨凌现代农业示范园发展研究",2009.10-2011.5,参与发表论文五篇,其中三篇为第一作者。

3. 农业部软科学项目:"农村产权法律化研究",2013.6—2013.12,完成课题第二阶段性成果:《以土地产权为基础的农村产权法律化梳理》(约7500字)论文一篇;并撰写课题第三阶段性成果:《农村产权制度法律化研究:以高陵县为例》(5000字)报告一篇;参与撰写课题结题报告。

4. "十二五"农村领域国家科技计划课题:"农村管理信息系统开发",2013.1—2015.12,牵头设计《农村社会经济信息资源管理现状调查问卷》,并参与课题在宝鸡、杨凌、安康地区的实地调研、数据收集等工作。

5. 陕西省课题:"陕西省一村一品发展模式及村域经济研究",2012.09—2013.6,参与课题调研及数据收集工作。

6. 杨凌示范区项目:"现代园区路径研究",2013.6-2015.6,负责项目申请报告撰写工作,参与课题在杨凌示范园区实地调研工作。

7. 西北农林科技大学2015年试验示范站(基地)科技成果推广项目:"农地产权比例化市场流转模式推广",2015.5—2017.5,参与课题申请报告撰写,牵头设计《农村土地流转现状及农户农地流转公积金参与意愿问卷调查》。

二、论文发表情况

1. 农地流转公积金制度设想初探——基于农户农地流转意愿视角. 中国农村观察,2015(04):2-15.(第一作者,CSSCI)

2. 农地流转公积金缴存水平测算——基于我国9省农行调查数据[J]. 上海经济研究,2017(3):94-102.(第一作者,CSSCI)

3. 农地流转公积金制度研究. 金融经济学研究,2015(03):3-13.(第一作者,CSSCI)

4. 农地流转公积金贷款定价研究. 武汉金融,2017(07):81-85.(第一作者,

北大核心)

5. 陕西省杨凌示范区土地银行发展研究. 湖北农业科学,2011,20(50):4310 - 4313. (北大核心,第一作者)

6. Study on Development of Land Bank in Shaanxi Yangling Demonstration Park. Asian Agricultural Research, 2012,4(11): 111 - 114. (第一作者)

7. 农民专业合作社"三方"合作关系调查. 农业科技管理,2011,1(30): 54 - 57. (第一作者)

8. 农民专业合作社发展研究——基于杨凌现代农业示范园区的实证调查. 西北农林科技大学学报(社会科学版), 2012,2(12):24 - 28. (第二作者,CSSCI).

9. 农地流转多重主体博弈分析——兼论农户权益保障. 中国农业资源与区划,2011,6(32):12 - 16. (第三作者,北大核心)

10. 基于农地产权比例化市场流转的农户流转意愿研究. 农村经济,2014 (10):27 - 32. (第三作者,CSSCI)

11. 金融支持对农地产权流转效率影响的实证研究——以陕西省杨凌示范区为例. 华东经济管理,2015(08):55 - 61. (第三作者,CSSCI)